激荡新三板

资本风口引爆万众创富大时代

陈润◎主编

西南财经大学出版社
Southwestern University of Finance & Economics Press

将新三板打造成我国经济蓬勃发展的又一高地

世界500强企业前总裁、北京约瑟投资有限公司董事长　陈九霖博士

多年来，与企业家朋友交流或者出席论坛活动的时候，经常有人会问我："为什么有的企业能做得风生水起，有的再怎么努力也做不出名堂来？"这是怎样把握机遇的问题。当下的机遇就在新三板，谁能抓住新三板的机遇，谁就可以独占鳌头。

实际上，我是中国少有的很早就关注和研究新三板领域的人。在新三板还没有推出之前，我就推动几家企业到类新三板的交易所平台去挂牌，并且号召公司全体员工学习新三板有关知识。2014年8月17日，由我发起并与《中国经营报》、新浪网联合主办的"首届全国新三板与创业企业大赛"在北京举行，成果丰硕。创业者和新三板上市企业都需要引导、辅导，我们举办的活动正顺应时代的需要。

根据2015年最新统计数据显示，我国中小企业已达到1 570万家，占企业总数的99%以上，每年为国家贡献50%以上的税收、60%以上的GDP，提供80%以上的城镇就业岗位。但是，中国资本市场长期以来呈现一种"倒三角"的畸形结构，资本市场的重心过度集中在大企业身上。我认为，中国资本市场应该把重心转移到99%的中小企业上来，新三板就是应运而生的投资平台，而且具有可持续发展的竞争力。

新三板可以看作是对我国既有股市的一种补充，也是发挥中小企业活力，提高股权流动性、促进资金流转的重要途径。2013年底，新三板方案突破试点国家高新区限制，扩容至所有符合新三板条件的企业，这体现出国家对新三板

的重视。由主板、创业板、场外柜台交易网络和产权市场在内的多层次资本市场体系即将形成，在经济下行态势下，完善的资本市场将推动形成新的经济增长点，而新三板即将成为其中最具特色、最具活力的一个版块。

然而，新三板要发挥更大的作用，还需要进行创新和完善，在我看来，新三板要在四个方面进行改进：

第一，转板系统需要完善。此前有消息称，新三板上市的互联网企业和高新技术企业可以转板到创业板这一个特殊的板块中。针对此观点，业内展开了讨论，有人认为，新三板是垃圾市场，挂牌的股票品种少，且多数质量较低，不值得投资。我并不认同这一观点。我认为新三板有其内在的优势，并完全支持监管层关于转板的决定。首先，新三板以高新技术企业为主，具有创新性和可持续发展性，在经济新常态下将发挥越来越重要的作用。再者，股票发行注册制改革方案即将出台，新三板将最先受益。在纳斯达克，转板率虽然只有6%，但是却起到了刺激作用，给企业提供了信心和出路。

针对这一事实，我建议：以后转板不要只局限于互联网产业和高新技术产业，眼光要放长远，不能以行业作定论，而要以创新为定论。不管什么样的企业，只要他有创业的机制，具有核心竞争力，具有高成长性，就应该允许他转板，为企业发展壮大提供契机。而且，也不一定只是转板到创业板的特殊板块，也可以转到创业板，甚至中小板、主板等。各方可以根据实际情况选择最合适的板块。

第二，把新三板发展成有多个层级的上市平台。美国的纳斯达克市场是有三个层级的，最低级的是资本市场，次高级的是全球市场，最高级叫做全球精品市场。这样一种体系架构，是纳斯达克有别于其他股票市场的优势。我们的新三板市场也可以去设置三四个甚至更多的层级，让在市场挂牌的企业，根据自身的成长性及创新性自主进行选择，并不断地提升。把我们的新三板打造成一个类似于美国纳斯达克这样一个具有提升等级机制的一种真正的上市平台。通过多层级的设置，可以发挥新三板企业的主动性，使企业产生内在推动力，让市场更具有活力。

第三，新三板也应该设计退市机制。完善的退市制度，不仅可以保证市场自身的完整性与竞争性，同时，也可以促进市场资源的流通，避免出现腐化现象。退市制度也可以让企业产生危机感，从而增强自身的能动性，促使企业做大做强。优胜劣汰的淘汰机制也可以避免一刀切，让资金更加集中到需要的地方。就像美国纳斯达克一样，你做得好，你可以待在纳斯达克；你做得不好，可以下调到OTCBB市场，甚至可以退市。

第四，在适当时机，应该把新三板打造成一个像中小板和创业板一样的真正的上市平台。当前，新三板正处于发展的最初阶段，我们要逐步完善使其成为一个真正的上市平台。而且，随着我国经济结构的调整，新三板的发展节奏也必将越来越快。例如，美国纳斯达克是1971年设立的，经过了好几十年，到2006年才正式成为一个上市平台。但是，我觉得我们中国没有必要走那么长的路程，因为前人已经为我们做了榜样。而且，我国已有成熟的股市运作体系，再结合我国自身的经济特点，相信经过不大长的时间，我们就可以将新三板，将全国股权交易系统打造成另外一个上市的平台。这必将是我国市场的一个重要选择。

值得重点提醒的是，新三板应该如当初设想的那样，尽快成为场内交易，形成等同于上海交易所、深圳交易所、纳斯达克交易所、纽交所等一样的资本交易平台。中国有句古话，叫做"行百里者半九十"。良好的开头虽然是成功的一半，但一定要持之以恒，要把好事办好，不能半途而废。新三板不能像A股市场那样，九次暂停IPO，更不能像B股这样，成为一个估值扭曲的市场。既然新三板先天基因优秀，就应该好好维护后天的发展，不能泥沙俱下，鱼龙混杂，要有所区分，为优秀企业提供机会。

令人欣慰的是，全国股转系统投资者范围酝酿扩大，在原有基础上拟允许公募基金赴股转系统投资。一系列利好消息都为促进新三板的发展壮大提供契机。新三板已经走过试点和改革，我建议具备资格的企业应该解放思想，利用新三板激发企业活力，将新三板打造成我国经济蓬勃发展的又一高地。

做投资要顺势而为，不要逆势去当孤胆英雄。我从1990年就开始做投资，华南蓝天航空油料、天津国际石油储运、中国航油（新加坡）股份有限公司等都是业界经典案例。2009年7月15日，我创办北京约瑟投资有限公司，投资领域主要包括能源、节能环保、稀有矿业、大健康、教育文化传媒、互联网6大领域，目前已经投资40多家企业，其中10多家准备上市。约瑟投资从1100万元起家到现在近10亿市值，预计明年会挂牌新三板。做一家有价值的成功企业，一定要赶上波峰，现在的新三板就是波峰，如果错过就只能赶上制度红利的尾巴。

不过，我在此必须提醒所有已经挂牌或即将挂牌新三板的企业家：上市只是加油站，而不是终点站。经营企业如同登山，通过上市补充"营养体能"之后，面前的山路可能更陡峭险峻，荆棘密布，甚至还有雪虐风饕，得忍受饥寒交迫。我们也许过得并不轻松，或许会变得惶恐而谨慎，因为对失败的敬畏和对成功的渴望都将压力和责任不断放大。这时候，良好的心态非常重要。无论创业、管理企业还是做投资，一定要保持好心态，一个人的生活状态取决于你的心态。

作为一名真正的登山者，勇攀高峰应该是一种永恒不变的姿态，也是不变的心态。

推荐序二

新三板的市场化精神具有划时代意义

《中国民商》执行总编辑，CCTV证券资讯频道、央广经济之声特约观察员　张立栋

认识陈润是在几年之前，我们一同做客中央人民广播电台，点评财经话题，他言辞不多但句句切中要害，让人印象深刻。这几年陈润的事业勇猛精进：在企业史、商业史研究方面取得了越来越多可圈可点的成绩，每过一段时间就有佳作问世。了解他的人都知道，这背后有太多不足为外人道的辛勤付出和汗水。

陈润长期关注企业实操层面，每写一本书他都会进行长时间深入细致的采访，在与企业家的深度交流中，捕捉他们创业和发展过程一个个鲜活的生活横断面，再用生动的文字展示给更多读者。

这本《激荡新三板》也是一样。书中他为读者准备了44个新三板挂牌和拟挂牌企业的故事，讲述了他们如何一步步从"实业为船"到新三板市场寻觅"资本之帆"的或曲折或有趣的过程。

我一直认为，资本市场是一片既是天堂也可能是地狱的大海。在这里，如果能够识别海流，顺势而为，就能让你的实业之船一帆风顺；如果只求风帆之利而盲动甚至乱动，就很可能从巨涛之巅跌落到万劫不复的深渊。

因此，企业家对资本市场既要真心拥抱，同时也需保持相当的理性。

回过头来再说说本书的故事发生地——新三板市场。从当年中关村的老三板开始，我对这个市场的关注可以说不算短。然而，近一年来它的突然爆红以至于后来出现剧烈的波动却也有些让我始料未及。

不过，这种爆红背后的逻辑并不难理解，它是基于中国建设多层次资本市

场以利实体经济的长远改革发展为目标的。

作为多层次资本市场的"塔基"之一，新三板正在迅速扩大。截至2015年12月初，新三板挂牌企业达4500家，超过沪深交易所上市公司总和，未来两年超过万家没有悬念。

但是，规模大和速度快，甚至连门槛低都不是这个市场的真正价值所在。对中国资本市场而言，新三板所表现出的真正的市场化精神才是具有划时代意义的。

在这个市场上，只要合规经营，诚实披露，你就可以用最快速度进场挂牌。只要投资者认可，你就可以快速融到发展所需的大量资金且不受主板市场融资比例的约束。如此等等的游戏规则，不一而足。

换言之，市场规模和速度的加大表面上源于门槛低，但实质在于市场之门开得足够大。新三板就是这样一个门槛低同时门开得够大的一个市场，这与中小板甚至创业板有着巨大的差异。

我们知道，一个市场的最大价值在于能否通过公平透明的交易，让企业的价值得以体现。而通过一系列制度的引进以及未来推出分层管理等等，新三板市场对企业和投资者的吸引力正在变得越来越大，即将成为中国的纳斯达克已不再是句简单的口号。

激荡新三板，就是要激荡创业梦想。透过陈润这本书，让我们与中国的创业加速器一起前行，与那些未来伟大公司的年轻身影一起前行。

聚焦新三板，发现中国未来商业力量

财经作家、企业史研究专家、《激荡新三板》主编　陈润

一

2015年是我从事财经写作的第七个年头，在激动与失落、成就与熬苦的交替往复中，不觉间开始体会"七年之痒"。坦白说，写作是一种孤独的坚守，我所涉足的企业史范畴更考验操守与人格。每到痛苦艰难时刻，我就会翻阅百看不厌的案头书，读几段文字，自我挠抓"痒点"。

美国作家威廉·曼彻斯特的《光荣与梦想》（两卷本）很厚，他精彩描述哈里·杜鲁门当选总统时的句子我倒背如流："他三步两步冲上台阶，两只睾丸撞得叮当乱响。"财经作家吴晓波的浪漫情怀和诗人气质令人着迷，他在《跌荡一百年》里写民国大商人说："他们穿越百年风尘，身着青衫，面无表情，正砸响门环。"我也像吴晓波一样将李普曼视作偶像和标杆："我们以由表及里、由近及远的探求为己任，我们去推敲、去归纳、去想象和推测内部正在发生什么事情，它昨天意味着什么，明天又可能意味着什么。"甚至还涌动强烈的时代使命感，如时政作家凌志军在《联想风云》中所说："这不只是一个人和一个企业的历史，也是一个国家和一个时代的历史。"

这四位先行者都是我的写作榜样，我的作品中时常可见类似风格。我就这样以无知无畏的勇气和理想主义的情怀，完成联想、美的、小米、华润（专题图册）等著名公司的企业史写作，还把视野瞄准国外，耗时三年磨出《全球商

业一百年》，并雄心勃勃持续笔耕五卷本"全球商业史"系列。

可是，即便我能写出"睾丸撞得叮当乱响"的传神情节，饱含"砸响门环"的深情，也无法做到探求、推测后的百分百还原，更难承担记录国家和时代历史的责任。而且，过去一年间碰到的几件小事，让我常有无力感，甚至自我怀疑。

2014年秋天，我受青庐读书会马翠女士邀请前往山东潍坊，给当地企业家演讲"百年商史的变与不变"，并与京广传媒的刘晓阳、香港体会的周宇两位企业家谈商论道。晚上一起喝茶闲谈，刘晓阳痛陈革命家史，经历创业所有的对错，作过商人所有的善恶，终于熬到京广在"新三板"上市的曙光。从茶舍出来，坐在他新买的路虎上，刘总问我："那些大牌企业家的烦恼是什么？最近富豪出国盛行，南方那些老板都去了哪些国家？"我懂他的焦虑，却无法给他可复制的解答，他显然还没做好财富敲门的心理准备。

年底，现任《中国民商》执行总编辑张立栋先生约我去保定，给太行集团的魏田艳女士出出主意。经过三个多小时跋涉终于抵达，高管和员工们身着蓝色工装热烈欢迎，真把我们当作腰挂锦囊的诸葛亮。魏总刚接手家族企业，面对继续为哥哥的长城汽车做配套还是大举进军净化水，她犹豫不决，四五个小时的脑力风暴更像是对她的围攻批判。我不能说服她，她也无法从我赠送的作品中找到答案。夜色中抵达北京，车窗外下起小雪，纷纷扬扬，想起所出的主意，我很清楚，魏总需要的其实是信心，我为她出谋划策，不如引入资本。

2015年4月初，媒体传出"华图教育借壳*ST新都转板"的消息，华图由此成为首家借壳主板上市的新三板企业，而且前后只用了半年时间。我从2011年春天开始，此后长达半年内采访调研，梳理易定宏的企业如何从一家攒稿公司发展成中国最大的公务员考试培训机构。那时候易定宏已经为上市东奔西走，曾一度联姻美国资本大鳄凯雷投资，最终牵手达晨创投，可是后来几次因政策原因搁浅上市计划，A股、纳斯达克都成梦境，新三板成为他实现从"实业家"到"投资家"过渡的最佳平台。

华图的故事让我想起深圳聚成，2008年我为其梳理企业史时，80后企业家刘松琳就雄心勃勃地谋划两年内上市，可两年后遭受创始人分裂、高管出走的动荡，尽管拿到联想投资、和君咨询的投资，仍然没有为上市铺平道路，至今仍在资本大门之外。7年过去，如果当年上市成功，今时今日聚成又是怎样的境地？

2015年春天，新三板几乎一夜爆红，我身边好几位企业家朋友已经在兴奋焦虑中豪迈上路，摩拳擦掌又忐忑不安。这情形就像1971年美国纳斯达克问世场面的重演，没有人会怀疑新三板近2200家企业（截至2015年4月）中不会诞生世界级巨头，就像当年的微软、苹果、甲骨文、思科、戴尔一样，我如此毫不保留地满怀期待，可纳斯达克集团中国区首席代表郑华还不满意："新三板是中国非常具有特色和创新的市场，新三板是中国真正创新出来的一个市场，全世界独一无二，将其比喻成'中国版纳斯达克'，这是对新三板自主创新的抹杀。"

尽管新三板已热火朝天，但仍然处在初级阶段，它的潜力、价值和对中国市场经济、商业进化的影响力一定会超乎我们的想象。我坚信新三板就是中国未来的纳斯达克，甚至超过纳斯达克。我决定花更多精力学习、研究、关注新三板，与占中国企业总数99%以上的中小企业结伴同行，并从中发现中国未来商业力量。

二

2015年4月中旬，我和老朋友、资深整合营销专家刘四海吃饭闲谈，他奇思妙想，提出打造"激荡新三板"自媒体的设想，并鼓动我带着团队立即行动起来。虽然我还未想清楚该如何"激荡"，只是朦胧觉得可以用曼彻斯特的手笔、吴晓波的情怀、李普曼的思辨和凌志军的视野大胆试验，以有趣、有料、有态度的风格，写尽新三板各路大佬的创业、财富和人生故事。

4月20日，"激荡新三板"自媒体上线，按照每天至少一篇原创文章的标准，4个多月时间积累了上百篇文章，无论是执行主编还是专栏作者、产品经理，我们团队每天都为见证、参与新三板的蓬勃兴起激动振奋。关于华图教育、分豆教育、福昕软件、亚太能源等新三板明星企业的文章陆续问世，一些新三板重要活动、发布我们都跟踪采访，许多热点优秀文章被新三板媒体、财经媒体合作伙伴转载、引用。依托"激荡新三板"自媒体平台，我们成立新唐智库新三板研究中心，邀请战略、营销、商业模式、资本运作、创业、传播方面的专家作为顾问智囊，为新三板准备上市或已上市企业提供力所能及的帮助。在过去的5个月之间，"激荡新三板"得到各方的积极反馈和广泛关注。

财经图书出版人、亨通堂创始人陆新之先生是最早发现"激荡新三板"价值的老朋友之一，他眼光敏锐，见解独到，亲笔写作并出版了许多优秀财经作品。2015年8月，当我的同事与他聊起将"激荡新三板"精品文章结集出版时，他毫不犹豫表示赞同，大力支持，并希望加快进度尽早出版。在此向陆新之先生以及策划编辑、责任编辑表示感谢。

将自媒体文章公开出版并非简单收集、编辑这么容易，除了标题修改、文风统一、数据确认之外，最重要的是优中选优。我们以行业领导者、明星企业家可复制借鉴为标准，从3442家企业（截至9月13日）中精选39家标杆典范和5家即将挂牌新三板的未来之星，深入企业，挖掘案例。从8月到9月将近一个月时间内，历酷暑秋寒，写作团队辗转北京、山东、河南等省市实地采访、调研新三板企业，但因时间仓促、数量众多，我们只能尽最大努力采访到足够多的企业，尽力还原真实案例，剖析内在价值。

内容驱动是公众号影响力扩大的主要原因，但共享经济、社群化的运营方式也很重要。确定图书出版计划之后，我们8月份在"激荡新三板"自媒体平台启动为期一个月的图书众筹活动，反响强烈，影响广泛，即将挂牌新三板的企业尤其踊跃，到9月20日，活动圆满成功，所形成的文字成果都将在《激荡新三板》书中集体呈现。

在这个喧嚣浮华的镀金年代，愿意扎实采访、安静写字的年轻人已经不多了。《激荡新三板》书中案例写作、企业访谈几乎都出自我们团队85后、90后的年轻人之手，再次对俞志荣、葛永慧、王丙午、曾庆山、丁克强5位作者表示感谢，也对我的创业伙伴路卫军先生的支持深表谢意。另外还有三篇文章由《渝商杂志》的谢力、王明明特约赐稿，谢谢重庆的媒体朋友。

大部分时间我只负责通盘策划，对标题、内容、文字把关，协助大家将作品精彩呈现。有时候也会忍不住，比如对熟悉的老朋友倪加元的采访《快乐格子：格子无界，快乐有形》，我是他创业路途的见证者之一，而今又要见证他挂牌新三板，在实现理想的道路上跨越一大步。《易定宏：中国公考教父》《刘红军：盛于忧患》这两篇文章在公众号、网络媒体反响强烈，我将其推荐到《企业观察家》杂志的封面栏目发表。这是一家充满人文情怀的主流财经媒体，我长期在此撰稿耕耘，以往的观察对象都是王健林、张近东、曹德旺、何享健、宋卫平等财富大佬，代表未来商业力量的新三板企业家的出现将令阅读体验丰富生动。

专业研究机构和资深观察人士的助力为《激荡新三板》增光添彩，从新三板的平台价值、未来趋势到上市流程、投资知识、股权激励、传播技巧等，本书尽可能详尽的告诉你想知道的关于新三板的一切。在此特别感谢刘四海、贾红宇、Home君、新三板TMT分析师、啃哥张驰、谢力、王明明的支持，你们的智慧和才华令人深感钦佩。

最后，特别感谢陈九霖先生、张立栋先生拨冗作序推荐。陈九霖先生从1990年就开始从事投资工作，是可以写入中国商业史的企业界风云人物。这几年陈九霖先生对我提携、帮助很多，使我受益匪浅。张立栋先生是一位谦虚、勤奋、用心的财经媒体人，在证券、金融、资本方面颇有造诣，堪称跨界纸媒、广播、电视的"三栖明星"，对我鼓励与支持良多。

在财富与成功划等号的时代，新三板企业名单已成为名副其实的富豪榜、光荣榜。这里面不只是创业成功者的盛宴与狂欢，也是财富路径与经济规律的直观表达。梳理、剖析新三板背后的故事，既能还原富豪的成长路径，更可窥探投资风向、经济走势。如果将视野拉长，微观洞察，这其实就是改革开放的精彩纪录片，正是各种喧嚣与宁静、挣扎与沉沦的镜头交替出现，中国商业故事才显得生动鲜活，这种向上、不屈的力量才激荡震撼，摄人心魄。

我依然会写商业史、企业史，走进百亿、千亿规模的顶级企业，但我更愿意和这些今日新贵、未来巨头站在一起，带着我们团队的年轻人，继续做一些有意义的尝试。

目 录

第九章　明日之星，相约在中国的纳斯达克

第十章　名家酷评，新三板的危与机

第一章

文化教育业的资本探索与反思

分豆教育：新合伙人时代

（证券代码：831850）

导语：分豆教育是新三板当之无愧的明星企业，据统计，截至2015年8月21日，新三板教育行业已披露半年报的17家公司中，分豆教育无论是净利润绝对额还是净利润增长率，均位居第一位，其半年净利润达到5 805万元，增长率则高达7 668%。

作为分豆教育的创始人，于鹏一直以"重塑教育生态"为己任，梦想能够突破传统教育的局限，让更多的孩子通过读书改变命运。由于这种教育情结，他虽然学的是市场营销，却一直没有脱离过教育行业。

"宾客群臣有能出奇计强秦者，吾且尊官，与之分土。"

——秦孝公《求贤令》

公元前381年，年仅21岁的秦孝公继位，彼时的秦国积重难返、国运不振、诸侯轻鄙，年轻的秦孝公欲图一番作为，故而广发《求贤令》。受此感召，商鞅来了，范雎来了，吕不韦来了，李斯来了……他们有一个共同点——都不是秦国人，却为后来秦国横扫六合打下深厚根基。

时光向后推移约2400年。在于鹏的办公室里，挂着他亲手所书的《求贤令》，他带领着分豆教育，意欲打造出教育界的"大秦帝国"。

秦孝公在打造大秦帝国时，有一个重要战略是引进人才并加官分土，对于于鹏而言，打造教育帝国的首个重要战略也是引进人才。"现代企业里，已经没有'土'可分，那就分股，把员工变成合伙人"。

从2011年1月成立，到2015年1月挂牌新三板，这期间，分豆教育没有进行过一轮融资，可在它的股权结构里，作为第一大股东，于鹏的股份刚刚超过20%，剩下的都被稀释出去。当谈到是否担心公司控制权旁落时，于鹏倒是显得很坦然："如果一个公司的话语权是董事长一言堂，才存在控制权旁落的问题。如果员工们都是公司的主人，他们会卯足了劲儿干，在公司战略规划、发展方向上，才能够更加齐心协力。如果创始人是抱着做事业、而不是投机套现的心态，他是不太在乎股份多少的，股份多了反而是束缚，你一卖，股价就跌，股价不好的时候，你还得增持。"

在"与之分股"理念的指引下，分豆教育全新的合伙人时代正徐徐展开。

梦想狂人的"忽悠术"

在教育界，于鹏被称为梦想狂人。2000年从人民大学毕业之际，当别人还在为工作而苦恼时，他已经通过大学期间的努力在北京买房买车，并有300万元存款。尽管已经实现了财务自由，于鹏却没有放弃自己最初的梦想——让更多的孩子通过教育改变命运。毕业后，他一心扑到教育行业，一做就是十年。十年里，他看到了传统教育行业的种种痼疾，并希望能够改变这种局面。但他一直没有找到合适的创业机会，直到他遇到了他后来的合伙人——尹志远。

和于鹏一样，尹志远也是来自农村，靠自己努力考上名校，改变了命运。他上的是北大物理系，毕业后到佳能工作，做数码相机的人脸识别。后来开过公司，做软件外包，早早实现财务自由。

2010年的一天，两人在学院路的一家咖啡馆闲聊，聊着聊着就聊到了教育。他们发现当年自己读书时，优质教育资源尚未像今天这样集中到有限的学校；而在学习方法上，从来应是扬长处、补短板，而不是题海战术。当时两人就觉得，得做一件事，改变教育，改善教育资源的不均衡，并能够因材施教，提高孩子们的学习效率。

于鹏被称作"梦想狂"，其中一个重要的原因就是他说干就干，很有魄力。而尹志远有个外号叫"没问题"，他们当时一拍即合，随即找了他们的大学老师聊了这个想法。说起当年这些事情，于鹏还是很兴奋，他说："当时想想还挺冲动！"

送走老师后，两人接着聊，整整四个钟头过去，他们还意犹未尽。从年少时的经历，谈到少年时的学习历程，再谈到对于K12教育行业现状的看法……最后，他们决定做一个基于云计算和大数据的智能教育平台，为中学生们提供全新的辅助教育体验。关于教育平台的名字，他们始终想不到满意的。走在回家路上，于鹏仍是苦苦思索，他灵光一闪，马上给尹志远打电话：

"分豆宝典，你觉得这个名字怎么样？"

"不错。"

"分豆与奋斗谐音，对于中学生来说，分数也像豆子一样。"

"分豆宝典"也就是慧学云智能教育的前身。

说干就干，于鹏和尹志远投入注册资本50万元，创立了分豆。两人心里流淌着无穷尽的想法，并着了魔似的投入到工作中，努力将这些想法实现为产品。然而，事情并没有想象的那般顺利。真开始启动后，两人才发现，其实自己面前是一片空白，不知道该做出什么样的产品。最开始产品雏形只有六张JPG图片，构架和界面都非常简单。整个做产品过程就是一步一步改进的过程。他们花了整整一年时间，做了六版的分豆。版面设计不停地调整和改进。后来，他们开始尝试将网络游戏机制引入到教育软件当中，设置任务、完成任务、奖励和激赏，以之调动孩子们的兴趣。为了做出最好的游戏化学习界面，于鹏找到了专门做游戏开发的完美世界，说服对方成为分豆的合作伙伴。

经过三年潜心打磨，2014年，慧学云产品即将推出市面，而分豆教育也急需更多优秀人才。那时的分豆没钱、没名气，招人是件很困难的事情，怎么办？于鹏再次发挥他的"忽悠"本领。很自然，被"忽悠"的对象，从老熟人下手。

于鹏找到了他大学时的同学张莹。张莹此前一直就职于大国企和外企，工作稳定、生活安逸，于鹏找到她时，对她说："我即将做出一件改变教育行业的伟大事情，你愿不愿意跟我一起干？"见张莹犹豫，于鹏开始攻心术："你现在还有梦想吗？你愿意你的下半辈子，就这样按部就班、毫无激情地过下去吗？你愿意自己的斗志在安逸之中一点点被磨灭么？"这些话触动了张莹，2014年2月，张莹正式加入分豆。

分豆的产品体系中，有一个重要的环节是，要与国内最顶尖的中学合作，可这个项目发展并不顺利，整个2013年，分豆一所名校都没有签约下来。与政府部门打交道，是张莹的强项，随着张莹的加入，这种情况发生了180度扭转。于鹏、张莹、尹志远组成"无敌三人小组"，配合专门攻克名校，于鹏负责"搭桥"，尹志远负责讲述概念和产品，张莹负责谈判、收复阵地。2014年4月26日，分豆举行名校签约大会，一举拿下30所名校。后来，这个数字扩大到33所，名单包括北师大附中、河北衡水中学、天津南开中学、华南师大附中等。

创业初期的一批合伙人，就是这样被于鹏"忽悠"入伙的，核心团队中有不少是于鹏的老熟人、老同学，如邓志科、王子健等，靠着兄弟情谊和相同的梦想，分豆度过了它的"小米加步枪"时代。

地归秦与贤归秦

仅仅靠老同学、老熟人，远远难以支撑起分豆作为一个现代化企业的人才体系，因此引入外部人才也成为当务之急。2014年12月，随着倪小伟的加入，分豆教育在PPP业务如虎添翼。从倪小伟的角度讲，故事的版本应该这样写。

生于1983年的倪小伟是一个典型的学霸，高考那年他总分考了657分，由于志愿填报失误却只能上一所二本院校。此后，这一直成为他的一块心结。在他看来，他是一个典型的应试教育受害者，因为他来自高考大省山东，注定要比大多数地方的考生付出更多努力。2006年大学毕业后，他当了两年公务员，辞职后进入IT行业，先后就职于中科院计算机所、甲骨文、中兴通讯。2014年，他从中兴离职后，准备休息一段时间，而他的简历意外进入到分豆的人力资源部。

接到面试邀约时，倪小伟最开始是拒绝的，长期在大公司工作的豪华履历，让他对分豆这家不知名的小公司报以轻视。抵不过分豆人力的穷追不舍，倪小伟抱着玩票的心态，决定来看看这家创业公司。他讲到了一个细节：最开始HR和他面试时，反被他给镇住了，HR感觉镇不住，就找来了市场部负责人；市场部负责人和倪小伟聊了一会儿以后，也镇不住，只得请出于鹏。彼时，已经过了中午十二点，于鹏正准备赶下午的约，只有十分钟时间。而正是这十分钟时间，让倪小伟决定加盟分豆。

回忆起这10分钟的交谈时，有两句话让倪小伟记忆深刻。第一句话，于鹏说，"我们这些人，都是通过读书改变命运的，可现在通过读书改变命运已经越来越困难了，只有我们这些人一起努力，让穷人家的孩子还相信读书能够改变命运的时候，这个国家才有希望。"这句话一下子击中了倪小伟的软肋，在他内心深处，一直深藏着浓厚的教育情怀，这个情怀一下子被激发起来。于鹏的第二句话是，"这个公司不是我一个人的，它属于所有分豆人，他们都是分豆的合伙人，你不是给我打工，是给自己打工。"这让倪小伟觉得很新鲜，此前无论是在政府，还是在外企、国企，哪怕职位再光鲜、薪水再高，他也找不到归属感，而加入分豆则让他感受到存在的意义。

2015年8月8日，在倪小伟团队的努力下，分豆一举签下13个地级市教育局，PPP模式落地起航，这在教育界十分罕见。谈判的艰难自不多言，团队们经常出差，按规定可以坐飞机，他们却选择坐硬座火车；有时候到了目的地凌晨两三点，他们并没有找酒店休息，而是在火车站大厅一直坐到天亮，等天亮后赶往学校和教育局。

"如果抱着给别人打工的心态，肯定不会这么委屈自己；但当你成为合伙人后，心态则会完全扭转，多为公司省一分钱，公司便少一些危机。"倪小伟说。

由于此前在大企业时既做过软件开发，又做过大客户销售，因此倪小伟深谙产品之道，又熟悉与政府部门打交道的游戏规则。很多同行来分豆取经，问13个教育局是怎么签下来的，倪小伟总结了两个词，信用和执行力。他举了与包头教育局谈判的一个细节，觊觎公立学校这块大蛋糕的人不计其数，政府部门已经对各类上门合作者形成免疫力。此前有一家同行与包头教育局谈判将近一年，眼看着协议即将签下来，可倪小伟团队仅用了两天时间，便让包头教育局毅然决定与分豆签约。"对方觉得我们很实在，是真心做事。我们答应别人的条件，再难也要办到，不找借口，这让他们看到了我们的真诚。"倪小伟说道。

"把员工变成合伙人"，并不仅仅是一句口号，亦或是吸引人才的一个噱头。2015年4月底，分豆教育正式对外发布股权激励公告，拟面向员工发布1 000万股激励股权，行权价格8元；同时成立地归秦投资管理中心和贤归秦投资管理中心，二者作为股权激励的代持机构，分别承载400万股、600万股。5个月后，分豆以1:2.5的比例除权，地归秦和贤归秦的代持股份变为1 000万股、1 500万股，行权价格也相应变为3.2元。在这两家机构中，于鹏的股份均持1 000股，以作为他合伙人身份的象征；而行权的8 000万元，最后则由于鹏等高管自掏腰包，以银行存款最低利息借给员工。

值得注意的是，实施此次股权激励的前置条件是，分豆教育需完成2015年1亿元营收、4 300万元利润的业绩目标，上一年这两个数据分别是3 900万元、735万元。2015年上半年，分豆的营收为7 389万元、利润5 805万元；下半年，分豆再次签订3 000万元合同大单，完成全年业绩目标已无悬念。

按照分豆2015年下半年的股价，分豆已经有数十位身价超过千万的员工了，对于一家成立不足5年的公司来说，这不可谓不是奇迹。

全民合伙总动员

与倪小伟同为山东人的张金荣，则要幸运得多。张金荣也生于1983年，也来自农村，2002年，他以全校第一名的成绩考入北京大学物理系，大学期间一直创业，眼看着就要大四毕业，他却做出一件令周围人大跌眼镜的事情：辍学，全职创业。经过七八年打拼，张金荣在吉林、内蒙古等地开了十余家培训学校，年营收三千多万。

张金荣与于鹏的相识，始于2015年上半年的一次投资人内部交流会。彼时，分豆刚刚挂牌新三板，于鹏受邀做教育企业挂牌经验分享；张金荣也在寻求投资机会，琢磨着把他的公司弄上新三板。会后，二人深聊一宿，于鹏突然说，"金荣，我们一起干吧，把分豆做成中国最伟大的教育公司。"

张金荣愕然，随后一口回绝。张金荣此前从未给别人打过工，而且这辈子也没想过给别人打工。

于鹏解释称，"我们都是合伙人。分豆教育在商务方面一直是弱项，需要你这样的人才加入，你是干培训出身的，只有你这样的人，才能深刻理解当前行业的痛点，才能让产品走向市场，真正重塑教育生态。"

见张金荣未应允，于鹏一边"恐吓"，一边"利诱"，"干培训没有前途，将来都会被我抄了后路，即使我不颠覆你，也有人颠覆你。""你在一个三线城市，有什么前途？跟我一起改变世界吧，我们创造新的辉煌。"

经过数天的深入交流，张金荣意欲加入分豆一起战斗，但他仍心存犹豫，毕竟老婆孩子在东北，还有那么大一片产业。于鹏洞穿了张金荣的心思，不再相劝，说道："5月27日分豆举行挂牌以来首场路演发布会，你来会场吧！"

发布会当天，于鹏突然把张金荣叫上台前，然后当众宣布："从今天开始，分豆又多了一个合伙人，他叫张金荣。张金荣只有高中学历，重返北大是他的梦想，有一天，我们会让他站在北大讲堂上发表演讲！"

当天两百余人的发布会现场，恰好坐着一名张金荣的北大同学，很快，"张金荣加盟分豆"的事件在他的同学圈、朋友圈传播开来。或主动或被动，张金荣加入了分豆，担任商务副总裁。

此后的半年之内，分豆教育先后攻占河北、山东、河南、重庆、广东、浙江、山西等市场，提前完成2015年业绩预期。

随着2500万股股权激励计划的即将实施，分豆在引进人才方面，更加具有优势，越来越多的人才主动投入分豆怀抱，而在分豆内部，也掀起了全面引凤的运动，越来越多的分豆人将身边的优秀人才拉入分豆。

同样负责PPP的许阳，便是被倪小伟"忽悠"过来的。许阳也是一名学霸，2006年被保送北师大，毕业后在德国知名咨询公司就职，长期往返于波兰、捷克、斯洛伐克等国。2015年5月，他放弃即将到手的欧盟永久绿卡，回国加入分豆，领着不及原来一半的薪水，每天奔波于各地学校与教育局。

分豆教育产业研究院的杨德娟，被于鹏"忽悠"了半年之后才决定加入。2014年年底时，她介绍几个朋友到分豆面试，于鹏一眼"相中"了她，就邀她加盟，但是她当时没看上分豆，拒绝了。后来于鹏始终没有放弃邀约，最终在2015年5月份她加入分豆。之后，她还帮忙"挖"来了另外一个重量级高管——现任分豆教育产业研究院执行院长——曾供职于和君集团、新东方的北大法学博士陈三军。

分豆现任CTO朱飞，原为知名香港上市IT集团CTO，六年期间为老东家培养了不少得力干将。2015年6月，他被他在分豆的一位老朋友游说之后，决定加入分豆，却遭遇了老东家的极力阻挠，当时为了脱身，他承诺"净身出户"，不带走老东家一兵一将。然而仅仅一周之后，他便违背了当初的诺言，挖来了几名老部下。作为一名资深技术宅，朱飞认为这是他这辈子干的最不厚道的一件事，但当时分豆急缺技术骨干，他已经顾不了这么多。

就这样，一个又一个优秀的创业伙伴被于鹏的梦想和执着打动，加入到分豆。"尊贤而思进，求变而图存。我们如求生般求贤，梧桐已长成，恭迎凤凰来。"在分豆的宣传手册上，于鹏这样写道。

华图教育：骑士易定宏，骑马唤起本性

（证券代码：830858）

导语：易定宏是一个自称"不爱讲话的人"，他一直保持低调，鲜在媒体、公众露面，但公司的飞速发展，将他推上了"中国公考教父"的高座。

截止到2015年9月，华图教育已成为下设100余家分支机构，拥有专兼职教师、研究员及员工数千人的新三板上市龙头企业。如果把视线拉回到14年前，当时的华图教育还只能蜗居在通州天赐良缘60平方米的两居室内办公。

易定宏热爱草原，热衷骑马："骑马是将野性和优雅融于一身的运动。每天生活工作在城市里，用电话和邮件沟通，与自然之间越离越远，骑马可以填补这道裂缝，可以唤起我们的本性，连接野性和文明。"

早在2007年，易定宏在河北坝上草原刚开始骑马不久，就感悟出人生大道理："千里马固然很好，但要骑好、驯服好绝非易事。我想面对这种情况，人有两个选择，一是不骑千里马，骑匹百里马，甚至十里马，图个平稳；二是练就一身驭马本领，管他千里马，万里马，都能骑得既快又稳。"他进一步阐述道："只有管理者不断进步，才有资格管理像千里马一样的人才，才是真正的骑士，否则给你一匹千里马又能怎么样"。

骑士摧城拔寨、纵横天下凭的不是骑术，而是骨子里的"骑士精神"——包容、分享、英勇、奉献、公正、诚实。回顾易定宏创业15年的传奇历程，可以看出他是一个天生的骑士，凭借着"骑士精神"崛起到了今天的高度。

英勇无畏，骑士崛起时

高挂"华图教育"招牌的北京海淀文化艺术大厦在中关村大街十分显眼，这里是中关村的中心。华图把大厦底部两层楼全包下来，作为向全国400多家学习中心发号施令的"中枢大脑"。董事长易定宏的办公室在二楼，里间的会客室绿植成荫，此处才是公司的中心，许多战略进退、人事升降等重大决定都是在饮茶聊天中产生，而不是在隔壁会议室的长方形会议桌上。

15年前，刚过而立之年的易定宏还是一个带着创业梦想来北京闯荡的普通人。

2000年春天，易定宏在佛山沙堤机场登上一架伊尔76军用货机，挤在一大堆军用物资中被捎到北京。他怀里揣着从亲朋好友那里七拼八凑借来的10万元钱，手提一只黑色行李箱，这是他的全部家当。

北京的早春乍暖还寒，易定宏挂职在中华工商联出版社教材编辑部，每天忙碌于大学英语教材的策划、约稿和出版、发行，当时下岗潮初起，择优录用、竞争上岗成大势所趋，易定宏抓住时机策划出版《竞争上岗》，一炮打响。2001年9月，易定宏在通州天赐良缘60平方米的两居室内创办北京华图宏阳教育文化发展有限公司，抓住"司考三合一教材"的出版机会，掘得第一桶金，并将目光转向司法和公考图书出版。

三年之后，华图由通州搬到中关村苏州街的长远天地大厦。有一天，易定宏收到一封读者来信，字里行间充满抱怨和质问的情绪：对于教材中那些看不懂弄不清楚的问题，尽管华图组织专家和教授以电话、短信、邮件的形式耐心解答，可考生还是希望华图能组织公务员考试培训，更全面、深入、准确地进行指导。

当时考研培训和英语培训异常火爆，公务员考试培训市场宛如一潭死水，易定宏决定趟这浑水。他在编辑发行部门之外成立培训部，找来万源泉担纲："这个项目我来投资，咱们三七分成，如果亏本我承担一切损失，赚钱你可以拿三成红利。"三七分成是华图最早的股权形态。2005年3月，易定宏在培训部推行内部股份制，13个人募资20万元，易定宏占53%的股份，万源泉占20%，李品友占10%，其余由另外十个人分享。

2006年4月，华图进行模块教学法改革，把行测细分为四大模块，每一部分由不同的顶级专家讲解，充分发挥老师价值，通过细分内容、扩充业务、专业教学迅速崛起，顺势推出面试项目，逐渐占据行业领导者地位。这一年，华图马不停蹄地在全国各地开办十多所分校，遍地开花。

同时，易定宏启动股改计划，通过各业务版块的股权置换，图书公司、培训部、司考教材部、华阳英语、无敌学习网五大业务版块全部纳入股改范围，图书公司与培训部各占50%股份，平分秋色。另外，图书收回的账款以8折方式进来，易定宏提出没有收回的损失都由他一人承担。而且培训部以2006年10月20日的报表为准、图书公司以2006年6月30日的报表为准进行合并。这意味着图书公司从6月30日到10月20日之内所产生的利润，培训部可以参与分红。

两年之后，易定宏启动第二次股改，总盘子扩大到1 100多万元，老股东被限制不准再购买新股份，稀释的部分将由对公司做出突出贡献的新员工持有。"空降兵"高管于洪泽与黄铉各自分到5%的股权，没想到在内部引起不小的争议。为顾全大局，于洪泽和黄铉不约而同地主动让出1%的股份，只留下4%。受益于两次股改的还有老师和优秀员工，核心老师100%持股，核心员工的持股比例达90%。

这一年，易定宏果断引进和君咨询对华图进行全面诊断。为了顺利实施整改方案，调整组织架构，实行事业部体制，推进绩效考核改革，改造业务流程，梳理企业文化，华图从此走出大模样。

对于易定宏来说，股权一直是他给员工画出的大饼，15年来，少有人相信有朝一日可以品尝滋味。创业初期，易定宏经常给下属讲课：PPT上出现太阳、地球、月亮及火星、冥王星等星球在各自轨道运转的画面，标题叫"看看天体是如何运动的"，易定宏首先发问："你是哪颗星？你该带领你的卫星怎么转？"然后启发式的谈论"画饼"的技巧："太大不行，因为过大则虚；太小亦不行，因为过小则无力。应该是适中略大，定目标要取上，保中，弃下。"他还着重强调："饼画好了，你要带头跑。"随后，PTT又跳转到头狼带领狼群在茫茫草原一路狂奔的画面。

正因为如此，当大多数企业的董事长都在千方百计地让员工干事，自己殚精竭虑防崩盘时，华图的核心员工在易定宏"画饼"的激励下，都会毫无保留地为公司付出，把公司的事情当作自己的事情。在华图，分校的校长自主经营，权责对等，只要是预算确定的事项，上级部门一般都会放行，这种鼓动大家一起造饼的方式极大地激发了员工的积极性和干劲。

如今，华图早已过了画饼阶段，他不但画饼，而且造饼、分饼，并教会别人像他那样利用"画饼—造饼—分饼"三个流程做公司。

转战资本市场，骑士的艰难抉择

2009年年底，华图高层在张北草原的一家酒店开会，临近结束那天，达晨创投投资总监傅忠红风尘仆仆赶来，找易定宏敲定协议中的细则。白天忙着开会，到了晚上，易定宏开着越野车，带傅忠红和华图财务总监吴正呆到茫茫草原去打猎，边散心边洽谈。

在黑夜中打猎是一件刺激而惊险的事，果然，易定宏没开多久，越野车就陷入泥沼中，三个人打着手电，忙着挖土、推车，还不忘商量投资细节。整整忙碌两个多小时，车子终于开了出来，谈判也尘埃落定，三个人喜眉笑眼地赶回北京，连一只猎物都没带上。他们本来就不是去打猎的。

2009年12月29日，北京友谊宾馆，华图与深圳达晨创投举行合作签约仪式，达晨向华图注入超过2亿元风险投资（招股书显示为2 260万元，华图自称2亿元）。

不料此后的上市过程一波三折。2012年，华图启动IPO辅导备案，但由于政策问题一度搁浅。2014年7月24日，华图登陆新三板，一个月后又与*ST新都洽谈借壳上市，在新三板停牌。

半年之后，2015年4月10日，并购终于成功，华图再战A股市场，易定宏说："其实也有犹豫过，现在政策放开了，公司是继续留在新三板还是A股上市。目前新三板教育市场也比较稳定，潜力很大。但是出于对未来公司并购计划的考虑，公司还是决定再上市。A股市场在融资、流通以及资源方面更有优势。"按照规划，华图将在职业教育、互联网教育领域启动并购方案。

不过，成伟大之事业者，他的一生将经历比普通人更多的艰难与转折。在外界大多认为此次华图借壳*ST新都肯定十拿九稳，转战A股市场指日可待时，一则不啻于重磅炸弹的消息几乎在瞬间轰塌了骑士的"A股梦"：2015年6月15日，华图教育发布《关于终止重大事项的公告》，公告称"鉴于目前推进该项重大事项出现重大不利情况，经公司审慎考虑，决定终止筹划本次重大事项。"几乎与此同时，*ST新都也发出公告，终止重大资产重组。

这意味着，华图教育借壳*ST新都上市计划彻底失败。当然对于英勇无畏的骑士来说，这样的打击虽然大，但显然不致命，甚至激发了他叱咤新三板的斗志。在这之后，华图教育转向做市交易，股票交易非常活跃，交易量一度登顶。这些可喜的数据，无疑抹平了骑士心中不被外露的创伤。在后来的一些采访中，他都将登陆新三板当成自己成为教育投资家的关键一步，并且把自己的关注焦点也转到了新三板上。

对于火暴异常却又暗涌流动的新三板市场，身为沙场老将的易定宏显然有自己的一番见解，"我认为新三板解决了企业的发展问题，但它唯一没有解决的就是股票的流动性问题。目前就活跃度和交易量而言，我认为新三板对华图还是很有价值的。"

而针对近期各个版本的分层消息，易定宏也有生动的比喻："新三板就相当于一盆石头，中间也有几颗小金子，那金子闪闪发光，远看就像一盆金沙，光芒都把石头掩盖了。但是未来新三板的方向，它必然会分层，金子在金子那一层，石头在石头那一层。"

不管怎样，易定宏最终率领他的得力部下将华图安在了新三板。我们不知道这是不是他登顶为王的最终王国，但最起码他在这一片庞杂之地积累了不小的名气，成为一方不可忽视的强悍势力。如果说未来他可能离开这里去更大的资本世界闯荡，那么现在的华图仅仅只是骑士万里征程的一小半而已。

登上王座，爱上更多野马

进入2010年以来，华图发生了四大变化：新老更替，公司高管大部分都是80后年轻人，很多老同志到华图投资的新平台再创业；互联网转型，公司1/3以上的员工是互联网人才；多元化发展，从公务员培训向教师、金融、医疗、退伍军人等职业教育领域扩张；资本化运作，借助新三板上市成为投资平台，最终做成控股公司。他重新提及"教育企业家、教育投资家、教育慈善家"的人生三部曲，认为已经进入第二阶段："我已投资了七八家公司，未来要做成十多家教育文化类上市公司。"

说起上市之后的变化，他兴致勃勃："上市后我们至少打造了30多个亿万富翁，200多个千万富翁。这些股东特别高兴，很多人给我买礼物，老于（华图教育高级副总裁于洪泽）还要给我买一匹马。我以前从不收礼，这一次代表他们感恩的心，我全收了。"

于洪泽赠送的"宝马"被寄养在草原的马场里，上市以前易定宏每周至少骑两次马，现在一个月才能抽空去骑一次。他锻炼身体的另一个方式是散步，"每天走一万步，感觉身体强多了"。

华图这些年的火箭式发展，与易定宏的经营管理密不可分，他可以算得上是带领华图呼啸而起、创造奇迹的"强人"。许多民营企业家在企业经历爆发式增长后，往往会飘飘然地成为一个暴发户。他们尽情释放内在的非理性冲动，再也不能以平常的姿态和形象持续成长，最终大多以破产收场。这样的企业家只能从"强人"变成"失败者"，而不是提升成真正的大英雄。

对于易定宏这种崇尚吃苦精神的骑士而言，散步只能锻炼身体，无法磨练意志。他说："古人说'吃得苦中苦，方为人上人'，就是讲吃了苦才能干大事，这是基本的客观逻辑、规律，人就怕在享乐过程中迷失了方向。"在他看来，吃苦精神就是李嘉诚、王永信他们几十年如一日的经营管理——尽管事无巨细，日理万机，但做起来很快乐。

少年时期，在湖南邵阳的深山老林里，易定宏经常去险峻的溪流中抓牛蛙："去山上有溪水的地方两边都湿漉漉的，爬起来是极其困难的。"如今只要有下属或者朋友说自己能吃苦、愿意吃苦，易定宏就会考验说："现在你愿不愿意和我一起去农村抓牛蛙，零下四十度愿意跟我去骑马吗？"他自问自答："住的环境稍微差一点，熬个夜，那不叫吃苦，那不是的。"

罗伯特·费希尔的著作《盔甲骑士》是探索生命本质的经典之作，寓言所启示的哲理震撼人心。对于企业家而言，荣誉、财富、权力甚至如易定宏这般吃苦精神看似耀眼皇冠，实则却是无尽的责任。荣誉、英勇、信仰、奉献、谦逊等素质让他们具备勇往直前的能力和斗志，也注定承受没有同行者的孤独。每一次成功、跨越，都意味着新的挑战、危险、失败近在眼前。李嘉诚阅读《盔甲骑士》之后评论："骑士忘记了，成功不是盔甲创造的，而是盔甲中的自己创造的。"这与易定宏骑马感悟"真正的骑士才最重要"不谋而合。

可见，易定宏并未迷失。

他把华图开拓为无边无际的草原，会爱上更多野马，如骑士听西风呼啸，策马扬鞭。

有些事情在变，有些事情依旧坚守。变与不变，经历15年创业打磨的易定宏越来越得心应手。过去他说要把华图做成中国的另一个兰德，如今他在这件事上轻描淡写，"华图系里有一个兰德就可以"。在这个开放的时代，心有多大，舞台就有多大；谁愿意张开双臂，谁就能拥抱未来。易定宏的故事令我们看到华图温暖的过去，也看到宽广的未来。

云南文化："孔雀女王"转战商场，舞动奇迹

（证券代码为：831239）

导语：她是家喻户晓的舞蹈家，一支孔雀舞影响几代人；她是享受国务院特殊津贴的国家一级演员，却在不惑之年离开体制，转战商场；她从不放弃对艺术的热爱，但也不抗拒资本的入侵；她说自己不是商人，转眼间她的公司就在新三板上了市。舞蹈家、企业家、资本家，每一次跨越都万众瞩目，每一次转型都需要极大的勇气，但她又从未让喜爱她的人失望。今天，让我们重新认识杨丽萍。

舞蹈家转型做商人

2003年杨丽萍把大理的房子卖了，为她正在排演的舞蹈筹钱。在此之前的二十多年里，这位中央民族歌舞团的国家一级演员还没有为钱的事犯过难，跳出体制才三年，市场就给她结结实实上了一课。

2000年，42岁的杨丽萍离开了中央民族歌舞团，回到云南，当时她是享受国务院特殊津贴的国家一级演员，凭借孔雀舞获奖无数，五次登上春晚，达到了国内舞蹈演员看似不可逾越的高度。没人会想到，这次离开会成为她另一段辉煌的开始。

杨丽萍称自己的离开为"退休"，但她很快又"上岗"了。2001年，云南旅游舞蹈团找到杨丽萍，希望她能编一台旅游题材的歌舞剧。杨丽萍花费了15个月时间采风，遍访云南少数民族山寨，编排了一场上百名演员规模的舞蹈《云南映象》。

《云南映象》后来火遍全国，但在当时没有得到投资方的认可，他们想要的是那种能在旅游景点演出，让观众上台参与的表演。投资方撤资，杨丽萍却不想放弃，这不是她的做事风格，但排练需要一大笔费用，光是灯光、舞台就得上百万，于是出现了开篇卖房的那一幕。

《云南映象》后来得以上映，最大的推手是政府。杨丽萍请云南省文化部门的领导人观看彩排，还给省领导写过"求助信"，最终拿到了30万元的现金支持，政府另拨120万元，置办舞台、灯光设备。

2003年8月4日，《云南映象》在昆明会堂公演，观众被震撼了。某位文化部门的领导甚至激动地评价道："这才是真正的舞蹈、真正的民族文化、真正的艺术。"很快，《云南映象》成为云南文化产业的一面旗帜，被政府推广到北京人民大会堂演出，接着又去了上海、香港等地，政府也借势大力推广云南的文化和特产。

《云南映象》火了，杨丽萍火了，她由舞蹈家升级为演出明星，还成为了一名商人。《云南映象》公演一年后，杨丽萍成立了云南映像文化产业发展有限公司，并担任董事长。

分道扬镳

云南映象的商业模式很稳定，一部分人驻场演出，一部分人外出巡演，他们自称"两条腿走路"。此外，杨丽萍还接拍商业广告，用影响力塑造品牌。

企业发展壮大之后，合伙人建议出台公司章程，理由听上去无可反驳："要养活剧团，我们必须建立游戏规则。"但杨丽萍天生不喜欢被束缚，她开始排练新戏，并且一排就是几部。舞台上一下子没有了杨丽萍的身影，票房自然一落千丈。2008年，公司解散。

对于"分手"，杨丽萍和合伙人对外宣称是因为"理念不合"，但身边的人都知道，杨丽萍觉得公司分红太多了，应该给她更多资金支配权，开发新节目，而其他人则不想让她"另起炉灶"。

除了与合伙人"理念不合"，还有一个问题愈发明显：此前一直作为推手的政府好像不那么愿意出力了。政府多次提议为杨丽萍专门建造剧院，但始终没有批下来，这也导致杨丽萍排演的多出新剧目没法公演。一位文化部门工作人员的解释很清楚："云南省政府在大力推动文化产业发展伊始，需要一面旗帜，而杨丽萍恰好出现了。随着近年文化产业的发展，政府主推一个项目的日子已经过去了。"

公司解散了，政府帮忙的好时候过去了，杨丽萍则是不慌不乱，她清楚接下来的路该怎么走。

引入职业经理人

杨丽萍重组之前的演出和资产，成立新公司：云南响声文化传播有限公司（后改名为云南杨丽萍文化传播有限公司）。她依旧坚持"两条腿走路"，同时为每个作品单独打造商业运作模式，更关键的是，她为公司引入了一位职业经理人——王焱武。

王焱武称自己"不懂艺术，却热爱艺术"，一次他到云南旅游，看了杨丽萍的演出。与杨丽萍见面后，他决定义务帮杨丽萍的公司处理一些事务。此前，他在香港证券公司、摩根史丹利、瑞士银行担任高管，是杨丽萍最需要的那种能弥补自己商业和管理经验缺失的经理人。

2008年开始，每周的周一到周五王焱武在香港工作，周六和周日飞到昆明。2012年后，他辞去香港的工作，转为全职。

对于引进职业经理人，杨丽萍想得很清楚，一个团队要想健康发展，必须要有专业的人才来管理。"如果家长自己去管理的话，就乱了。"

当时杨丽萍为一个问题头疼，如何保证自己离开舞台之后，团队能继续维持下去，作品能继续演下去，这个忧虑源自上一家公司解散的教训。王焱武这时候发挥了自己在商业领域沉浸多年的优势，提出了专业化的解决方案——将企业资本化运作。

杨丽萍对企业资本化的态度犹如她率直的性格，觉得可以尝试，"成败都没关系"。

搭上资本快车

20世纪90年代，许翔是清华大学艺术团团长，一次他们请中央民族歌舞团到清华演出，但演出名单上没有最令人期待的杨丽萍的名字。徐翔抱着试试的心态打电话去杨丽萍家，结果杨丽萍一口答应了。从那之后，许翔就一直关注着杨丽萍。或许是"念念不忘，必有回响"，十多年后许翔与杨丽萍又有了交集，这一次他们是投资者和被投资者的关系。

2011年11月，王焱武在"滇池泛亚股权投资高峰会"上宣传杨丽萍文化公司，巧的是许翔正是听众之一，此时他的身份是深圳创新投资集团（简称深创投）西南大区负责人。

许翔想要投资杨丽萍的公司，但公司内部很多人认为这家公司过分依赖个人品牌，投资风险太大。许翔做了调研，坚持认为杨丽萍的公司值得投，当时市面上一些以演艺为主的公司业绩良好，杭州宋城甚至已经在创业板上市，他们的利润60%来自演出。

许翔还有自己的"私心"，他希望即便有一天杨丽萍离开舞台，她的艺术也能在资本运作的帮助下继续流传。

2012年10月，深创投领投3 000万元，共持有杨丽萍公司30%股份。杨丽萍持有70%股份，其中10%的股份预留给了公司管理团队，作为奖励，凝聚人心。

资本进入之后，杨丽萍加大了巡演力度，在更多城市进行推广，收效明显。2012年公司净利润突破1 000万元，在此之前这个数字是几十万元。

除了定点演出和巡演，公司开始布局旅游市场，在大理和丽江建造剧场，同时在黄山等地与人合作剧场，保证能有3～5处定点演出场地。此外，北京、上海的市场也在规划之中。他们的目标是所有布局完成之后，年利润过亿。

资本是趟快车，杨丽萍的公司感受到了风驰电掣的滋味。

女王永远是女王

"顺其自然"是杨丽萍在接受采访时说得最多的词语之一，也算是她的"活法"。在上市问题上，她也是这个态度。接受深创投投资的时候，公司提出将于2015年在创业板上市，杨丽萍本人则看得很淡："不是人家投资我们，跟我们合作，就一定要上市，这个理解是非常错误的。上市只是发展的一个方向，能上就上，不上照样要发展。"

王焱武则是从专业的角度上考虑这个问题，上市除了能让股东获得更高的回报之外，对于以文艺演出为主业的公司获得发展资本也是非常有必要的。如果是向政府申请资金资助，民营文化公司会受到固定资产限制，杨丽萍的公司最重要的是艺术上的创意，固定资产不过才百十万而已，能拿到的拨款极其有限。

杨丽萍最终改变了主意："本来我是觉得麻烦，所以不去想（上市）这个事，但是经过他们的解释，了解到这是一种非常生态的生物链方式。做失败了也没关系，该灭就灭，该生就生。"

在深创投的帮助下，杨丽萍的公司两次谋求在A股市场上市，但都与资本市场失之交臂。随着2013年IPO暂停，上市变得看似遥遥无期。杨丽萍的公司曾经一度接近借壳*ST天龙上市，但在最后环节因为对方的一笔巨额债务问题，最终搁浅。不过他们并未放弃上市计划，而是把方向转向了新三板。

2014年10月23日，杨丽萍文化传播股份有限公司收到批文，完成新三板挂牌，证券简称"云南文化"，代码为"831239"。

2015年8月4日，云南文化公布了上半年财务报表，其中营业总收入为16 255 464.46元，同比增加22.36%，股东净利润同比增加419.24%，基本每股收益为0.2元/股，同比翻了5倍，挂牌新三板的效果非常显著。

杨丽萍不喜欢别人称她是企业家。她说："我是做艺术的，不是商人。董事长是我挂名，有人在做，很专业的。我不管理，我只管作品。"但没有人否认杨丽萍在商业上的成就，尤其是现在又加了一个上市企业董事长的头衔。作为第一家登陆新三板的舞蹈演艺企业，杨丽萍的公司也在为艺术与资本的结合模式勇于做尝试，为更多同行企业铺路。

女王到哪里都是女王，从舞蹈演员到上市企业董事长，对杨丽萍来讲不过是换了个"舞台"而已。

北教传媒：传统国企玩转互联网

（证券代码：831299）

导语：移动互联网时代，在线教育被公认为是下一个"风口"之一，有人将之称作是万亿金矿。于是，创业者们纷纷涌入。有数据显示，2015年上半年，中国每天都有平均2.6家在线教育机构诞生。

在这样的创业风潮之下，传统教育机构也忍不住巨大市场的诱惑，以不同的方式投入到在线教育领域。北教传媒便是典型一例，它原本是家国有控股企业，却在移动互联网时代顺势而变，联手百度，共同打造出了加强版的作业帮，焕发新的活力。

"世界那么大，做完作业才能看。"

百度"作业帮"的出现，解了学生们的燃眉之急。不过，作业帮也带来了不小的负面效应：迅速获得答案，其解题过程和思路往往被忽略。2015年暑假，情况大为改观，北教传媒的介入，让作业神器得到了能量加持……

一级跳：雄厚国企联姻优秀民企

私企蓬勃发展的年代，国企因其僵化的体制倍受诟病；互联网公司汹涌豪迈的时候，传统企业因其落后的思维倍受冷落。正因如此，在这个属于互联网的时代，国企、传统企业被贴上落后僵化的标签，似乎都已落下万丈深渊。

事实并非完全如此，不少国有传统企业早已经拥抱变化，重新散发活力。北教传媒便是典型一例，在公认的风口领域——在线教育，它风头正盛。

与北教传媒一起上头条的是互联网巨头百度。2015年5月19日，北教传媒跨学网与百度"作业帮""打造移动互联网全新学习模式"发布会在京举办，百度"作业帮"与北教传媒正式签署合作协议，发挥双方优势，为学生打造一体化和个性化的学习平台。

这一重磅消息让在线教育的同行们无法淡定，照这个节奏，他们和北教传媒的差距会越来越大。

京版北教文化传媒股份有限公司的前身京版北教控股有限公司于2010年12月24日成立，是由北京出版集团有限责任公司和北京九州英才图书策划有限公司共同投资建立的国有控股出版服务公司。公司初期投资总额为2亿元，注册资本6 000万元，其中北京出版集团占全部股份的51%，九州英才占49%。2014年5月8日，北教控股完成股份制改造和工商变更工作，公司更名为京版北教文化传媒股份有限公司，简称"北教传媒"。

与其他教育传媒企业相比，北教传媒有着先天的资源优势，其前身京版北教控股有限公司由北京出版集团有限责任公司和北京九州英才图书策划有限公司共同投资建立，这两家公司的家底都很深厚。

京版集团作为北京市属最大的综合性出版机构，50多年来出版各类图书2万余种、15亿多册，并获得了多项国家级出版大奖，是全国百佳出版单位之一。九州英才是集基础教育研究、图书策划、发行为一体的大型教育图书策划发行公司，曾荣获"中国教辅图书行业最具影响力品牌""中国图书研发行业十大竞争力品牌"等荣誉。

实力雄厚的国企和优秀的民企强强联手，让北教传媒既能够把握资源优势，又可以在风云变幻的市场竞争中具备相当的灵活性。

随后四年，北教传媒年策划图书3 000余种，累计生产码洋50亿元，2013年实现销售收入2.5亿元；策划、发行的北京教育出版社的图书，在国内教育教辅图书市场码洋占有率稳居全国排名前四，产品动销品种一直保持全国第一。

二级跳：互联网转型，登陆新三板

优秀的成绩单让北教传媒在互联网教育浪潮到来之时，具备了巨大的资源优势。不过，资源优势难以变化成理念和技术优势，在新型在线教育公司的逼抢下，北教传媒亟需转型。

北教传媒总裁刘强深知，作为企业的掌门人、企业的具体管理者，应该思考"互联网+"思维下，如何让自己的企业升级转型。他的想法也得到了其他管理成员的赞同，于是，北教传媒在2014年，整合一个年轻的团队，专门做在线教育。2014年8月28日，北教传媒旗下的跨学网正式上线，刘强亲任跨学网董事长，北教传媒向互联网张开了怀抱。

在北教传媒的体系中，跨学网相当于一个的资源传递平台，其服务功能包括面向全国学生提供北教传媒的特级名师全科高清课程，面向老师提供百万份备课资源。北教传媒的海量教育资源将借此平台，向广大学生和老师传播。通过整合，跨学网具备了在线教育的相对优势。

为了借助资本的力量加强研发力度，加快整合优质社会资源，尽快向综合文化传媒公司的转型。2014年11月26日，北教传媒在全国股份转让系统公司举行正式挂牌仪式，成为全国首家登陆"新三板"的国有控股图书发行企业。

三级跳：联手百度，加持"作业帮"

不过，跨学网还是有一定的局限性，无论是知名度还是网络技术，跨学网都不具备成为拥有绝对优势的在线教育平台的资本。若想拥有海量用户，真正成为在线教育巨头，资源整合便是不二之选。北教传媒选择的合作对象便是百度"作业帮"。

"作业帮"是由百度知道专门为中小学生创造的，也是作业问答和话题交流的平台。学生可以通过拍照的方式，将问题发到作业帮，由学霸来给出详尽的解答过程和思路。截止到2015年4月，作业帮用户量已超千万，占据拍照答题市场60%的份额。

"作业帮"在解题软件市场上一直处于绝对领先的地位，其主打"机器自动答疑"（学生们有了不会的问题，拍照上传或者语音提问，便可以瞬间得到详细的解题思路和过程）的模式，大大提高了学生们的学习效率，随时解决不会的难题，深受学生们的好评。

一个是移动互联网的新秀，另一个是传统教辅行业的老大，双方合作，无疑能够充分发挥各自优势，加速传统行业和移动互联网的深度融合，开创数字教育时代的新模式。

此次合作，将北教传媒的内容优势和百度的"作业帮"的技术优势充分结合。

百度"作业帮"获得了北教传媒的教育资源优势。北教传媒将其系列丛书《课堂直播》上拥有的全部视频（共3万多个）授权百度"作业帮"使用。

北教传媒获得的便是技术和流量资源。此次合作，作业帮将免费开放技术接口给北教传媒，其旗下公司能够利用百度"作业帮"的"拍照识别答疑"技术，提供给平台用户。这就让技术在更大的范围内发挥了作用，可以服务于更多的学生。

学生们遇到了不会的问题，在"作业帮"上得到了解题过程和答案，然后再通过观看北教传媒跨学网知识点视频的方式，深度掌握这一知识点。"发现问题—解决问题—深度掌握知识点"，同统一的课堂学习不同，这种学习路径是每个学生根据自己的需要量身定做的，每个人都能拥有一个特级教师来随时随地解决自己的难题，成为教学课堂必不可少的补充。

当然，客观来说，北教传媒和百度"作业帮"的"量身定做"仍不是在线教育的最终模式，学生可以获得答案、解题思路及相关知识点，但其独立思考的过程仍旧无法保证。我们期待着在线教育新的"神器"出现，期待其能够足够智能化，在学生提出疑问之后，循序渐进，培养学生的思考能力。如果有一天，真正一对一的辅导答疑能够实现，在线教育的盛夏就真的来了。

朗顿教育：杀出O2O教育混乱战场

（证券代码：831505）

导语：2014年，全国各地的雾霾引起了许多人的恐慌，而这一年的教育培训行业同样是雾霾笼罩：虚假宣传、资金不足的行业软肋压制着这一行业的发展，加之线上教育的蓬勃兴起，电影《中国合伙人》里那种租个废旧厂房，找几个老师就吸引无数人报班的时代早已一去不复返。

作为职业教育家，朗顿教育董事长周凡推进了财经培训行业的专业化与国际化。她说："2014年，我们的税后净利润大概是2 300万元，今年有信心翻一番，达到5 000万元。"她想让朗顿教育成为业界翘楚。然而罗马不是一天建成的，朗顿教育面临着转型与种种挑战。

我们身处一个知识爆炸的时代，知识的重要性越来越被显现出来，成为了个人的核心竞争力。在这个背景下，各类教育培训机构如雨后春笋般地建立起来，急于分享这一新兴市场的大蛋糕。然而，理想与现实的差距，总是会不经意地把许多掘金者的财富梦想击得粉碎。互联网带来的颠覆性力量已经渗透到传统行业的每一个角落，包括新东方和它的同行朗顿教育。

原本是传递知识，承载无数光荣与梦想的朝阳行业，为什么会看不到生机蓬勃的发展趋势呢？站在这万马齐暗的风口浪尖，有人决定迎难而上，做一回时代的弄潮儿；有人黯然离场，留下一片唏嘘慨叹。

面对不断恶化的业内环境，周凡已经站在十字路口上。能否拥抱互联网转型发展成行业的领先者，还是依旧根植线下，在战略层面，朗顿教育的选择不算太多，因为"没有成功的企业，只有时代的企业"，拥抱互联网是必然选择。真正的问题在于战术层面，如何确保朗顿教育课程的质量而不至于失去"财经职业培训第一品牌"这一金字招牌？如何实现线上线下资源的完美对接和优化配置？这些都是朗顿教育目前遇到的挑战。

财经培训：蓝海到红海的转变

周凡生于1965年，早年从事财会工作，曾先后在湖南、广东等地做会计和财务总监。1999年移民加拿大，成为一名华侨。2000年初，国内财经市场掀起"考证热"。她看到了国内财经职业培训行业方兴未艾的商机，开始酝酿回国成立一家财经职业培训机构。

2005年，周凡成立广州埃美教育发展有限公司（现为广东朗顿教育文化科技股份有限公司，简称朗顿教育），专注于财经职业培训。此时的周凡，撞上了无疑是这一领域的蓝海。

10年耕耘，朗顿教育在全国拥有26个分支机构，授权机构有大概40多家。自成立起到现在，朗顿教育为中国培养了中高端的财务管理人才差不多6000人。在此前的2014年12月9日，朗顿教育在新三板挂牌上市。

然而，朗顿教育看似"盛世"却隐含着危机：随着市场需求的不断攀升，一方面，像网易云课堂、高顿网校这样的新入者越来越多，朗顿教育面临的竞争也越来越激烈。尤其是一些地区性的中小型培训机构在大张旗鼓地线下推广，或者什么热就培训什么。另一方面，持续升温的教育培训市场也吸引了外资的眼光。从2008年开始，大量外资培训机构涌入中国掘金，仅当年国家核准的境外培训机构就多达282家。可见，这一领域的蓝海正慢慢消失，取而代之的是一片充分竞争的红海。

在线教育：混乱战场

在线教育是近些年来被反复炒作的概念，尽管包括新东方在内的教育机构在这一领域纷纷受挫，但近两年这一行业在互联网转型的推动下再度升温，已经成为中国股票市场的热点。与互联网几乎颠覆其他传统行业一样，在线教育的异军突起，在很大程度上将会引发该领域一次大规模洗牌，并极大地改变当前市场格局。

2010年，互联网巨头网易推出"全球名校视频公开课项目"一炮而红，在线教育的市场开始慢慢步入成熟阶段，YY教育、网易公开课、沪江网校等一大批在线教育公司成立，渐有行业爆发的迹象。

其实很早之前，朗顿教育就在做在线职业教育这块。经过多年发展，朗顿教育已经布局了两个在线教育平台：一个是针对国内职业考试培训；另一个是针对国际的职业考试培训。2014年，其税后净利润大概是2300万元，今年她有信心翻一番，达到5 000元万。不过从其业绩报告来看，目前的收入构成里，线下收入仍然远远超过在线收入。

不过从 2014年在线教育排行榜的数据来看，朗顿教育在线教育方面目前规模还很小，甚至没能进前100名，远远没有财大气粗的YY教育喊出"颠覆新东方"的那种底气。下面参考波特五力模型，以此来分析朗顿教育目前在在线教育方面面临的竞争态势：

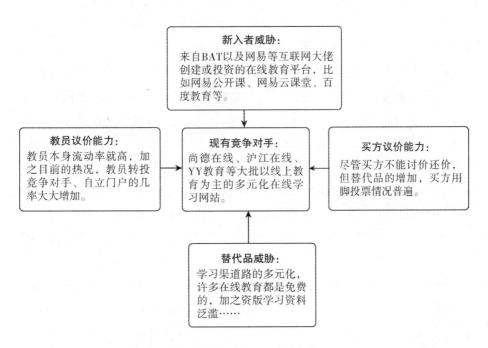

朗顿教育的"波特五力模型"

可见，在这混战的在线教育市场，朗顿教育所面临的情势非常严峻。要想从这些大佬巨头中拼杀出一条血路，周凡还需要做很多事情。

O2O模式：未知的未来

未来的商业竞争一定是模式之争。周凡希望不久的将来，公司线上线下资源能够相互转化，结合双方的优势，最终形成一种全新的产业模式。随着朗顿教育在在线教育的布局，周凡致力于将公司打造成一个O2O教育培训公司。

不过，同为女中豪杰的同行"小龙女"龚海燕的遭遇却让周凡觉得情况并没有那么乐观。2014年9月，世纪佳缘创始人龚海燕手中的梯子网、那好网先后关停。2015年1月13日，51Talk宣布完成对其在线英语品牌91外教的整体收购，公司外教师资队伍、员工团队、技术等资源全部并入51Talk体系，龚海燕梦碎在线教育。

有了龚海燕的前车之鉴，周凡在O2O布局时显得格外小心谨慎。"像我们的在线教育，提倡无时不在学习，包括PC端、移动端，通过APP让学习跟手机连在一起，同时还有线下服务。人是讲情感的，最终还是希望有一个与老师面对面沟通的机会，所以我们打造了以内容为核心的网校、APP、线下机构这样一个系统。"在她看来，不是有一个网络平台，放老师事先录制好的教学内容就是在线教育，其最主要还是内容，同时赋予它一些互联网的技术。

在她的规划中，2015年的时候在线收入会逐步达到60%，线下收入占40%，她希望以线下的服务机构为支撑，配合在线的培训服务。

2015年4月13日，朗顿教育发布了新的股权发行方案，计划以定向增发股票来募集近2.04亿元资金，用于公司发展其他教育领域、补充流动资金以及兼并重组其他优质的教育公司。此后很快传来利好消息——中青旅集团山东投资7 600万元认购387.76万股增发股份。

看来，朗顿教育距离自己的战略目标更近了一步。凭着这些外部投资，朗顿对内不断进行市场拓展、创新等相关工作；对外则不断重组兼并其他优质教育公司，整合资源，以此来提升和巩固公司在竞争中的地位。

对于未来是否有意向转板，周凡在一次采访中提到："我觉得能转板当然更好，我们也希望转板到更大的空间发展，明年我们将自主研发教育软件，这个软件一个是考试系统的软件，还有一个是教务学习的软件，研究的目标都是有利于学生更好地学习与掌握知识，同时因为自主研发，我们会申请相关知识产权，现在也正在申请高科技企业。这样我们既是培训教育企业又是高科技企业，而且有在线互联网教育的元素，所以有了转板的可能。"

作为财经职业培训第一品牌，朗顿教育最忌讳的应该就是死在上市后的在线教育之路上。从朗顿教育的最新动作来看，周凡显然不想步"小龙女"龚海燕后尘，她希望把自己的金字招牌立在在线教育领域，成为行业大佬，这也是朗顿教育的理想方向。不过，在这个十字路口，朗顿教育依然面临着很大的挑战。

2015年的教育培训行业，有些同行躺着睡觉，有的同行慌不择路，有的同行孤注一掷，有的同行黯然退场，有的同行强势崛起……作为这些同行中为数不多的女中豪杰，周凡显然更容易受人关注。如今整个行业正处于优胜劣汰的时候，只有建立起自身的核心竞争力，并与时俱进，才能最终云开见日出，让"剩者为王"成为现实。

第二章

互联网+资本，IT公司的新机会

中搜网络：野心犹存，那个战胜过李彦宏的人又回来了

（证券代码：430339）

导语：他比李彦宏更早进入搜索领域，当年他开发的搜索引擎占据国内市场半壁江山，百度只能当老二；他拒绝了周鸿祎1 000万美元的投资，如果当时拿了这笔钱，说不定就没有今天的百度了；他几经沉浮，另辟蹊径，凭借跨界搜索与电子商务的"行业中国"重新杀出一条血路；2014年，他又推出能取代绝大多数应用的"中搜搜悦"，完善生态布局，直指千亿企业俱乐部；他是陈沛，那个曾经战胜过李彦宏，拒绝过周鸿祎的人又回来了。

朋友圈里没人质疑陈沛的聪明，也没人怀疑他做事的毅力和决心，只是相比才华和意志，很多人觉得他的运气有点差，否则，他创办的中搜网络可能会取代今天的百度。不过，随着中搜在2013年强势登陆新三板，成为"中国网络第一股"，以及"信息—社区—电子商务"生态链的布局，陈沛提醒着资本和众人：中搜和陈沛野心犹存。

创业维艰，多数人不适合做企业家

1994年陈沛做出了一个决定，离开待了十几年的部队，自己创业。身边的亲友对他的"任性"之举不理解：在北京部队工作有房子，也有北京户口，还有什么不满足的？但陈沛不这样看，后来提起这件事时他笑称："所以你看，大多数人都不适合做企业家，因为你得要更勇敢、更决断，还要有远见和洞察

力，看到别人看不到的。"

陈沛当时看到了别人看不到的，那就是"中文搜索的未来"。这年他28岁，已经在计算机领域深耕多年。

离开部队次年，陈沛和朋友创立了一家软件公司，名为"华软"，以中文全文搜索为发展方向。此时的李彦宏还在华尔街上班，Google的诞生也要等到3年后。

创业总是伴随着艰辛，尤其是在那个年代，陈沛白天组装电脑，靠卖电脑的收入养活公司，写程序的工作只能留到晚上去做。即便如此，陈沛还是很快开发了检索系统：I-Search，并被新华社、人民日报采用，可谓初战告捷。

占据搜索市场半壁江山，让李彦宏打脸

1999年，陈沛接受慧聪CEO郭凡生邀请，加入慧聪，出任CTO。这年李彦宏回国创业，在北大资源宾馆租了两个房间，成立了百度。一场互联网搜索引擎大战在无声无息中打响。

2002年8月，陈沛带领技术团队开发出了世界上第一款新闻搜索引擎。李彦宏直接告诉陈沛，互联网根本不需要一个专门的新闻搜索，综合搜索能满足用户的所有需求。看看今天百度首页上的众多分类，"新闻"赫然在列，也算是李彦宏打了自己的脸吧。

商业竞争中谁高谁低，市场最有说服力：2002年至2005年，慧聪软件成为国内最大的搜索技术提供商，新浪、搜狐、网易、TOM等巨头使用的都是他们提供的搜索引擎，同时600余家中文网站成为他们的合作伙伴。一时间陈沛和他的团队超越百度和谷歌，占据了国内搜索市场的半壁江山。

很多人都承认，如果慧聪软件当时能顺势上市，国内搜索市场便大局已定，百度可能就真的起不来了。但商场如战场，只有现实，没有如果。

错失上市良机，游戏结束

当初慧聪召唤陈沛加入，是想让他搭建慧聪的电子商务平台，帮助慧聪在纳斯达克上市，而作为慧聪的一部分，陈沛团队的搜索引擎缺乏独立性，等

2004年拆分出来化身中搜网络的时候，已经晚了。

当时中文搜索市场除了陈沛和李彦宏，周鸿祎也是一个非常重要的角色，他在担任雅虎中国总裁期间推出了"一搜网"，市场影响力与日俱增。作为三家背后共同的投资方，IDG曾经劝他们罢战，寻求差异化发展，但他们三方谁都说服不了谁，结果不了了之。

周鸿祎很快离开了雅虎中国，他找到陈沛，想要以1000万美元投资中搜，但陈沛做出了一个让他日后追悔莫及的决定，拒绝了这笔投资。他并非不需要钱，只是希望能独立把中搜的品牌做起来。

当机会来临你没有把握住，就是在给对手机会。2005年8月，百度率先在纳斯达克敲钟上市，完成IPO，一夜之间成为中国互联网美丽的神话，几十亿美元的市值把中搜彻底甩到了身后。对于中搜来讲，那一刻，游戏几乎宣告结束了。

转型与跨界，借"行业中国"东山再起

陈沛从小习武，坚持了很多年，风雨无阻，起初是为了防身，后来主要是锻炼忍耐和持久力，这也是他认为企业家需要具备的最重要的品质。他说过："道路一定比你想象的困难，所以你需要忍耐与持久力，不能轻易放弃。"

陈沛很清楚，再去拷贝百度的模式是走不通的，要想发展只能寻求差异化。自此，中搜走上了艰难的摸索道路。

一次聚会上，陈沛听一位做钢铁生意的朋友抱怨，在搜索引擎上搜索钢铁，连最基本的报价都搜不到，去专业的搜索引擎上去搜，结果也是漏洞百出。陈沛认真思考了这个问题，觉得做行业市场搜索有很大市场，于是他决定转型，做电子商务平台。

中搜推出的B2B网站"行业中国"看上去与阿里巴巴类似，也是为企业提供商业信息，但它的优势在于运用的是个性化搜索引擎技术，能为不同行业提供不同的技术和运营解决方案。

2007年10月25日"行业中国"上线，当天便收入170万元。至2011年，中搜已经推出了第三代开放式搜索平台，实现了对跨行业、跨地区、跨信息类别、跨展现形式的整合服务。结合技术专长与市场需求，陈沛再次找到了立足

之处。

登陆新三板，成就"中国网络第一股"

冲击纳斯达克失败之后，2009年中搜决定拆除VIE架构，改为回国内创业板上市。上市总是伴随着纷杂的条件与限制，为了达到要求，中搜把一些距离盈利还有一定距离的项目剥离。2011年中搜变身股份有限公司，完成股改；2012年中搜实现连续三年盈利，每年增长超过30%。但就在距离上市仅剩一步之遥的时候，2013年创业板IPO关闸给了中搜当头一棒，上市变得遥遥无期。

当初因为没有率先上市，中搜被百度甩到了身后，这次上市又是差之毫厘，让人感慨陈沛和中搜太不走运。不过这一次陈沛多了一个选择，2013年他放弃在A股上市，选择去新三板挂牌，并于11月8日登陆新三板。中搜上市之后，股价不断上涨，成交量保持领先，被誉为"中国网络第一股"，投资界称其为"最具投资价值的企业"。

陈沛曾经对媒体坦言，上新三板是他做的最对的一个决定。因为种种限制，中国大部分优秀的互联网企业无法在国内上市，只能去海外IPO。在中国的资本市场，中搜吃过亏，不过随着中国资本市场转型升级，中搜有可能变为受益者。

陈沛作为技术出身的创业者，更习惯用技术和产品去打市场，而非资本，不过现在他已经认识到了资本的力量。他对新三板的利弊认识很清楚，上市是双刃剑，企业的优秀之处和不足之处都会被放大，会对企业提出更高的要求。

生命不息，战斗不止，打造千亿公司

2014年，中搜在人民大会堂发布了"中搜搜悦"，这个APP综合了新闻头条、百度、微信和淘宝等常用APP的核心功能。陈沛对这款产品给予厚望，希望把它打造成移动互联网时代的重要入口，类似于微信。以后人们只打开这一个APP就能实现大部分上网需求，并最终实现陈沛"信息—社区—电子商务"的生态系统布局。

除此之外，中搜抓住当下传统企业向互联网企业转型的大潮，充分利用其移动云平台，为这些有转型需求的传统企业提供完整的解决方案，从定制APP到营销推广，再到后期的支付和服务环节。"中搜搜悦"的B2C模式与定制转型方案的B2B模式是中搜当前和将来征战互联网的两个战略。一旦达成，必将形成一个完整的生态。

十亿市值靠产品，百亿市值靠平台，千亿公司靠生态。中搜显然是冲着千亿级别公司去的，对于这一点陈沛并不掩饰，当初的老对手百度和谷歌现在都处于这一级别。显然，陈沛不认为自己失去了赶超的机会。

有人曾问陈沛："你喜欢接受挑战还是求稳？"

他的回答与他这些年的表现一致："对于我来说，勇于接受挑战的特性将会贯穿我的整个人生。"

福昕软件：与巨人共舞

（证券代码：832422）

导语：有这样一家中国企业，它挑战的是在PDF阅读领域耕耘二十余载的行业霸主Adobe。别笑！这家企业的股东是亚马逊，90%以上的收入来源于谷歌、微软、IBM等国际大客户。它是移动互联时代最可能弯道超车，成为另一个PDF阅读领域之王的福昕软件。

江西九江出生的熊雨前是福昕软件的董事长。过去的他是家乡有名的神童，15岁考进中科大少年班，11年工作积累后走上创业之路。不高的个子、不壮的身材，却有一颗挑战PDF阅读领域霸主的雄心壮志。在他的带领下，福昕软件迅速发展并登陆新三板拥抱资本，夹缝中野蛮生长，最终撑起了国产软件的一片天。

在福州市西北隅风景秀丽的五凤山麓，坐落着著名的"国家火炬计划软件产业基地"——福州软件园。这里的IT公司不计其数，其中包括在别墅里办公的福昕软件。许多人也许并不认识熊雨前，但对名为Foxit Reader的PDF阅读器还是很熟悉的，因为他们正在用这款免费软件。

从福昕软件的名字"Foxit"来看，这似乎是一个海外企业，但事实是它是一家地地道道的本土企业。只不过，它的创始人熊雨前是一个少壮派海归，公司90%以上的主要收入也来源于北美市场和欧洲市场。

中科大的天才少年

科技圈里有许多出身于大学少年班的神童，比如百度总裁张亚勤、橙天娱乐CEO陈晓薇、谷歌中国创始人郭去疾等。他们都来自大名鼎鼎的中科大少年班。在这些日后大放异彩的校友中，熊雨前或许不是最突出的，但他能够位列其中也算是佼佼者之一。

1985年，熊雨前教小学的父亲偶然得知，如果孩子能够考取中科大少年班，就可以提前上大学。当时熊雨前正读高二，此前成绩优异的他已经连跳两级，是邻里和校方公认的小神童。最终，经过两个月的突击复习，他顺利考入中科大少年班。

这一年，他只有15岁。

后来谈到中科大的学习经历，熊雨前非常谦逊，"只是少读了几年书而已"。他认为这段经历最重要的是"只要你有兴趣，学校就给你创造各种条件，培养你"。正是学校的这一办学理念，让一开始选择生物专业的他可以转到无线电专业，最后发现了自己痴迷一生的计算机。因为在这个虚拟的世界里，他可以成为主宰者，控制电脑创造出许多有意思的玩意。

对计算机的深度兴趣，让熊雨前获得了机房老师的特殊照顾——他拿到了一把电脑机房的钥匙。要知道，当时计算机可是个非常昂贵的设备。老师能把钥匙交给一个十来岁的孩子，足见其分量。这段日子的磨练，让他为软件开发积累了丰富的技术储备，也让他对充满挑战的工作产生了强烈渴望。

毕业之后，熊雨前的许多同学都选择出国留学深造。让大家诧异的是，他却选择走上工作岗位。精通计算机的他在天文台的计算中心负责天文望远镜数据处理。到了1994年，工作已近4年的他看到了未来互联网和软件业的发展前景，于是他接受美国硅谷一家软件公司向他发来的邀请，不远万里来到美国。

创业坎坷终遇贵人亚马逊

2001年，在美国知名公司担任技术总监的熊雨前毅然放弃国外优越工作，选择在福州创业，成立了福昕软件公司。至此，他已经为创业积累准备了11

年。对于公司的名字，他曾在一次采访时透露，"福"即福州，又寓意着福气、幸福，"昕"代表黎明，取新兴事物蓬勃发展之意，也是他女儿的名字。

创业初期，福昕软件并没有走向一条康庄大道，而是在泥泞小路上摸爬滚打。由于一直没有找到方向，公司主要承接一些做终端仿真的小产品，利润微薄，甚至一度出现亏损。

初创公司的前三个月被称为"冶炼期"。在这段时间里，企业八仙过海各显神通——过得去还有一线生机，过不去则胎死腹中。靠着熊雨前早年的积蓄，福昕软件硬是安稳度过了最困难的几个月。不过靠吃老本总有坐吃山空的一天，他越来越强烈地认识到，公司需要转型才有出路。

2003年，福昕软件的发展走上了一个分水岭——熊雨前带着研发团队开始研发核心技术的PDF阅读器。回忆当年的初衷，熊雨前说："当时市场只有美国Adobe公司做电子阅读器，但其产品存在速度慢、功能杂乱等缺点。我希望能研发一款软件，可以更方便地适用于更大的群体。"

经过将近2年的密集研发，Foxit Reader1.0产品终于问世，并在业界引起了不小的轰动。本身就是"技术大拿"的熊雨前并没有停止脚步，而是继续努力，提升Foxit的功能。

正当他快要喘不过气来的时候，国际巨头亚马逊将目光放到了中国，开始接触福昕。当时日后大放异彩的Kindle刚刚出来，他们需要一款支持PDF电子文档阅读的软件。

一开始亚马逊接触了另外一家行业内领先的竞争对手，但是对方的技术在Kindle平台上的用户体验非常差，速度慢还老死机。福昕主动抓住了这个机会，为了赢得这个国际大客户的信任，熊雨前邀请对方派人来北京的研发中心进行参观。同时，他还直接将接口关闭，让亚马逊工程师看源代码，这直接获得对方的高度称赞。2010年开始，福昕软件开始为亚马逊提供核心技术。

随着Kindle的快速发展，亚马逊开始不断扩张，它希望在各种平台上都能够使用PDF阅读技术。为了保证技术的安全性，同时为了与福昕密切合作，2011年11月和2012年1月，亚马逊（北京）分两次共计向福昕软件投资1942万元，占股12.38%，成为福昕的战略合作伙伴。

与Adobe叫板，入驻新三板

2011年7月3日，南昌园中源大酒店热闹非凡。这是福昕十周年庆典之后的酒宴。留着板寸、身材略显单薄的CEO熊雨前喝高了，他在酒桌上突然挽起袖子，有些自谑地秀起了肱二头肌，并没有顾忌当时坐在他对面的Adobe前金牌销售菲尔，对方的胳膊明显比他粗两倍。

熊雨前的自谑，就像他的公司要挑战的是Adobe——一个PC时代PDF阅读器公认的王者。

当时，遇上贵人亚马逊的福昕软件发展势头陡然递增，他对于自己和公司的未来也更有底气。在全球PDF市场，Adobe是当之无愧的行业老大，它从1993年就推出了PDF文档阅读软件，至今已有二十余年历史，直到现在，也少有同行能够撼动它的地位。

当然，就像联想杨元庆所说的，"没有谁会代替苹果的地位，但是无疑会有越来越多的其企业能够与苹果并驾齐驱，而联想会成为其中的一家。"熊雨前希望福昕软件未来能成为与Adobe这个行业老大并驾齐驱的公司。

这些年来，福昕软件一直主打海外市场，每年的收入超过2 000万美元，已经是仅次于Adobe的全球第二大PDF技术解决方案开发商和供应商。除了亚马逊外，它的客户群就是国际大佬的集合：微软、谷歌、英特尔、摩根大通、三星、IBM，等等。

福昕软件公司营收的90%来自于海外市场的贡献，以至于在国内IT领域，它的名字还没有那么如雷贯耳，甚至还有人把它当作地道的美国公司。它利用差异化竞争策略，避Adobe的锋芒，凭借在软件安全性和易用性等方面的独特优势，硬是在Adobe商业版图之外建立了自己的根据地，并有不断扩张的趋势。

与Adobe这个王者同台竞技，福昕面对的压力可想而知，它不仅仅需要勇气，更需要的是技术上的专注和突破。"坚持自主品牌、坚持自主产权、坚持市场引领"，这是福昕软件在海外成功的经验。正因为此，福昕软件目前并没有涉足其他行业的打算，而是继续专注做PDF文档市场。

截止到2015年上半年，福昕软件全球用户超过3.6亿，每月下载量超过500万，前景一片大好。熊雨前希望再通过两三年的努力，将福昕软件的全球占有率从目前不足2%提升到5%左右。

但是，原先公司经营资金主要依靠银行贷款和自有资金维持，在资金实力、人员规模和营销网点等方面与国际大企业差距还很大，公司在国际市场业务开拓过程中也存在很大劣势。

相比之下，竞争对手Adobe早已在纳斯达克上市，而福昕软件却一直与资本市场无缘，这也或多或少成了熊雨前心中的遗憾。而新三板无疑是一个好机会。2015年5月12日，福昕软件正式挂牌新三板，熊雨前迈出了具有历史意义的一步。

瓦力科技："坏孩子"的逆袭

（证券代码：832638）

导语："瓦力科技"，这个词足够陌生，但它的前身——曾经出现在无数 WindowsXP画面上的"雨林木风"，还有与之系出同门的"115网盘"，大部分网友一定很熟悉。2005年，罗文与赖霖枫一起，穿短裤、打赤膊，注册了电脑公司；现在，他又穿着人字拖，带着瓦力科技踏上新三板。2015年8月，瓦力科技发布的半年报显示，其实现净利润712.33万元，比去年同期的0.27万元增长了712.06万元，增速高达2 640倍，暂居新三板2015年半年报净利增幅榜的首位。

"出任CEO，敲响上市钟，迎娶白富美，走上人生巅峰"，这句话道出了无数人的梦想，就在2015年6月，东莞瓦力科技董事长罗文便上演了逆袭好戏。不过，挂牌仪式上发生了令人惊诧的一幕，这位霸道总裁穿着灰蓝色裤头、家居人字拖，无比任性地敲响了上市钟……

于是，这个新三板史上最奇葩的敲钟姿势以迅雷不及掩耳之势蹿红网络，故事的主人公罗文也被网友亲切称为"拖鞋哥""拖鞋总裁"，更有网友调侃："这算是最具平民气质的董事长了"。事实上，当我们翻开他的创业历程，确实发现，这完全符合平民逆袭的标配故事。

高中肄业，光着膀子注册公司

罗文是梅州兴宁人，念高中的时候就显现出对计算机和互联网的强烈偏爱。1999年，罗文刚上高中，就把父母给的伙食费攒下，买了台Win98操作系统的386电脑。罗文并不是老师眼中传统的好孩子，他学习成绩平平，又经常惹是生非，高二因为和同学打架被学校开除。

被开除的罗文并不沮丧："被学校开除之后，我反倒更加自由了，可以全心专注于我自己喜欢的事情。"

一开始，罗文不敢告诉家里，生怕父母责骂。他每天照常去上课，其实是偷偷跑去网吧玩，到下课的时间，再从网吧回家。但纸里包不住火，没过多久，学校的退学通知就下来了，想要瞒住父母是不可能的事。

这天，当罗文惴惴不安地回到家里的时候，父母的态度让他感动不已，他们并没一味责怪，而是语重心长地鼓励罗文："读书只是人生的一条出路，还有其他道路可以选择。"这句话让罗文卸去了不必要的包袱，彻底激发了他内心对于计算机的热情，他更废寝忘食地研究计算机和互联网，并在当地的电脑城找了一份网管的工作。

时间不长，罗文遇到了自己的老同学，也是日后的合伙人赖霖枫。令人感慨的是，赖霖枫的遭遇和罗文如出一辙，他也是因为打架被学校开除了。

2005年，两人决定创办一家互联网公司，他们都是典型的宅男，特别是罗文，长时间的从事网管工作，让他常常不修边幅。一天，俩人准备好注册材料之后，相约来到了兴宁市工商局注册成立互联网公司。哪知道，工作人员劈头盖脸地问道："就两个人、几台电脑，你俩注册什么公司？"一边问，一边还满脸疑惑地打量他俩。两人被盯得发毛，面面相觑，这才注意到，满屋子衬衫皮鞋、衣着光鲜的办事人员，只有自己和合伙人穿短裤、打赤膊，要多刺眼有多刺眼。

好在，一番解释后，他们还是成功登记注册了。那时的情形，罗文到现在还记得很清楚，他的回忆令人哭笑不得："当时真的很热。"

雨林木风：恰同学少年

2005年，罗文和赖霖枫一同成立了"雨林木风"论坛，他们一起凑了几千元钱，以每月200元的房租租下来公司最初的办公室，为了节省费用，他们连论坛服务器都是自己组装的。

当时Windows系统刚刚兴起，很多人对于系统安装和使用体验都不满意，雨林木风的主要业务便是将Windows系统优化并封装，简化了安装过程，提高了系统的性能，并且在论坛上供用户免费下载使用。当然，这种更改Windows系统并提供免费下载的方式是带有原罪的，这也为雨林木风日后的发展埋下了隐患。

雨林木风幸运地赶上了互联网时代的风潮，在找不到更好的Windows系统安装方式的情况下，论坛用户开始猛增，他们也早早地成立了自己的网络开发团队。

2007年，他们又创立114啦导航网站，通过捆绑导航网站到操作系统的方式，雨林木风论坛和网址导航站用户量更是迎来了巅峰时刻。到2008年，雨林木风以及114啦导航网站已经能够带来每月几百万元的收入。雨林木风先后与百度、Google、金山等众多IT行业巨头签订网站推广合作项目，一时间风头无二。

然而，就在这时候，最担心的事情发生了，微软在中国开始了声势浩大的打击盗版行动。虽然论坛用户们都在力挺，但罗文和赖霖枫还是决定转型。毕竟，带有原罪情有可原，一条道走到黑就是愚蠢了。他们宣布停止修改WindowsXP，转做用开放源代码Linux开发的操作系统。2008年3月，公司搬到东莞松山湖高新区，已经比较阔绰的他们在这里租下了5000平方米的一栋大楼来办公。

现在看来，雨林木风的转型是一项英明无比的决定。就在当年8月份，与雨林木风业务类似的"番茄花园"作者洪磊便因为盗版被警方带走，成为了微软重点对付的典型。消息一出，正在松山湖忙着装修的罗文和赖霖枫禁不住一身冷汗。

忍痛放弃了系统修改业务之后，雨林木风斥巨资收购国外115.com域名，并推出115网盘业务，到2011年，115网盘已经积累了3 000万个用户。据罗文介绍，雨林木风是国内最早涉足云储存的企业。

企业经营过程中，罗文和赖霖枫总分工明确，赖霖枫主抓网盘的建设，罗文负责公司的其他业务。到了2012年，一心专攻网盘的赖霖枫主张把公司分拆重组，将115网盘和雨林木风系统以及系统门户论坛分拆，这一决定也得到了罗文和其他高管的支持。2012年6月，公司正式分拆，赖霖枫掌管115公司，主营

115网盘业务；罗文则掌管瓦力公司，主营从雨林木风演化而来的startOS与起点操作系统门户。

自此，"雨林木风"这个众多网友熟悉的名字，就像是它赖以依存的WindowsXP一样，逐渐淡化。

任性总裁：融资就是为了买双皮鞋

合伙创业的经历，为罗文开创瓦力科技奠定了坚实的基础。他说："之前不懂管理。在第一次创业过程中，我学习了管理技能、财务知识等更完善的公司管理知识。"

熟悉了公司运营的程序，凭着多年积累的人脉关系和不断学习，罗文一步一步打稳根基。三年后成功将瓦力推上了资本市场高地。"成功，不仅要靠努力、运气，还要有积累。"罗文感慨地说。

分拆之后，瓦力科技专注于互联网应用和技术开发的高新科技公司，逐渐开发出天地联盟、999网址导航、下载吧等一系列PC端产品，以及觅见、瓦力抢红包、老人桌面、手机ROM等无线端产品，主要合作伙伴有百度、腾讯、阿里巴巴、360、金山等知名互联网企业。在这些优质合作伙伴的助力下，瓦力科技迅速成长。与创立雨林木风的时候类似，罗文又撞上了风口，不过，这次是资本的风口。

2015年6月26日，罗文成功将瓦力科技带上新三板，然而，就在上市当天，却发生了文章开头的一幕。罗文执意要穿拖鞋去敲钟，主办方却坚决反对这种另类的要求，这种高大上的仪式，拖鞋实在是太跌份！双方互不相让，钟志华夹在中间不知道怎么好，他怎么也想不到老板会在这个节骨眼上如此任性。

反复沟通无果之后，罗文没了耐心，转身就走——不敲了！这一举动还真把主办方吓住了，就这样，新三板史上最奇葩的上市敲钟方式诞生：瓦力科技董事长罗文穿着大裤头和夹带凉拖，敲响了公司新三板挂牌钟。

奇葩的敲钟方式，迅速掀起了巨大的风波。随后记者问起这件事，罗文还是比较有耐心地作了回答："敲钟前我也考虑了是否穿正装出席，以表示对仪式的尊重，但后来我想到互联网行业一直崇尚年轻、自由和活力，在提前跟主办方沟通后，就这么做了。"至于"融资买双皮鞋"的说法，罗文也一口否认，"那只是玩笑话，其实我是想从侧面展现最真实的互联网人，这事也体现了全国股转中心的包容和开放。"

"年轻、自由和活力"，联想到罗文的创业经历，我们就会了解，这三个词汇是形容他的最佳词汇，也是他最真实的一面。

点击网络：不要停止让自己变得更优秀

（证券代码为：832571）

导语：蔡立文19岁赚到人生第一个100万元，34岁公司上市，身价超3亿元，80后创业者再次创造新三板神话。不断迎接挑战，不断变得更优秀，这就是蔡立文的成功密码。比一般人聪明，还比一般人更拼命，这样的人没有道理不成功。更难得的是，面对一夜暴富，他相当淡定，对待财富，对待成功，对待未来，这个年轻人显示出了与年龄不否的成熟。他和他的公司的未来值得让人期待。

马云曾在一个演讲中坦言：一个人拥有100万美元的时候最幸福，可以做自己想做的事。超过1000万美元，就要操心资产配置及投资事宜。这样说的话，蔡立文的这份快乐来得有点早，他赚到第一个100万元的时候只有19岁，尽管不是美元，刚成年就掘到第一桶金还是让人羡慕加敬佩。

而2015年6月9日这天，伴随着公司在新三板上市，这位34岁的80后创业者，身价超过了3亿元。

兴趣带来第一个100万

1997年，蔡立文16岁，他没有遵循父母的意愿报考重点中学，对于他的成绩而言这并不是什么难事，而是出乎所有人预料，选择了漳州的一所职业学校，这样他就能拥有自己的电脑了。

又是电脑！自从小学六年级迷上了电脑，他没少挨过骂。他的父母都是当地罐头厂的下岗职工，对儿子的期望是上重点高中，然后上大学，出人头地，谁知道那个叫电脑的东西如此有魅力，让儿子常常晚上连觉都不睡，溜去网吧。

如愿进入职校的计算机专业后，蔡立文对计算机的热情彻底爆发，结果就是计算机的课程几乎门门满分，其他课连及格都很难达到。

在职校的第三年，蔡立文找了一家上海的公司实习，做软件开发，对方开出试用期每月3 000元，转正后8 000元的待遇。在1999年，这绝对是高薪，以至于家里人都认为是个骗局，不让他去。后来蔡立文带着父母到上海亲自考察了那家公司，疑虑才被打消，同时改变的，还有家里人这些年对蔡立文的误解。

2000年席卷全球的网络经济泡沫破灭让蔡立文的公司关门了，但此时的他凭借给人写程序，一个月至少能入账三五万元，多的时候达到过20万元。不过，抱着多学点计算机知识的想法，他还是决定回到学校，去厦门大学读本科。

互联网知识更新很快，不学习就意味着被淘汰，蔡立文深知这一点，但他的大学生活只维持了两个月，因为他发现："本科的计算机知识，太基础，还停留在我读职高的阶段。而互联网的更新又太快，我发现学不到东西，只是为了一张文凭。当时订单很多，两边都要兼顾很难分配时间。"

就这样，他果断离开学校，回漳州开了一个工作室，当时正值电子商务热潮，靠为网络商城开发软件，他很快赚到了人生的第一个100万元，而这仅仅是个开始。

熬过寒夜，迎接朝阳

达尔文曾经说过："能够生存下来的物种，并不是那些最强壮的，也不是那些最聪明的，而是那些对变化做出快速反应的。"如果当初蔡立文坚持留在漳州，继续开工作室，可能今天也会过得不错，但绝不会达到今天的高度。

第一个需要改变的是主营业务，之前服务的编程和软件市场陷入疲惫状态，他认准未来互联网市场越来越大，转战IDC服务，提供代理域名注册、出售服务器、网站空间租用等服务。

第二个需要改变的是根据地，漳州市场太小，他把公司搬到了厦门，更名为鑫点击网络技术有限公司，结果"到厦门后发现，企业太多了，单单厦门本地业务就做不完"。

很快，凭借着专业的技术和优良的服务，鑫点击在竞争激烈的IDC服务市场杀出一条血路，并且越做越大，挤进国内前五。

鑫点击发展势头正猛的时候，蔡立文再次展现了不安现状的性格，创立了第二家公司——我拉网。这也是全球第一家图片生成网站，旨在帮助那些不会制作图片的人，它们的口号是"会打字就能制作图片"。

我拉网2007年9月上线，一年半后会员数量便达到几百万，蔡立文投进去了180万，但收入有点让人心疼——50元。

起初，蔡立文为我拉网设定的盈利模式是会员数量吸引广告，以及对高要求的图片生成服务收费，但他遇到了多数中国互联网创业者的共同难题：网民习惯了免费服务，不愿意付费。

蔡立文顶着压力，继续坚持，因为他相信："只要方向对了，熬过夕阳西下的寒冷夜晚，就一定能迎来最美朝阳。"果然，半年后广告来了，消费者的付费意识也被培养起来，我拉网实现了盈利。

让自己变得更优秀

曾有记者采访英超球队阿森纳的主帅温格，问他夺冠之夜都是如何庆祝，温格回答说，我喜欢早早入睡，让夺冠带来的美好感觉延续到第二天醒来的时候。这个回答很符合这位传奇主帅儒雅、内敛、低调的性格。公司上市是多少企业家的梦想，堪比比赛夺冠，但蔡立文在公司登陆新三板当天很低调，可以说低调得有些过分：他和同事吃完庆祝蛋糕后，继续加班。

鑫点击登陆新三板当天，市值最高达到4.5亿元，因为拥有近七成股份，蔡立文的身价超过3亿元。不过他看得很淡，对帮他计算财富的人笑称，只是些"纸上财富"而已。

相对于股票值多少钱，蔡立文更在意公司的业务。上市第一天，鑫点击有大手笔，450万元收购了国内网站接入数排名在自己之前的数字引擎，看得出上市新三板只是个开始，蔡立文的雄心抱负还未真正展露。

点击网络上市后不断得到资本和投资者的垂青，这也证明了蔡立文之前选择的道路是正确的。2015年7月31日，点击网络发布公告，宣布引入了一笔战略投资，投资者是被称为福建首富的陈发树。

陈发树擅长资本操作，往往出手不凡，对新华都、紫金矿业、云南白药、三一重工的投资都曾引人关注，出手动辄上亿元。陈发树之前的投资领域大多集中在传统行业，随着新三板的崛起，他开始关注到这一群体，在点击网络之前他就曾投过另外一家新三板上市公司盈股股份。这次战略投资，陈发树拟以18元/股的价格认购点击网络新发行的200万股股票，持有点击网络公司11.76%的股权。

有知情人士透露，点击网络身上"互联网+"的概念让他看好，再者点击网络在云计算等领域长年耕耘，无论是技术实力，还是市场占有率都值得被关注。引进这笔投资之后，借助对方在公司运营和资本操作方面的经验，点击网络在公司影响力和行业地位方面将会得到快速提升。

当下创业大潮汹涌，接受《海峡导报》采访时，蔡立文直言不想让别人学自己辍学创业："有条件的话，最好博士一起读完，知识的积累能让自己的格局和视野都不一样。"有人担心错失机会，但他认为完善自己更重要："机会随时都会有，只有让自己变得优秀，才能把握得住机会。"

不断迎接挑战，不断让自己变得更优秀，这是蔡立文的成功密码。2015年，站在新三板之上的鑫点击已经远不同于创业之初，但蔡立文仍旧是那个常年加班到深夜，习惯第二天早起的"创业青年"。

点点客：潜伏在微商背后的颠覆者

（证券代码：430177）

导语：上海点客信息技术股份有限公司是上海市2012年首批5家新三板上市公司之一，被称为"移动互联网第一股"。不过，点客信息技术备受瞩目的原因是，它搭上了中国"微信高铁"，只用一年时间就完成了转型升级，成为国内顶尖的微信第三方开发服务商。在"互联网+"浪潮下，创始人黄梦掘金千亿级别的微信营销市场。他调动所有资源成长、布局、卡位，用"四步阶梯法"——展示、推广、互动及成交，抓住了移动互联网浪潮带来的巨大机遇。他说："只要这个行业增长，我们就会增长。"

如果你的企业想要借助移动互联网转型，大力推广自己，邀请微信营销大师来讲讲课、打打鸡血是远远不够的。可现实是，你没有资本或者不愿意去雇佣一支专门开拓互联网市场的团队。怎么办？

黄梦的点点客，或许是你最好的选择。将技术解决方案外包给点客科技，使用其专业的工具型产品点点客，已经成为传统企业开展移动营销的重要手段。

搭上"微信高铁"转型

点点客2007年成立，是一家专业从事移动信息服务产品研发、销售和服务的企业。它向企业用户提供以短彩信为主的移动应用服务，从企业和移动运营商那里收取相应费用。

2012年末挂牌新三板时，它是上海第五家上市新三板的公司。董事长黄梦之所以选择新三板，是考虑到中国现在是全球第二大经济体，也在持续增长，资本市场的配套也一定会上去。他赌了一把，就上去了。幸好，他赌对了。点点客登陆新三板后，成绩斐然。

然而，黄梦没有太高兴，因为他意识到信息服务业务的发展"难以突破瓶颈"。

旧模式非长久之计，黄梦思考着新的爆点。2013年上半年，他开始在微信上小规模尝试。当时，他只是知道随着移动互联网时代的到来，微信是未来的方向，但却不够重视。

接下来的一次企业拜访，刺激黄梦真正下定业务转型的决心。

2013年7月，黄梦拜访了韩国最大的信息服务提供商Infobank，该企业当时早已在韩国创业板登陆，其短信业务年收入约为40亿元人民币。然而，黄梦却通过数据吃惊地发现：随着短信市场走向成熟期、晚期、甚至衰退期，Infobank的毛利率已经接近于零！这意味着点点客的未来亦堪忧。巧的是，黄梦回到酒店，翻开《金融时报》，发现头版文章讲的正是亚洲即时聊天应用对欧美互联网企业带来的启发和冲击。

那一天的这两件事，让黄梦把向移动营销转型直接提升至公司战略的第一位。"拜访之前，我们觉得SP业务还是有发展的，尽管移动社交营销是未来的方向，但我们并没有决定马上转型；但考察之后，便痛下决心往这（移动社交营销）方面转。"一年后，黄梦回忆说。

黄梦毅然放弃已经拥有30多万家付费用户的企业短信业务，只留约5%的员工维护老客户，其他人则投入到微信等新型营销方式的开发中。"我们的逻辑出发点是消费者的时间在手机上，微信、微博，或者易信。我们把这个逻辑找出来，产品即可以用在微信上，也可以用在微博、易信上。"

2014年，点点客的转型举措初见成效。点点客实现营业收入7 965.76万元，较上年同比增长了17.02%；净利润1 393.30万元，同比猛增了101.22%。黄梦说："营收中的大部分收入来自微信营销，约占65%。我们用一年时间完成了公司升级。"

这一年，点点客已经成为微信第三方开发商中的"巨头"。

定制化服务促传统企业营销转型

点点客进入移动社交营销服务领域时，已经有几千家很小的公司在做了。但是，点点客可以将其SP业务中的技术能力和经销商体系较为容易地转移到现在的移动社交营销业务上。也就是说，点点客卡住了极有利的战略位置。

互联网思维固然光鲜亮丽，但是传统企业自己来做又摸不着门路。协助传统企业实现移动互联转型的工作，正是点点客的新爆点。点点客的产品说起来就是一系列的定制化服务。

点点客针对微信营销设计推出了"四步阶梯法"，即展示、推广、互动及成交的闭环，这些全都收纳在微信的场景里。黄梦明白，"现在，如果你想让用户再下一个APP，其实已经是一件非常困难的事情，即使下了，恐怕使用率也不会高。"而关注微信公众号，则相对容易。

以学而思为例，此前它的公众号开通之初功能单一，只能向用户推送图文信息，无法及时回复粉丝信息和良好的互动，线下线上的活动脱离。点点客根据学而思的要求及现状，规划了一套完善的个性化解决方案：它为学而思的公众号开通了微网站、智能回复、多功能自定义菜单等板块，提升其与粉丝的互动率。同时，在后台，它按类型将粉丝分成15个小组，推送不同信息，提高了精准度。此外，用户可以通过智能客服查询分数、通过LBS查询离自己最近的报名网点信息等，为学而思聚集了大量用户。

2014年上半年，点点客推出了20套行业定制化版本，并像小米的MIUI系统一样每周迭代每月更新。现在，点点客在业内首先实现移动社交跨平台互动，产品方案覆盖餐饮金融、教育、房产、美容、汽车、地产、婚庆等30多个行业。

黄梦十分乐观，随着移动互联网的发展，会有更多的中小企业需要点点客。"只要这个行业增长，我们就会增长。"

开辟新战场，向创业板转板

点点客董事会在《致投资者的一封信》中写道："毫无疑问，移动互联网正在接管我们目光所及的每一个行业和每一个角落。这是一个伟大的时代，伟大到可以承载我们所有的光荣与梦想。点点客的战略是，调动所有资源去成长、布局、卡位，一切为了抓住移动互联网浪潮所带来的巨大机遇。"围绕这一战略，黄梦大规模向各细分垂直行业渗透，致力于打造出更具实用价值、场景化的软件产品。

此前，点点客已经通过定向增发成功融资数千万元，并将其用于微信行业版的深挖及企业移动社交营销的多平台扩展。

2015年初，点点客通过发行股票融资的议案，融资总额达2.2亿元。这是它在半年内第二次定向增发，战略出发点是更迅速地在O2O市场上展开布局。它的目的一是为满足业务快速发展的需求，帮助传统商家快速实现移动互联网的转移，实现线上线下无缝O2O；二是优化股权结构和打造生态系统，为转向创业板做准备。

点点客登陆新三板时间够久，是新三板中少有的移动互联网企业，且是盈利的，被称为"移动互联网第一股"。一旦转板的细则发布，点点客凭借这三大优势，有很大几率能在众多潜在转板竞争者中胜出。

黄梦明白，新三板转板只是点点客未来路上的一小步，移动互联网的前景无比广阔，接下来，点点客自身发展的同时要通过行业整合去快速做大、做强。点点客新的宏大计划是组建微商联盟，"利用自己的优势搭建电商平台，开辟公司新的战场"。

整合、投资和并购，点点客2015年前三季度频频出手。上半年，点点客整合了行业前三的移动电商公司；8月，点点客对上海度行企业管理咨询有限公司（以下简称"度行咨询"）增资扩股，因度行咨询开发的"返享"分销平台拥有强大的分享分佣系统和整套的移动电商营销传播方案，其有望成为点点客全球招募优秀移动互联网项目的"线上孵化器"；9月9日，点点客与"中国VC之王"深圳市创新投资集团引领的"深创投系"建立战略合作伙伴关系，旨在借助对方的专业能力和项目储备资源，推动自身收购或投资符合发展战略的企业。

基于这些举措，点点客联合深创投系开始试水打造"基金+平台"的模式。黄梦对双架构运作模式的解读是，它是一个和谐运转的生态系统，基金帮助"返享"吸引更多入驻品牌，之后利用平台自身的三级分销功能，为品牌提供孵化机会，将其做大。而平台为基金提供数据支持，筛选并扶持优良的移动电商项目，培育出一批发迹于"返享"的"返品牌"，就像一个移动版的"天猫"。

　　在黄梦看来，"增长，再增长"不再只是点点客的期望，而是会变成现实。

第三章

技术制胜，科技股背后的创业密码

亚太能源：盛于忧患

（证券代码：831950）

导语：亚太能源是新三板第一家也是唯一一家生物质能源企业。就算在国外，它也非常出名，因为它是少数能实现生物质柴油规模化生产的中国企业，且生物柴油产品达到了欧盟生物柴油标准。更值得称道的是，它炼制生物柴油的原料是人人唾弃的"地沟油"，实实在在地变废为宝，造福社会。

它的故事从创始人刘红军执意推进的转型开始。怀抱着"将一吨地沟油转化为生物柴油，至少这一吨地沟油不会再流回餐桌"的朴素理念，他带领团队突出重围，在生物质能源行业独占鳌头。

刘红军的商业人生，可总结为八个字：生于忧患，盛于忧患。

因为无钱买婚房而下海创业，在加油站并购潮之前顺势而为，又在退潮前退出转型，以"地沟油"变废为宝进军生物能源，然后登陆新三板，借助资本力量谋求更大的成功。回顾亚太20年的创业心经，刘红军总结为：热衷学习思考，善于审时度势。此话不假，他总能踩准时代变局和政策调整的节点，对于整个经济趋势的判断常有先见之明。不过，这种"未卜先知"的能力除了得益于他的沉淀积累和学习总结，更在于忧患意识。

作为民营企业，要想在国企石油巨头庞大而坚固的垄断壁垒中做强做大谈何容易。夹缝求生的刘红军左冲右突，东奔西走，终于在新能源领域站稳脚跟，以新生代领军者形象为业界共知。不过，越是春风得意的时刻，刘红军的忧患意识越强，他常常把企业放在峭壁边缘的境地思考出路，主动转型，从成功走向更成功。

说起生物能源的前景，刘红军满面春风："将一吨地沟油转化为生物柴油，至少这一吨地沟油不会再流回餐桌。"不见在商言商的精明，却有忧国忧民的担当。老子曰："是以圣人后其身而身先，外其身而身存。"以此推论，心忧天下或许是为人经商的最高境界。

加油站的生意经

参军入伍，复员转业，踏入公门。刘红军人生的前25年是典型的70后成长轨迹。

1996年，25岁的刘红军婚礼将至，正赶上单位分房，可要自掏3万元"巨款"。失落、无奈、不甘，刘红军直面困难，放下忧患，在领导和亲友的反对声中下海创业。

在河南省商丘市文化路与凯旋路交叉口的原外运公司加油站，刘红军怀揣1万元启动资金，以每月600元从加油站租赁一台破旧加油机和一个油罐，这是亚太能源起家的肇始。刘红军身兼老板、会计、加油工于一身，24小时"连轴转"，实在疲困就抽空眯一会儿。

当时商丘公路三乱严重，刘红军每次进油都骑摩托车去豫鲁交界处接车协商，接车、卸油、过磅要花费很长时间。一个冬雨刺骨的寒夜，刘红军的摩托车侧滑倒地，右侧半个脸被摔得血肉模糊。他回忆说："我摔得重，只能在床上躺着，吃饭时都用小导管吸，脸肿得没办法进食，受了不少罪。"他指指嘴角，清晰可辨的伤痕记录下其创业的艰辛。

在石油重镇山东东营，提起刘红军人所共知，最多的评价是说话算话。"那时候油罐车小，油也便宜，2 000块钱一吨，五六吨的车就是1万块钱。"刘红军兴致勃勃地说，"我的信誉好，人家一看就是正规做生意的。这一拨快卖完了再接着去进，还能赊一车油。就这样循环滚动，一年共挣了差不多4万元。"

油品质量过硬，销售手段灵活，服务细致贴心，刘红军的营业额和利润不断攀升，资金积累日渐丰厚，他开始自建加油站。在此后四年间，他几乎以半年一个加油站的速度迅猛复制、扩张，到2000年已经手握7座位置绝佳的加油站，在商丘民营成品油行业声名鹊起。

2001年，中石油、中石化两大央企在中国加入WTO的背景中开始全国扩张，抢在全球石油巨头进入国门之前跑马圈地，围城御敌。收购浪潮席卷全国，刘红军迎来高速发展的"政策红利期"，他将原有的加油站扩大规模，无法扩建的就选址新建大型加油站，然后转手卖给中石油或中石化，两巨头饥不择食，收购价水涨船高。刘红军说："扩建花费100多万元，转手能卖500万元，利润翻一番还要多，要是位置好，价格能提到上千万。"

刘红军边造边卖，滚动发展，到2007年共建造了15座大型加油站，卖掉9座，收益不言而喻。此时地价飞涨，土地、规划、安全等成本增高，加上两大巨头的全国布局基本完成，刘红军果断退出，未雨绸缪，在商丘经济技术开发区建起一座石油储备能力为2万多立方米的大型油库。2011年，刘红军在永城建起一座容量3万立方米、带铁路线的现代化大型油库；同一年，他又在公司总部西侧征地1.6万平方米，建起一座储容量为2万立方米燃料油储备库。随着石油需求量逐年增长，油荒蔓延，油价上涨，刘红军的三大油库开始发挥作用，供求紧张时连中石油、中石化都找他紧急调拨石油解困。

从当年以租赁进入石油行业、自建加油站到建设油库，刘红军始终紧跟时代脉搏和市场变局，甚至走在前头。他不无得意地说："我的洞察力还是蛮不错的，了解周围的行情，关注财经导向，再听一听专家的分析，我基本上能算出这个发展方向。是应该发展零售还是扩建油库，我就有一个正确的判断。"他意犹未尽地补充道："国家经济五年、七年都有一个变化，要么转型，要么升级。你看我干了这么多年，刚开始小规模起家，然后扩建油站，那都是跟当时的环境有关。"刘红军既尊重客观规律，又敢于拥抱变革，所以屡战屡胜，步步领先。

将企业发展与国家政策、行业变局、经济规律贯穿纵论，刘红军的雄心壮志显露无余。2005年，刘红军正式将公司定名为"亚太"："企业必须得干大，要干就得干最好。"他的亲朋好友找"高人"算了一卦，回来说："名字特别好，但是有一条，名字起得太大了，别到后来难看。"

刘红军笑而不答，他就是要以"亚太"自我激励，追求卓越。他不仅善于以豪情壮志感染、鼓舞下属，还全力以赴去实现所有的豪言壮语。

"地沟油"变废为宝

谁也没有料到，就在石油贸易做得风生水起之时，刘红军却转型做新能源，还要收购公司旁边长期亏损、无人问津的河南星火生物能源有限公司，家人、朋友和下属全部反对："不能干这个，它一定赔钱。"

刘红军自有主张。2009年，国家调整石油的定价机制，采用"原油加成本"的成品油定价体系，国内油价根据国际油价的变动而调整。改革之初，刘红军还能算出油库的储量、盈亏，可频繁调价让他无法准确预测行情，就连库存数量都无法实时掌握。他意识到油库发展的空间不大，而且石油贸易技术门槛不高，他决定转型房地产或者进军新能源。当时国家鼓励发展生物柴油，刘红军顺应时势，选择后者。

2011年初，刘红军成立河南亚太能源科技集团有限公司。除了原有的亚太石化之外，他新成立河南亚太能源科技有限公司，并购了河南星火生物能源有限公司。星火当时名存实亡，亚太并购时只有四名员工、八个储罐，多年生产储蓄的生物柴油还不到5吨，最致命的问题是产不出达标产品。包括星火在内，当时新能源企业举步维艰的通病有三个：一是缺乏技术专家，不懂工艺技术；二是对原料供给、市场需求、产品认可度等掌握不准，盲目上马；三是产品质量不过关。

刘红军据此提出一个响亮口号："进军新能源，技术要领先。"他挖来经验丰富的职业经理人抓生产，招聘一批有专业技能的员工，建设新厂房和10万立方米储罐，组建生物柴油精炼成套设备工程技术中心和生物精炼工程实验室，投入1 000多万元做科研。然而，被并购的星火公司生物柴油设备工艺落后，耗能高、成本高，改革收效甚微。刘红军遍访贤才，到清华大学、中国石油大学、山东科技大学等高校寻求合作机会，费尽周折。他回忆说："我是外行领导内行，跟技术专家谈生物柴油，人家老怀疑我是骗子。而且当时亚太很小，刚开始做，没来头，没效益，没品牌，所以闭门羹吃得很多。"

借助外力无门，只能自力更生。刘红军从设备改造入手，走自主创新之路，通过一次次技术攻关、试验，屡败屡战，终于掌握具有国际先进水平的生物柴油设备制造技术。这套设备和制造工艺结构简单，操作便捷，能耗低，油脂利用率达到98.5%，产品质量完全符合国家标准。依托技术创新，亚太的废油脂、废塑料裂解一体机、生物柴油精炼设备和生物柴油远销韩国、印度和意大利等地，取得在新能源领域的实质性成果。

渠道和销路逐渐打开，刘红军又担忧起原料问题。生物柴油的主原料棕榈酸化油全部从马来西亚等国家进口，一旦原料商提价，成本上升，亚太将毫无退路，只能坐以待毙。经过调研考察，刘红军做出出人意料的决策：用"地沟油"提炼生物柴油。

众所周知，"地沟油"流回餐桌危害人体健康，流入江河造成水质污染，渗入地表导致土壤污染。不过，用"地沟油"生产生物柴油却能一举多得：成本低，来源广，更重要的是解决危害人类健康和环境污染的一大顽疾，利国利民。

然而，新的难题接踵而至。当时"地沟油"大量流入大中城市的酒店、餐厅，刘红军采购回收数量有限，好在国家很快出台政策，对"地沟油"回流餐桌的行为严厉惩处，亚太的处境柳暗花明。可是，"地沟油"成分复杂，臭味难闻，现有的工艺和设备无法将其顺利转化。刘红军新增脱臭系统，尝试用非酸性物质做催化剂，解决了酸水排放大、腐蚀设备严重的问题，终于研发出我国第一套以地沟油为主原料、达到欧盟标准的生物柴油精炼设备。

"科技成就梦想，坚持造就辉煌。"刘红军像当年在部队喊口号一样经常提及这句话。凭借坚持、钻研，刘红军逐渐打通"原料—生产—销售—再利用"整条产业链，成为新能源领域的一匹黑马，以科技创新的姿态和超乎寻常的速度成长，成为行业最引人注目的异类、明星和标杆。

以众人之私，成就众人之公

身处朝阳行业，在经历最初的试错、蜕变与闯关之后，亚太迎来新能源的突发暴涨期，嗅觉敏锐的投资机构登门拜访，鼓动刘红军进入热火朝天的新三板市场。

2013年2月，西南证券的人对刘红军说，亚太身上所具备的高新科技、新兴产业、环保和再生资源属性在新三板炙手可热，建议上市。刘红军未置可否，在此之前他对新三板一无所知，于是悄悄了解、学习。7月，他报名参加培训班，系统学习挂牌上市知识。2014年1月，亚太实施股改，石化分离，集团减资，各项申报、审批材料准备就绪。经过四次反馈，亚太终于在2014年底拿到挂牌上市确认函。董秘董丹给刘红军报喜时热泪盈眶："终于拿到确认函了，终于上市了！"

上市后身价暴涨，刘红军的生活仍一如往常，每天按时上下班，赶回家陪年迈的父母吃饭，周末则开车去郑州与妻子、女儿团聚。对于上市的目的和意义，他推心置腹地说："用股权把我的团队留下，让我的高管、技术人员都能留在亚太，将这个事业发展起来。"他坚信继续做大做强亚太生物能源实业才是发展的基础，是关键。

如今，刘红军又沿袭当年复制加油站的策略，开发出餐厨垃圾一站式处理方案。很多城市的餐厨垃圾处理运营不佳，不知道如何再生成生物柴油，无法变现、盈利，难以持续发展，亚太的方案、技术和设备则可使之迎刃而解。2015年4月，亚太中标"佛山市南海区餐厨废弃物资源化用和无害化处理项目生物柴油系统采购项目"，未来将建造一条日处理废弃油脂不小于20t/d的生物柴油生产线。刘红军计划把这套模式复制到全国所有城市："只要餐厨垃圾找到合理的利用渠道，将来每个城市都要上餐厨垃圾一站式处理项目。"

这两年，互联网思维、互联网+、大数据逐渐成为管理显学，刘红军学以致用，计划按互联网思维完善新的城市餐厨垃圾处理方案。在他看来，产业链条要从饭店厨房开始，通过感应监控和大数据分析确定一家饭店餐厨垃圾数量，然后安装隔油池和油水分离器，垃圾收运车将其运输到餐厨垃圾处理厂，转化为生物柴油。他说："互联网确实厉害，信息化、数据化的一站式处理方案，肯定会减少人力、物力成本。"

随着亚太实力与日俱增，刘红军在行业内外声名远扬，从科技部、环保部、发改委、能源局等国家部委到河南省、商丘市两级政府，越来越多的领导走进亚太调研视察。刘红军把企业经营情况、生物能源产业的发展状况和未来前景向政府领导汇报、交流，大胆进言。他说："必须得有这样的企业去影响他们，感动他们。'生物柴油下一步进入中石油、中石化的销售渠道'就是我们这些生物能源企业逐步争取的。"

与所有能源、资源领域一样，生物能源也存在"玻璃门"。近几年来，刘红军以河南省政协委员的身份在政协会议、河南省两会上几番提案，呼吁政府关注环保设备、生物柴油的发展。2014年春，他在河南省政协十一届二次会议上建议"加大对环保设备产业的支持力度"；在2015年河南省两会上，他建议"生物柴油应该纳入正常的销售渠道"，呼吁政府尽快落实生物柴油进入中石油、中石化的销售体系的政策。他说："现在我们需要政府做工作，这样对于空气污染、食品安全都有很好的促进作用。"当然他也没有忘记自己是亚太集团的一员，所以自然而巧妙地把政府利益和企业愿景说成是一回事。

晚清重臣曾国藩有句名言："以众人之私，成就一人之公。"刘红军今日的奔走呼号、以身说法，可谓"以众人之私，成就众人之公"。今天的生物能源依然是激情与混乱共舞、暴利与风险并存的混沌状态，全行业不到100万吨的产量却容纳超过100家厂商，洗牌的时刻终将到来。

刘红军相信强者恒强的道理，大公无私的行业担当不仅在于建言献策，更需要在行业忧患中奋勇争先，将理想实现。

安运科技：老兵生存法则

（证券代码：430562）

导语：作为首批登陆新三板的重庆企业之一，安运科技的特别之处在于它的股权结构：高比例的员工持股让其有了源源不断的内在动力。

在挂牌新三板的重庆企业中，安运科技可谓特别的一个。

它是重庆首批登陆新三板的四家企业之一，从最初的"重庆新兵"熬成了如今的老兵；它也是整个新三板市场里为数不多依靠驾校计时培训系统上市的企业；当然，更加特别的在于它的股权结构，安运科技共有59名股东，其中的57个都是公司的高管和员工。

换句话说，安运科技是新三板挂牌渝企中员工持股比例最高的企业。像这样的股权比例结构，在新三板所有的挂牌企业中也颇为少见。

当然，安运科技必然有它的独特生存法则。

起家：主攻汽车黑匣子

2003年9月，孙钦与两个朋友筹集了50万元，在重庆大学国家大学科技园创办了重庆安运科技有限公司，搞起汽车行驶记录仪（俗称"汽车黑匣子"）的研发生产。创业当年，企业自主研发的产品就通过了公安部交通安全产品检测中心的最新国标检测。次年底，其产品就申请了两项国家发明专利，安装量也居全国同行业第二位，成为当年大学科技园里经济增长速度最快的企业。

尽管发展势头不错，但当时刚兴起不久的驾驶培训打卡系统，却让孙钦看到了更大的商机。"随着很多驾校规模的不断扩大，规范管理成为当时驾校和运管部门的一个难题。驾驶培训打卡系统有助于改善这一状况，可能会成为未来驾培行业发展的趋势。"孙钦说。

2004年对孙钦来说，是一个重要的转折点。当年为了争取业务，他们参与江西省抚州地区汽车行驶记录仪招标，连5 000元保证金都还是找朋友借的。不过，由于产品质量过硬，他们幸运中标，获得了约50万元金额的订单。由此，产品销路慢慢打开，安运科技的日子开始好过起来。2004年10月，公司的注册资本增加到300万元，当年12月，注册资本变为500万元。

"现在我们的产品不仅覆盖了重庆，而且已经覆盖全国10多个省市。"孙钦表示，有关数据显示，截至2012年底，全国教练车总共约37.7万辆，机动车驾驶人员约2.6亿人，并且还将以每年超过2000万人的速度增加。因此，企业在驾培行业仍有很大的市场空间。

管理：从"一会"到"三会"

事实上，早在登陆新三板之前，安运就曾经在重庆OTC上市。对于安运来说，OTC这块"跳板"的含金量十足。

从打卡上车到指纹验证，从简单记录到GPS定位乃至视频监控，在整个驾驶培训行业都在升级换代的同时，孙钦也跟上了节奏，安运科技开始不断壮大。2012年3月，安运科技改制为股份有限公司，2012年4月27日在重庆股份转让中心（OTC）正式挂牌。

"当时，企业的确在资金上遇到了困难，所以想借此机会融资。"孙钦坦言最初的想法很简单。半年之后，企业就通过大股东的股权质押，得到了银行一笔千万元的循环贷款。

"在OTC挂牌，企业就有了第三方监管，而这也提高了企业的资信等级。此外，资本市场倒逼企业改善内部治理，规范各种法人治理结构和经营管理的问题，让企业更有执行力和竞争力，也为成功融资大大加分。"孙钦说，挂牌前企业只有"一会"制，即股东会，法人治理结构不健全；在挂牌之后，企业把董事会、股东会、监事会"三会"制都建立起来，真正与市场接轨。

管理上的革新解决了安运的后顾之忧，也为其在新三板上市创造了诸多便利。"很多经验都可以直接复制过来，我们省下了很多成本，也比其他企业更有优势。"2014年3月，安运正式登陆新三板。

在孙钦看来，市场倒逼企业修炼内功，也会让安运从重庆走向全国时，会更有底气。因此，登陆新三板一个多月以来，他并不急于融资，而是忙于公司内部管理。

在安运科技，有一件事很有意思：根据企业披露的信息，在"新三板"挂牌以前，安运科技总共有59名股东。除了董事长孙钦和董事陈景明作为公司实际控制人分别持股28.07%和26.48%以外，其余股份均为企业高管和骨干持有。股东人数如此多，员工持股比例超过40%。这在新三板挂牌的所有企业中都很少见。

实际上，在OTC挂牌以前，企业股东总共只有7个。但挂牌之后，短时间内就增加到49个。随着转战新三板提上日程后，股东又增加至59个，相当于企业近一半的员工都变成了股东。

为何让这么多员工持股？"为了让员工转变观念，从为公司打工转变为为自己打工，这样他们在工作中更有主动性。"据了解，安运科技先后进行了三次股权激励，员工入股价格都不高，第一批老员工每股不到1元钱，第二批是在重庆OTC挂牌前，为1.04元/股，第三次大约为1.70元/股，都获得了良好的投资回报。

数据可以更加直观地反映这个变化。2012年，安运科技全年销售收入3700万元；2013年，达到4600万元。"登陆新三板让企业进一步打响知名度，2014年我们的销售收入已经超过6000万元。"孙钦透露，安运已经在2014年4月进行了分红，成为同批登陆新三板的266家企业中率先分红的企业。

未来： 做综合性数据服务商

新三板全国扩容挂牌，安运科技成为首批见证历史的渝企。孙钦仍然保持着一颗平常心，他说，登陆新三板，除了希望借此规范公司治理以外，还希望能找到好的合作伙伴，钱并不重要，重要的是合作资源。

孙钦还表示，"一步一个脚印，做好自己的事情。"安运科技已经设立了乌鲁木齐市安运华军电子科技有限公司、福州安运信息技术有限公司两家控股子公司，还在全国10多个省、直辖市、自治区设有办事处。

然而，驾校计时培训系统属于细分的小行业，未来的增长潜力在何方？孙钦说，安运科技未来将致力成为综合性数据服务商，按照设想，有车的地方就有安运科技。

他进一步阐述，希望安运科技未来能够借助于驾校计时培训系统，在得到国家授权许可下，实行实名制会员服务，构建驾驶人的大数据基础平台，通过终端数据不断装入，让这些数据作用于社会，使大数据基础平台成为行业管理部门得力助手，成为驾校和学员服务的平台。根据发展，未来平台还可以从事汽车销售、代理保险等全方位服务。

合纵科技：壮士断腕，然后练成铁臂

（证券代码为：430018）

导语：北京合纵科技股份有限公司是一家中国电力系统内集生产、销售、服务于一体的民营高科技股份制企业。主要经营范围是在我国发电、输配电以及市政建设、铁路、城市轨道交通、供电等领域。2011年合纵科技第二次闯关创业板IPO，万事俱备，没想到却被北京科锐指认侵权，上市梦碎。所有人认为合纵将从此江河日下一蹶不振。没想到几年后合纵成功登陆新三板，并再次向创业板发起冲击。

"当老板是最穷的，别人看表面很光鲜，但是其中的苦只有自己知道。"年过不惑的刘泽刚，在说起自己的创业过程时仍然忍不住一阵唏嘘。中关村从不缺乏英雄般的成功史，但更多是在磕绊和跌跌撞撞中倒下。失败者的不幸换来一声长叹，成功者的光鲜倒影出血泪。

破釜沉舟历经艰险，壮士断腕渡过专利侵权阴云，合纵科技从IPO失败到东山再起是一段怎样的血雨腥风江湖路？

除了老婆孩子，其他的全都抵上了

选择创业一是因为刘泽刚从大学就有做中国的松下的梦想，二是他还有实业报国的报复。1997年，经过8年的经验积累，刘泽刚觉得创业的时机已经成熟。同年5月份，他和三个伙伴共同创立了北京合纵科技，主要从事电力设备的研发、生产和销售。

069

没想到的是，公司刚成立就遇到了问题。公司成立时，他一个月拿800元工资，给员工发3 000元，因为工资低就留不住人。公司刚开始走的是自主品牌的道路，自己生产电气设备并出售。因刚成立不被多数人了解，所以用户难以认同，合同很少。他只能自己不断地节省和投钱，"除了老婆孩子，全都抵上了"。

经过详细的市场调查和分析，刘泽刚决走贸易联盟这条路，和国外的一些著名电气设备品牌合作。通过合作，公司很快借着别人的品牌打入市场。合纵转型成功，2000年年销售额近亿元，完成原始积累。

专利纠纷：胳膊坏了就自己砍掉

然而公司磨难还没有结束。2002年合纵从1亿元营业额跌到了6000万元。随着交通和通信的便利，国外的设备厂家直接和用户联系增多，做渠道的合纵困难重重。又是一个岔路口，何去何从？刘泽刚咬咬牙再次转型，从渠道转型为"技术+渠道"。

转型技术的合纵从仿造性研发开始，不断地进行微创新。微创新的公司，从不缺少争议，技术专利问题也是中国制造业企业的通病。2007年，合纵在深圳挂牌，注册资本达8 218万元，但很快合纵又陷入了专利纠纷的漩涡：2010年初，历经一年多的候审，几经等待，合纵科技筹备上市时遭科锐状告专利侵权。本已万事俱备的合纵，止步创业板。这对为上市准备了整整三年的刘泽刚来说不啻是当头一棒。

北京科锐认为：合纵科技生产的"FDS系列故障指示器"中型号为FDS-1A、FDS-2A、FDS-1T等产品的制造方法与其2000年5月18日被授予的"短路故障电流通路的检测方法及指示器"的发明专利（专利号为ZL95108848.3）的技术特征基本相同，侵犯了原告的合法权益。而合纵则认为被控侵权产品之技术来源于合法的现有技术，即原北京智能化应用技术研究所的"输配电网短路故障指示器"的专利技术，不构成侵权。北京市人民法院最终判定合纵停止侵权，赔偿科锐37.2万元。

合纵的四位大股东刘泽刚、韦强、张仁增、何昀均曾在科锐任职。作为科锐的前核心员工，科锐的理念或多或少会对他产生影响，所以在设计中有所参考可能也是人之常情。实际上，在中国专利侵权纠纷十分普遍，就连以掌握核心技术著称的格力、美的都有专利纠纷。重规模、轻研发可以说是所有中国制造企业的通病。

国内这种专利技术早已是半公开化，刘泽刚没有想到会遭到科锐这么大的反应。知情人士称，科锐之所以有如此大反应很可能和科锐原大客户（山东电力集团物流服务中心）转投合纵有关。毕竟同行业之间，抢客户就是在抢饭碗，商场如战场，没有感情可言，永远是利益摆在第一位。

为了2010年的这次IPO，公司准备了整整三年，倾注了无数的心血。以这样的方式终结，刘泽刚心里很不是滋味，连续几天没睡好觉，上班的时候眼睛都是红的。公司的员工经常在早上上班时，看到刘泽刚还在公司的办公室。而且比专利侵权案本身影响更大的是信任危机。遭到专利侵权事件失去用户信任的企业数不胜数，一旦处理不好，客户会成批的离去，后果不堪设想。一场更大的危机在等着刘泽刚。

没有找理由，刘泽刚主动提出停止使用存在争议的专利技术，顶住资金压力把侵权产品下架。从此刘泽刚坚信，高额的附加值必须要有自己的核心技术。于是，2010年后合纵加快了专利技术的研发，一年就申请了14项专利。目前合纵已经拥有31项技术专利，处于行业前列，刘泽刚不仅在跌倒的地方站了起来，还把绊倒自己的坑填平了。

"胳膊坏了，就自己砍掉！疼也要忍住，泪要往肚子里咽"，"只要有客户的支持，企业就能有饭吃"。你想要靠这个打死我，我就要靠这个让你刮目相看，刘泽刚从小喜爱看英雄故事和演义小说，倔强的性格展露无遗。刘泽刚认为，面对专利侵权与其阳奉阴违打擦边球，不如痛定思痛，把主动权掌握到自己手中。亡羊补牢还不够，要把防火墙加固再加固。

再闯创业板 拟筹资约2.44亿

2014年，经过几年的沉淀和努力，刘泽刚坚持研发技术的策略奏效，环网柜等产品的销售已超过原东家科锐，处于行业领先，竞争优势明显。刘泽刚终于可以长出一口气。合纵历经跌宕，不仅摆脱了专利纠纷阴影，而且保留了客户对自己的信任，并拥有了自己的核心技术，可以说是转危为安，因祸得福。

2015年4月24日，合纵科技等六家公司IPO申请上会。随后，证监会主板和创业板发审委召开会议讨论，并于当晚发布公告，包括合纵科技在内的六家公司的IPO申请均获通过。此前，有关人士已经预测，合纵的这次IPO已经十拿九稳。果不其然梦想总是在曲折往复中实现，刘泽刚这次终于可以挺直腰杆，扬眉吐气了。

合纵科技6月10日正式在深交所挂牌上市，开盘后上演顶格一字秒涨停，涨幅44.02%，截止午盘收盘，总计成交54手。无论涨幅还是成交数，都居于新三板上市企业前段，这在一定程度上体现出人们对合纵的期待。

有专家认为合纵产品的下游行业为电力、铁路、市政建设、房地产以及其他行业，其行业的景气度与国民经济发展息息相关，上述行业的发展直接决定输配电设备制造业的发展。随着国家对电网投资的不断增加，电网规模的不断扩张，城乡电网的进一步改造以及配电设备的升级换代，配电及控制设备的需求量会越来越大，合纵将面临较长时期的景气周期。

新电改和"一带一路"的发展，也在一定程度上给合纵科技带来了新的市场空间和机遇。国内电力投资已从高速增长转为中速增长，"一带一路"将助力电力设备行业走出去的步伐。如果一切顺利，刘泽刚成为中国的松下的梦想未必不能实现。

合纵科技位于北京市海淀区大地三街嘉华大厦12层，办公室宽敞明亮，刘泽刚闲暇时喜欢站在玻璃窗前俯瞰大地。中关村人来人往匆匆忙忙，一些东西去了，一些东西来了，一些人成功了，一些人失败了，刘泽刚认为关键是面对成败得失你要懂得要握住什么，放掉什么。

第六元素：石墨烯"第一股"的资本赌局

（证券代码：831190）

导语：常州第六元素材料科技股份有限公司的主要业务是石墨烯粉体及其他新型碳材料的研究、开发、生产和销售。石墨烯作为一种新材料，可广泛应用于电子器件、储能电池、传感器、半导体、航天、军工、复合材料、生物医药等领域。由于具备颠覆所有电子设备的潜质，石墨烯被称作是"奇迹材料"。

因此，可以说这是一个千亿美元产值的新产业！作为国内石墨烯行业"第一股"掌门人，瞿研可谓守着一座宝藏，然而，宝藏迟迟无法开启，登陆新三板更像是在资本方鼓励下创业者轰轰烈烈参与的一场"豪赌"……

"今天，我们重新发明了手机。"说完这句话后，乔布斯和他的苹果开始了改变世界的旅程。世界确实改变了，过去几年，智能手机呈井喷之势，移动互联网浪潮汹涌而来。

然而，随之而生的还有很多让人无奈的问题：比如手机电量不足——用苹果和安卓的都是好孩子，晚上会回家，因为要回家充电；再比如大屏手机的携带不便——iPhone6和iPhone6Plus深陷"弯曲门"。

这些让人头疼的问题可能会因一种神奇材料的应用而得以解决，这种神奇材料便是石墨烯。石墨烯是由一层或几层碳原子构成的六边形二维晶体，是迄今为止世界上最薄、最坚硬的纳米材料，它也是电阻率最小的材料。

石墨烯几乎可以让手机的性能达到理想化：只需充电几秒钟，便可以使用十几天；可以折叠起来放进口袋，而且永远摔不坏。这种其貌不扬的材料还有

073

很多令人惊叹的性能和前景，几乎可以颠覆整个电子设备产业，很多人将之称为"改变世界的材料"。瞿研的创业之路便由此开始。

结缘石墨烯

2010年的一天，赴美国考察的力合天使董事长冯冠平正在办公室工作，一个年轻人冒冒失失闯了进来。这个年轻人就是瞿研，他希望自己的创业计划得到冯冠平的支持。由于一切还没有准备充分，瞿研的创业计划还停留在概念阶段，他甚至连PPT都没有，而是只带了一瓶黑乎乎的东西。经他介绍之后，冯冠平才知道，这瓶其貌不扬的东西，其实比黄金还贵。当时石墨烯的价格是几百美金一毫克，瞿研手中的一小瓶，值20多万人民币！

冯冠平被瞿研的诚意打动，答应把粉末带回国检测和考察。由于担心石墨烯被美国海关查收，冯冠平格外小心，他和另外一个同事每人半瓶，将这些石墨烯带回了中国。

冯冠平归国之后，很快给了瞿研肯定答复。2011年11月，瞿研辞掉第二大芯片厂商AMD的高级工程师和技术专家组成员，放弃二三十万美元年薪，带着几个德州大学奥斯汀分校的同学一起回国，创办了常州第六元素材料科技股份有限公司。

瞿研回国的第二天，英国曼彻斯特大学物理学家安德烈·海姆和康斯坦丁·诺沃肖洛夫因石墨烯实验获得了当年的诺贝尔物理学奖。石墨烯的威名传遍世界，一夜之间热了起来。得到这个消息后，瞿研振奋不已——世界将大不一样。不过，要想将科技成果转化成改变世界的力量，需要强大的推动这项技术的能力。

几个博士生具备把满脑子公式定理转化成一个改变世界的产业的能力吗？瞿研无法回答这个问题。他和他的伙伴们开始坐在实验室工作的时候，每个人都不知道从哪个领域入手，也不知道要做什么产品，虽然他们知道这玩意儿在未来肯定大有市场。这情景就像是一群人守着一个绝世宝藏，却苦于找不到开采的方法。

不过，有一件事是必做不可的，那就是尽可能改善石墨烯的生产工艺，将这种材料的生产成本降到最低，使之具备量产的可能。2010年石墨烯的生产以克计算，1克价值上千人民币，被称作是"黑金"。随后几年，在全世界同行的共同努力下，石墨烯的生产工艺迅速提高，2011年可以做到公斤，2014年已经做到百吨量级。

活下去，这是最重要的一件事

降低材料生产成本只是创造效益之前的准备工作，石墨烯应用开发方面仍旧没有大的突破，这就意味着，瞿研和他的伙伴们一直在"烧钱"，企业没有供血功能，钱花一点少一点。

最困难的时候是2012年，瞿研的现金流是-624万元，没有一分营收；2013年是-247万元，营收仅有30.67万元，回国之前，他两个月的工资就不止这个数额。石墨烯获得了政策支持，地方政府陆陆续续为第六元素划拨补助金760.33万元，不过，这些钱远远满足不了企业的研发开支。为了解决资金窘境，瞿研在企业成立以来，见过数以百计的投资人，他说："我不能让企业死于没钱。"

融资的过程非常艰难，愿意投钱的人不多，瞿研说："不投的人有的是因为看不懂，更多的是等不及。国内很多基金是52的，基金成立五年后必须退出，企业上市了可以延长两年退出。这样的公司怎么可能投早期项目，何况是这种新兴产业。"十年八年可能都看不到回报的产业，再加上瞿研递上的全是亏损的企业报表，确实很难打动投资人。

瞿研最终还是遇到了愿意出钱的投资人，他就是软银亚洲信息基础投资基金团队的领头人阎焱。阎焱将投资的理由归结于对瞿研团队的信任。他说："没什么好看的，技术我也不懂，我就投人吧，看你们几个不像坏人，像做事的人。"很快，瞿研融到了2 500万元，投资机构包括软银赛富、杭州赛伯乐、常州力合华富、无锡力合清源等。

2014年11月12日，瞿研的融资渠道进一步拓展。第六元素在新三板上市，成为国内以石墨烯为主营业务的"第一股"。

随着登陆新三板，第六元素资金的问题有所缓解，但是，最大的挑战才刚刚开始，如何将石墨烯市场化，这是瞿研面临的最迫切的问题。所有的投资都是以获得回报为目的的，企业也只有具备造血功能才可以长久发展。

等待黑金变现的那一刻

现在，石墨烯应用虽然不时有好消息传出，但大规模市场化的前景仍旧扑朔迷离，全球同行们都在满怀信心地期待，但谁也说不准突破点在哪。

客观来说，第六元素在石墨烯领域有着不小的优势，据其2015年上半年年报称："公司拥有高水平的核心技术团队，掌握石墨烯粉体宏量制备技术，且已建成完全自主知识产权的年产10吨石墨烯粉体生产线，现已申请石墨烯相关发明专利28项，6项已获授权。公司已通过ISO9001质量管理体系认证，且拥有高新技术企业资质。"

但销售这一弱点仍旧未能克服，即便其通过网站，展会会议，客户拜访，项目合作等方式进行产品推广，情况仍旧没有显著改善。从其2015年上半年财报中可以看出，整个上半年，第六元素实现营业收入30.91万元（不含税收入），较去年同期增长18.37%。公司仍旧处于亏损状态，亏损金额为332.35万元，虽然与2014年同期相比，减少了318.71万元，但这种情况还远不足以支持公司良好运转。

瞿研也非常清楚公司的处境，在他的带领下，第六元素仍在不断改进工艺、扩大生产规模，并重点推进与下游客户合作，试图开拓更广阔的市场，让企业从缓慢止血，向着造血的目标前进。

到2015年下半年，瞿研和第六元素仍旧面临着很大的不确定性。他说："我能熬得起的最长期限是10年，超过10年，投资人和我们可能都熬不住。"确实，从被那个漂亮的六边晶体吸引之后，瞿研便走上了一条不归路，他几乎投入了所有，在屏息等待一个结果，"黑金"能否变黄金，还需时间来给出答案。

第四章

玩转资本，服务设计型企业的崛起之路

广建装饰：新三板不是终点

（证券代码：831262）

导语：叶东是广东人，2003年只身到重庆创立了广建装饰。在已经登陆新三板的重庆企业中，外地人当董事长的现象并不多见。

这家被称为西部最大装饰公司的企业，早于2011年便在重庆股权交易中心（OTC）挂牌，后来历经波折才最终得以在2014年登陆新三板。

而其登陆的时刻，正是新三板政策逐渐明朗、资本开始不断追逐的风口。风大了，猪也会飞。但是在叶东看来，风大的时候，越应该保持冷静。"新三板不是我们的终点，眼前的利好也不足以为傲。"

2003年，叶东为了一个项目工程的开发，第一次来到重庆。凭着经验，他意识到，直辖后的重庆如同当年的深圳，蕴藏着巨大的发展潜力。深圳的改革开放和建筑装饰产业在全国领先，重庆必然需要借鉴深圳的经验发展前进。于是，他萌发了强烈的创业冲动。

在装修行业内，流传着一句话：全国看广东，广东看深圳。叶东在深圳多年的工作经验无疑成为了其创业过程中的最大财富。当年，他在重庆创立了广建装饰，主要从事大型室内外、公共建筑装饰装修工程。

借着重庆经济飞速发展的东风，广建装饰迅速站稳了脚跟。但是随后的几年，广建的收入始终徘徊在几百万元，发展始终很缓慢。"当时正值中国装饰行业的'黄金10年'，如果再无法取得突破，广建的未来就岌岌可危了。"

而2006年苏州金螳螂建筑装饰股份有限公司成功上市，则给了叶东一个提示：借助资本市场，也许是另外一条路。但是彼时的重庆并没有相关市场交易平台，叶东只能一边修炼内功，一边等待机会。

2009年9月，机会终于来临：重庆股权交易中心（OTC）正式揭牌。兴奋之余的叶东也开始了对公司的改造。

2011年初，叶东对广建装饰进行了股权改造，并引进了包括重庆泰清投资管理有限公司等在内的外部资本。当年12月16日，广建装饰正式挂牌OTC。"我们的一只脚终于踏入了资本市场。"

登陆资本市场对一家企业的重要性不言而喻。首先，股权更加明细。挂牌之前的广建和其他公司并无区别，都是按照各股东出资数量确定相应股权。这种模糊的分配方式容易造成股份纠纷，不利于公司内部团结。而进行了股权改造之后，"每股股票的面额是相等的，你出多少钱就占多少股，直截了当。"

其次，融资难度也有所降低。"进入资本市场，就等于得到了市场的认可。企业在公信力、透明度上面都会得到加强，融资就会容易一点。"叶东回忆说，上市之后，很多银行都会主动找上门来寻求合作。而更让他意外的是，一家北京的建筑公司在广建上市之后居然将其纳入到了自己的供应体系里，广建因此得到了很多大单子。

一切看上去都在朝着美好的方向发展。但是从2014年开始，宏观经济增速放缓成为经济形势的新常态，企业融资渠道和融资成本面临更大的阻力。

虽然已经在云南、四川、青海等省份建立了分公司，但是此时的广建从营业收入上来说，还算不上大公司：2013年，广建的收入还不到1亿元。

另外一方面，装饰行业已经从"黄金10年"，进入了业内人士口中的"白金10年"。业绩翻番、市值飙升、影响力大增的建筑装饰企业受到投资者和机构的追捧，建筑装饰个股业绩的连年增长也能让人感受到这一行业充满活力的发展前景。

叶东又心动了。这一次，他把目光瞄向了新三板。2014年7月，广建向全国中小企业股权转让系统公司递交了挂牌上市申请。但是随后的一系列事故却差点让广建的挂牌之路夭折。

这其中最大的问题就出在中介机构，也就是做市商的选择上。从8月开始，叶东开始密集接触了重庆的3家做市商，但合作都无疾而终，"有些做市商看起来牌子很大，但服务意识很差；有些做市商服务挺好，但专业很差。"

"8月份的时候我们接触了第一家做市商。他们在行业内有一定名气，很多登陆新三板的企业都找的他们。也许是觉得唯我独尊了吧，他们有些目中无人了。"据叶东回忆，当时广建的一名副总去谈合作，却被对方晾在了会议室，甚至连一杯水都没人送。两个小时后，对方才派人过来进行接洽。

一直到9月，广建仍然没有确定好自己的做市商。无奈之下，叶中只好将目光投向了北京，并在规定时间内与一家中介机构签订了合作协议。

一波三折之后，10月24日，广建的挂牌申请终于被批准，并于11月成功登陆新三板。这是重庆第14家登陆新三板的企业。

"新三板蕴含着巨大的发展机遇。目前，我们正在从横向和纵向两个维度充实资本，优化股权结构，进行股份制改造，并积极地与投资机构建立战略合作。"在他看来，新三板只是一个转板的跳板，更高层次的A股市场才是他们的终极目标。

沃迪装备：用技术影响这个世界

（证券代码：830843）

导语：上海沃迪自动化装备股份有限公司成立于1999年，注册资本3748万，在册员工近400人。整合多方资源，上海沃迪在机器人自动化搬运包装领域，以及智能食品装备领域（特别是整厂装备交钥匙工程领域），成长为世界范围内的行业领导者之一。

沃迪的机器人，不是电影中人工智能的样子；它们甚至完全不是人形，只是条胳膊；为防止伤到人，它们在工作时还得被关在金属笼子里。即使这样，正在改变这个世界的，并不是那些已"进化"成人形的机器人，而是看似笨拙的它们。

2015年夏天，日本人异想天开，为一对机器人举办了婚礼。

据各大媒体报道：6月29日，日本上演了史上头一回机器人婚礼——"新郎"佛利斯和"新娘"约克琳，在日本完婚了，这是全世界第一起的机器人婚礼，仪式按照一般的婚礼方式及程序进行，"新娘"穿着白色婚纱进场、以"新郎"拥吻"新娘"做结尾，当天现场气氛相当热闹与特别。

一对机器人，在人类与一众机器人的注视下，宣誓、接吻、切蛋糕，就这样结婚了。围观者在被这种奇异的浪漫场景吸引的同时，也不由得畅想人类与智能机器人共处的场景，《机器人管家》《人工智能》《机器人瓦力》中的场景仿佛就在眼前了。

事实上，这些高端的机器人还都停留在探索阶段，很大程度上只是人们美好希望的寄托。至少在现在，真正影响到这个世界的机器人，一点也不浪漫，它们大都只是机械手臂的形态。

走进上海沃迪自动化装备股份有限公司的厂房，你或许会被眼前粗线条的大家伙吓一跳。机器人车间的样子像极了动物园：几台即将交付客户的机器人，各自被圈在十几平方米大的铁笼子里，准备接受出厂前的测试。

看似有些笨拙的机器人，在沃迪公司创始人赵吉斌眼里却是宝贝，这些大家伙可是他的得意之作。事实上，这些机器人确实值得赵吉斌骄傲，它们的技术含量处于国内领先水平，档次较高、附加值大，占领着国内搬运机器人的主要市场。

截至2014年末，沃迪装备的营业收入达到1.14亿元，比2013年同期增长14.81%，毛利润也超过了4 200万元。这些成绩，绝大部分是由那些其貌不扬的大家伙创造的。而就在五年之前，这些机器人的年销量还只是个位数。沃迪装备迅速成长的背后，饱含着企业家的艰辛磨难，当然也反映出时代的浪潮。

蛰伏：专攻食品加工机械

沃迪装备董事长赵吉斌毕业于华中农业大学食品科技学院，虽然学的是食品专业，但他对于机械非常痴迷。毕业之后，赵吉斌曾任上海首批20家上市公司厂长助理、台湾TCP上海公司业务经理、美国独资BHA华东大区销售经理等职务。1999年，他创立上海沃迪科技有限公司，任公司董事长。

赵吉斌观念超前、敢于创新，创业之初，在国内大多数企业还处于粗放式管理的时候，他就极力导入"数字化、精确化、流程化"管理，同时倡导"变、渐进、学习力"作为公司核心价值观，并以"德国式技术、日本式管理、中国式人文"为核心企业文化，不断加强公司内部组织机构建设和公司文化建设。先进的企业管理理念，为沃迪装备在后来业务的迅速过渡打下了良好的基础。

起初的几年中，沃迪装备主要从事食品加工机械研发和制造，在机器人领域几乎是零基础，当时国内的机器人需求几乎是空白。不过，常常参加国外展会的赵吉斌发现，在国外搬运机器人已逐渐普及，他立刻敏锐地意识到，国内即使落后几年，机器人市场也终究会变大。回国调查后，赵吉斌发现他的一些老客户如食品厂、饮料厂也确实有意购买搬运机器人，只不过当时国外的机器人太贵，售后服务又不方便，与人工成本相比，完全没有优势。

得到客户反馈的赵吉斌便决定尝试开发国产的搬运机器人产品，以低于人工成本的卖点打动客户。

出发：做中国自主"扛大包"的机器人

为了推出第一款成熟产品，赵吉斌请来了原在一家国外大型机器人公司担任中国区技术负责人的童上高。他们两个和同事们整整忙了3年，机械结构、控制电路、软件算法，所有环节都要一步步摸索。据童上高透露，开始时因为控制部件不成熟，机器人有时会像淘气的孩子耍点小脾气，比如抡起拳头砸地板；在不断地改进中，淘气孩子逐渐长大成熟。

2009年，沃迪自主研发的机器人终于面世，它干活利索、故障率低，并且在价格方面比进口机器人有优势。

随后，沃迪公司正式进军全国市场，凭借着在技术、服务、价格等方面的优势，沃迪公司的产品不断得到客户的认可。渐渐地，沃迪的客户名单上出现了中粮、新希望、红牛等大公司，还有部分产品已经开始在欧美国家市场上崭露头角。

2011年，着眼于长期发展的赵吉斌将公司发展为股份制企业，并进一步加强研发、设计、制造和销售等各个环节，沃迪装备的主要产品确定为搬运机器人和果蔬汁酱自动化成套生产线。

2012年，沃迪销量再上一个台阶，跻身我国工业机器人市场本土品牌前五名，并远销美国、日本、澳大利亚、新加坡、欧盟等发达国家和地区。公司目前拥有各种知识产权证书122项，包括发明专利、实用新型专利、外观专利、商标、软件著作权。

起飞：时代和资本双重加持

进入2014年之后，随着工业4.0战略的提出，传统制造业的智能化升级成为主流趋势，沃迪装备迎来了智能化制造的春天。

据调查，2014年，中国已经成为全球最大的工业机器人消费国。预计2015

年，中国机器人市场需求量将达到3.5万台，占全球总量的20%，居全球之首。未来十年，中国机器人市场还将至少保持30%以上的高速增长。已经在工业机器人制造行业跋涉了五年的沃迪装备，无疑已经取得了先机。

与此同时，沃迪装备在工业机器人领域的优势也吸引了实力雄厚的盟友。2014年上半年，沃迪装备战略牵手上海电气，上海电气成为公司第六大股东，持股148.15万股，占比3.95%。上海电气是中国机械工业销售排名第一位的装备制造集团，双方同属装备领域。沃迪装备不仅得到资金支持，更能在技术上再进一步。

利好消息一个接一个，2014年7月9日在新三板挂牌，11月17日转为做市交易。截至2015年1月9日，公司总股本3 478.15万股，其中1 531.9万股是流通股，均在新三板交易。

2015年4月15日和6月30日，公司连续两次公布《股票发行方案》。第一次新增发行 211.85 万股，募集资金 2 457.46 万元（含募集费用）于2015年6月19日顺利结束；第二次新增发行200万股，募集资金 2 000万元。增发的顺利进行，让沃迪装备具备了更强的盈利能力和抗风险能力，获得了强劲的发展动力。

9月8日，沃迪装备宣布与某国内大型知名企业签订总价为2 768万元的购销合同，销售"浓缩汁及饮料生产线"一套，并负责运输和指导安装调试工作。这个合同的金额占公司2014年收入金额的比例为20.69%，可算是一个大单。

谈到公司2015年的高速发展，赵吉斌喜上眉梢，他知道沃迪装备正站在工业智能化时代的风口之上，再加上充沛资金的支持，那些"扛大包"的机器人一定会成群结队，走出沃迪装备的大门，进入到成百上千家制造企业中。

瑞德设计：起底"工业设计第一股"

（证券代码：831248）

导语：一头飘逸长发，配上浓密的大胡子，当这个中年人出现在你眼前时，你可能以为遇到个艺术家。然而，他的真实身份是企业总裁。也许很多人对瑞德设计并不熟悉，但它与厨电领导者方太有着20年说不清道不明的关系。如果你仔细留心，会发现在中石化加油站、易捷便利店等品牌背后，同样也有着这家公司的身影。

在资本市场，这家企业的表现同样优异，颇受机构推崇。这是国内工业设计第一股——瑞德设计CEO李琦的创业故事。

方太创始人茅理翔早年被誉为"世界点火枪大王"。1994年，他创办的飞翔集团已经做到点火枪世界出口量第一。这一年，他接受高材生儿子茅忠群的建议，给浙江大学去了封信，希望能找人给公司设计一个Logo。

浙大的老师收到信后，把信给了当时计算机系工业设计专业的大三学生李琦。之所以给他，是因为李琦成绩优异，在老师和学生中间小有名气。李琦很快把自己设计的Logo给了对方，殊不知由此牵出了一段跨越20年的缘分。

当时飞翔集团虽一支独大，却因为模仿者越来越多、价格竞争激烈而面临发展困境。刚刚研究生毕业的茅忠群有意进入灶具行业，就把合作过的李琦叫过去看能不能有新的点子。对于飞翔集团抛来的橄榄枝，李琦有些受宠若惊。在他眼里，茅忠群这个贵人给了他一个千载难逢的机会，必须要努力抓住。

李琦和同班同学晋常宝跑遍了市场，得出一个结论："灶具没什么做头，吸油烟机好像有点意思。"毕业在即，时间紧迫的他们干脆把这个项目当成毕业设计来做。

那时候，在浙江日渐炎热的街头，人们总会看到这两个年轻人蹬着自行车走街串巷忙碌的身影。他们接连跑了两百多户人家，一楼一楼地跑，挨家挨户地敲开门做市场调研。调研持续了整整一个月，变黑变瘦的两人找到了当时市面上吸油烟机的四大问题：吸油烟效果差、噪音大、难清洗、滴油。

找到问题后，他们做起了设计老本行，很快就设计出一种罩电分离技术，将原先裸露的电线埋在塑料盖板下。为了解决油烟大的"中国特色"，他们把油烟机做深，让底部形成一个负压空箱，并将进风口做了斜面设计，在中央挂上一个油盒储存滴油。一直到现在，国内流行的吸油烟机大都维持这个构造。

毕业设计化为商用

毕业设计那一天，李琦和晋常宝两个人兴冲冲地将几十公斤重的吸油烟机支架和模型、数百张调查问卷以及原型图纸扛上了三楼进行答辩。这注定是个有纪念意义的日子——李琦整整讲了一个小时，老师和同学都被这个设计惊呆了。

在茅忠群的推动下，这件毕业设计很快就真正转化为商用产品：A型机。这个产品大卖30万台的时候，茅忠群决定大规模投资建厂，这也成了方太的第一款产品。

从这以后，李琦就把自己的许多"第一次"都给了方太：第一套VI、第一个广告片、第一次中英文命名、第一个模具制作……让李琦骄傲的是，从1995年那轰动一时的A型机之后的三年时间里，几乎所有方太产品的包装上都写着"设计李琦"的字样。

1999年，积累了足够的经验和启动资金后，李琦创立杭州瑞德设计有限公司，开始走上独立创业之路。因为有方太这一层关系，公司成立初期就搭上了高速发展的列车。当时方太正处于扩张期，其庞大的产品设计需求给瑞德带来了源源不断的利润。

2014年，方太的营业额达到65亿元。李琦与方太相伴走过了20年，为方太奠定了中国厨具行业的领导地位。对于老伙伴现在的成就，李琦感叹道："在中国还有哪个设计公司和客户走了20年？再也没有这样的案例。"蓦然回首，二十年前的奋斗青年如今已是留着长发和大胡子的中年大叔，成为充满艺术气息的公司总裁。

当然，瑞德设计除了方太这条"大鱼"外，还涉足多个领域的设计，比如加油站、高速公路服务区等等，多年来积累了包括中石化、耐克、阿迪达斯在内的上百家企业。更让李琦自豪的是，公司还在德国红点、德国IF、美国IDA等国际赛事上屡屡获奖。

传播热爱和信念

2009年，在设计行业风生水起的李琦想要做一件看似跟生意没有关系的事情。他有感于当年方太茅氏父子对其第一件作品的倾力支持，决定为那些即将走出校园的毕业生做一些事情。

在李琦的主导下，瑞德设计举办了一个公益性比赛——"Golden Frog Award"优秀毕业设计邀请赛。时至今日，公司已经成功举办过7届赛事，参赛学校涵盖内地、香港、台湾等30多个高校，报名参加的学生多达几万名。公司每期都会海选出300多个优秀作品，最后选出前10名。

对于这样一场比赛，许多人都非常不理解：一个民营企业，每年倒贴100多万元来办一场比赛，这究竟是为什么？不会受到公司股东的质疑吗？对此，李琦解释道："我们这样做只为给年轻无畏的热血学子们的心里埋下一颗种子，一颗充满信念、启示、热爱和坚韧的种子。"

当然一直烧钱也不是长久之计，李琦已经准备把这一赛事平台商业化。他打算以营销的方式将费用得到弥补，以交易的方式，让那些获奖作品能够卖出好价钱。这样做，既对股东们有个交代，又能将过去几年来积累的口碑和资源转化为商业价值，皆大欢喜。这也是目前瑞德正在布局"互联网+设计"的一个重大事件。

与此同时，这一免费赛事也获得了政府方面的支持。2014年12月18日，国家财政部文字办专项补助500万元，用于该赛事从线下到线上的转型。此外，这一赛事还得到了国际一流设计院校的支持，从第七届"瑞德优秀毕业设计邀请赛"开始，美国CCS学院、意大利DOMUS学院、意大利NABA学院以及美国圣地亚哥新建筑与设计学院将为参赛获胜的学生提供录取机会及奖学金资助。

"资本+设计+互联网"

工业设计作为设计行业里最具想象空间的细分领域，近些年来圈内的一些公司都在野心勃勃地踏上上市征途。不过，大部分企业都是上市受挫，铩羽而归：2009年，从事汽车设计的同济同捷在冲击创业板遭拒后，再也没有递交上市申报材料。同样在2011年，当时国内最大设计公司之一的嘉兰图遇挫后宣布无限期搁置上市计划。

2014年，国务院连发三文对文化创意产业做出指导，并提到了对该产业的未来展望，其中就涉及到了上市、融资等明确指向。这一政策的出台，让李琦预感到公司的发展会迎来一个大机遇，因此他开始加速挺进资本市场。

在行业资本冰点的魔咒下，2014年12月19日，李琦成功实现"弯道超车"，其领导的瑞德设计在新三板顺利挂牌，成为国内工业设计领域第一个拿到股票代码的企业。对于上新三板的原因，他说："第一，希望把一家技术型公司转换成一家商业创新的公司；第二，希望通过新三板把公司引入真正现代化质地结构，让公司在整个内控和所有的运营系统更加规范，为公司的发展提供一个更好的底层建设。"

登陆新三板后，李琦有了更多的感悟，"这半年来，我真正知道了什么是一家现代化治理结构的企业，什么是企业的战略，一个完整的治理结构背后资源配置是怎样的，一个战略制定完成后如何经营，如何落地，什么叫做口号和目标。"

对于中国工业设计的发展前景，李琦非常看好。他认为行业正处在一个商机无限的利好阶段。不过这个行业里仍然鱼龙混杂，要想决胜于未来就需要在当下提升设计企业的综合素质，培养多元化的设计人才。

2015年上半年，瑞德设计继续保持高速增长，实现营业收入5169万元，同比增长34%，归属挂牌公司股东的净利润868万元，同比增长超过14倍。且在新三板做市股票中股价稳定，还进入了全国股转系统双指数样本股行列。这些在资本市场的抢眼表现使瑞德设计备受资本机构的推崇。

2015年9月19日，众多设计界、资本界、互联网大家云集于杭州高新区白马湖畔，共同见证了瑞德设计倾力打造的开源创新互联网服务平台"创客梦工厂"的澎湃启幕。"创客梦工厂"的正式上线是李琦实施"资本+设计+互联网"战略转型的第一步，该平台将通过互联网链接，开源创新设计与产业创新升级，整合构建创新设计产业链，进一步提升公司未来的盈利能力。谈及未来，李琦对"创客梦工厂"很有信心，瑞德设计将会"变得越来越轻"，能让更多年轻人在这个平台上获得成就、价值、财富和快乐，成为商业创新设计综合服务平台公司。

九恒星：互联网金融时代如何"圈"钱

（证券代码：430051）

导语：北京九恒星科技股份有限公司是一家软件产品及互联网信息技术服务的提供商，致力于通过互联网信息技术的应用，帮助企业改善现金流。2009年挂牌新三板，截至2015年9月，它是国内拥有资金管理客户群数量最多的软件产品及互联网信息技术服务的提供商。它依靠圈子赚央企的钱，当有人效法时，已建立先入优势的它却主动求变，一脚踏进互联网金融。

九恒星15年一直专注于一件事情，那就是始终如一专注于中国软件行业资金管理领域，致力于为中国集团企业、金融企业、公用服务企业提供专业的资金管理解决方案，为客户构建稳健、融合的智能资金管理平台及系列产品。用九恒星董事长解洪波的话说就是："让企业知道自己有多少钱，如何调度这些钱。"

2015年上半年，九恒星已经服务过400余家集团企业，包括了中粮、中煤、中铁、中建、中电等40多家央企或央企直属企业，销售额也已过亿。而令人惊奇的是，仅从规模上讲，九恒星只是一个300人的小型公司。

靠50万元起家，在风口上创业

功成名就的解洪波回忆时曾说："有人问我对哪个岗位印象最深？我说当出纳那6个月。因为那6个月绝对是最锻炼人的，经常跟银行打交道，这些经历确实给我一个刚刚毕业的大学生打了一个好基础。"

解洪波大学时学的是会计学，毕业后被分配到某部委做出纳工作。出纳其实是一项很沉闷的工作，做的都是一些繁琐的统计和计算，这让解洪波当时觉得特别郁闷。但也正是从出纳开始，解洪波接着把所有的会计岗位走了一遍，从出纳、记账、总账会计到报表和审计，对于会计工作有了全面的了解。

三年后，解洪波觉得会计基础的东西自己已经学的差不多了，便辞职去了中信做融资租赁，在这期间他还去社科院读了货币银行的研究生。在这里解洪波认识到了金融，知道了资金多么重要。用解洪波自己的话说就是："我感觉到钱生钱这么容易，金融工具如此巧妙，创业一定要去做资金管理。"

1999年政府推进央企改制，解洪波等六人就离开了中信公司。"我们想到了该一起干点事情，虽然最熟的是信托，但是当时央行在整顿信托市场，我们只能另找其他行业，标准是：熟悉的、还没有人做的、前景也被看好的行业。"最终，解洪波选定了资金管理。因为他了解国外的资金管理、懂计算机，这个行业还没有人专注来做，而且各行各业资金管理方式基本相同，不存在行业界限。

2000年，解洪波等人以50万元成立了九恒星，主要业务是面对大企业的资金管理。由于大环境影响，当时中央企业生产经营的困难逐渐浮现，负债水平上升，财务风险加大，规模庞大、机构复杂的央企实行有效的资金管理并不容易，有资金管理的需要。解洪波成立九恒星显然是站在风口上。

成为行业冠军，登陆新三板

解洪波谈起了创业之初的艰难，感叹道："其实当时想的没有现在那么长远，当时只是想着把公司维持住，养活自己而已。当时我们六个最想的就是，能够挣到第一个50万，就去好好庆祝一把。"虽然是站在风口上创业，但是由于成立时间短、公司规模小，九恒星成立之初知名度很低，直到2001年11月才有了第一家客户。

九恒星第一家客户是福建的一个电力企业，总部对于下面供电所的收入心里没有数，希望能掌握它们在银行的资金情况。这样的业务如果没有银行的配合显然是不可能的，但是资金管理的第一阶段对于银行是没什么好处的，因为会造成它们贷款和存款的双降，所以银行都没有积极性。

面对着这种情况，解洪波想了一个办法：拉上企业一起对四家银行进行招标。这样做一是因为企业和银行业务往来很多，银行多少会给企业一点面子；二是因为四家同时进行可以造成九恒星选择很多的错觉。靠着这样的策略，九恒星最终将这件事情做成了。第一笔生意完成后，解洪波的好运似乎源源不断。

九恒星第二笔生意更像是一个巧合。解洪波回忆说："做完这个项目后证明我们这套思路是行得通的，当时的技术手段也能达到目的。我们就去与工行谈，工行认为我们这个技术很好，但他们希望客户能够提供需求。运气不错的是，正好鞍钢当天上午跟工行说需要加强资金管理，于是中午我们就打电话过去，告诉对方说我们有思路，技术也能成功。"

"当时鞍钢领导看到我们简单的办公场所和仅50万的注册资本，也担心我们会拿着比50万更高的首付款跑掉。我说，先不付首付款，一期工程只需承担我们人员费用，如果成功了，请把一期、二期和三期的首付款给我们，如不成功，你们只需承担人员费用。就这样，达成协议后，鞍钢老总亲自来北京和工行谈，这事情最终成功了。"

由于接连合作了几个大企业，而且许多企业都有这种需求，九恒星的业务慢慢的多了起来。解洪波也反思："这一步步表面上看似我们运气好，其实本质上是企业有这种需求，需求一步步多了起来。我们赶上这个好时候，一步步走过来。"

到2008年底，九恒星占据了中国集团企业市场的最大份额，在88家央企财务公司中占有33家客户，在央企集团中有21家，成为了中国资金管理行业的绝对领先者。2009年2月，九恒星登陆新三板，是国内第一家上市的资金管理企业。

先"圈"后"钱"，发力互联网金融

"有人说九恒星是和新三板市场共同成长，确实是这样。公司自从在新三板挂牌之后，利润就开始往上走。"解洪波称。迅速发展的九恒星很快引起了资本市场的注意，2011年九恒星做过一次增发，融资2 000多万元，2014年两次定增融资1.8亿元。与此同时，也有一些企业眼红九恒星的快速发展，推出与九

恒星相似的业务，甚至产品都是照猫画虎。

对此解洪波并不担心，他认为九恒星已经建立先发优势，有了相对固定的客户圈，且黏合度很高，其他竞争对手很难迅速赶上。但是解洪波同时也明白，只有不断地进行改革和创新，才能一直保持优势。

2013年以来互联网金融的异军突起，发展前景更加广阔。金融服务是实现产业互联网闭环生态系统中不可或缺的重要一环，对于互联网金融这个年轻的行业来说，率先跑马圈地显得尤为重要。甚至包括苏宁、长虹、用友软件在内的一大批传统企业都开始进军互联网金融。

解洪波决定迅速进军互联网金融。2014年九恒星在新三板变更为做市转让交易。2015年九恒星更是动作不断，先是联手天弘、SWIFT合作，并以1.26亿元的对价收购中网支付100%股权，为公司互联网金融业务取得第三方支付入口，接着又闪电成立北京和上海两家全资主营金融服务的子公司。这证明九恒星已经做好充分准备进入到互联网金融服务领域中。

业内人士认为此番九恒星的动作连连，早已不是一般意义的"跑马圈地"，而是优势资源的再度整合，通过"圈子"扩大市场优势，确定继续领跑市场地位的重大举措。

互联网金融正逐步成为九恒星下一步从"圈"到"钱"的落脚点和新起点。2015年，九恒星的企业定位是"企业资金管理软件+互联网金融信息增值服务"。

"所有的互联网公司其实都有一个圈子，都是在某一个圈子里做事。"互联网看起来好像是"服务全世界的"，但落实到具体的公司或业务，实际上是服务于某类特定的群体。互联网企业离不开"搭圈子"，而这正是九恒星的优势所在。九恒星的客户群"圈子"为九恒星发力互联网金融打下基础，独占市场超过50%的份额也足以使其傲视同行。

但做企业本质就是就是要追求卓越，对于九恒星来说，这样的数字并不是沾沾自喜的资本，而是可供转化的优势和新的起点。解洪波认为：企业只有不断推陈出新，占据市场高点，继续扩大"圈子"的范围以及在其中的影响力，才能使公司在"钱"——资金管理软件方面的优势进一步深化、强化，最终确保本企业"钱途"无量。

第五章

农林科技公司，扎根在最肥沃的土壤中

南达农业：成功属于那些把事情搞砸了但坚持不退场的人

（证券代码：831567）

导语：他是典型的温州商人，从摆地摊做到资产过亿；他超越了传统的温州商人，从生意人熬成了企业家；当雄心勃勃的投资下成了一局臭棋时，他潜下心来，点滴磨砺，最终交出一家上市公司的业绩。无论你是在创业初始，亦或已有建树，都能在他身上找到成功助力。

2004年，林乐宣和人打赌输了，他觉得奶牛只有两个奶头，结果是四个。然而当时他刚斥资千万买下喀什最大的奶牛场。这不是"有钱，任性"，而是一位温州商人对自己眼光的自信。这种自信源自过去16年在商场上的屡战屡胜，从未失手。不过，这一次老天跟他开了一个小玩笑。

白手起家

林乐宣是温州人，1988年他乘了9天9夜的火车和汽车横跨中国来到喀什，因为"听说南疆的钱好赚"。和大多数温州商人一样，他从在市场上沿街摆摊做起，把晚上做的衣服拿出去卖，一条裤子能赚5角钱。19岁的林乐宣在喀什市场上沿街摆摊的时候肯定不会想到，若干年后他将面临一个幸福的烦恼：去银行存款不得不动用麻袋。他的公司日营业额竟然达到了20多万元，然而当时人民币最大面值才是10元，所以只能用麻袋装。

温州商人能吃苦，商业嗅觉敏锐，这两点在林乐宣身上体现得尤为明显。

1991年苏联解体，凭借着"五口通八国、一路连欧亚"的地理优势，喀什边贸生意升温。林乐宣和兄弟们抓住机会，很快就把生意做大，小地摊变成了商场里的几节柜台。

在战术上，林乐宣用的是温州商人拿手的"短平快"：什么好卖进什么，什么赚钱卖什么。那时候从巴基斯坦、吉尔吉斯斯坦来的商人从不砍价，林乐宣的柜台上有什么他们要什么，同款的衬衫一天能卖出去上千件。

1993年，林乐宣注册成立了喀什第一家民营企业——南达贸易有限公司，从一节柜台变为一层楼的柜台，又从一层楼变为一栋楼，由一个百货商场增加到3个百货商场和十几家连锁超市，同时还进军餐饮服务业……南达百货成为南疆地区首屈一指的名品百货商城，南达超市几乎垄断了喀什地区的小商品零售业，温州大酒店也是喀什当时最高端的餐饮场所。"南达"——一直是温州商人在喀什创业发展的成功典范。

除了规模不断扩大，南达投资的领域也在扩张，商务服务业充裕的现金流给了林乐宣投资奶牛场极大的自信。

2004年，媒体连续报道德隆集团进入乳业，非常高调。林乐宣从中看到商机，觉得乳业将来一定会爆发，如果能抓住机会，赚的钱肯定比之前所有生意赚的都多。这时候他遵循的还是"短平快"的战术，用最短时间获得最大效益，自然不会去从头开办一家奶牛场。最终，林乐宣花费上千万元兼并了喀什最大的奶牛场，然后等着转手卖给德隆集团，赚一笔快钱就离身。

一个月后老天的玩笑来了，德隆集团倒闭了。

被嘲笑的梦想

有段时间林乐宣常开一个玩笑："你要想去害谁就劝他去养奶牛。"渐渐地，这个玩笑不再好笑，尤其是林乐宣不得不把别的赚钱项目一个个割舍，用来给养奶牛场的时候，那种犹如怀中的新生命即将离去，却依旧疼惜。

起初他想把奶牛场出手，却因价格太低又不甘心，只好自己经营。到真正接手之时，他才知道养奶牛并不是所想象的那般容易。

奶牛要到26个月才给你产奶，所以一直往里面投钱。最困难的还是资金短缺，"短平快"失去了用武之地，公司在其他领域的项目一个个被卖掉，变成了奶牛的饲料。但就在这种情况下，林乐宣居然提出要新建一座养牛场，还是建在飞沙走石、寸草不生的戈壁上。那段时间林乐宣成了别人口中的一个玩笑。

兼并的牛舍年久失修，一到雨雪天气就要把牛赶出来，不然塌了损失就大了。原地翻新有困难，林乐宣想到了戈壁。喀什最不缺的就是戈壁，面积大，好规划，还有利于防疫，以后想扩大规模也有基础，是理想的养牛之地。

被嘲笑的梦想才是有价值的，林乐宣毅然带着自信，杀进了戈壁。

戈壁滩上种一棵树比养活一个孩子还难，到处是石头，打井队打到地下190米还全是石头。更要命的是三天两头刮大风，身子弱的人被吹跑并非玩笑。林乐宣不蛮干，他借鉴当地人的智慧，开始"引水造田"建设防风林带。

每年夏天，山上的雪水融化，夹杂着泥沙流下来。林乐宣带人在戈壁滩上筑起围坝，然后通过一条大渠把雪水引来，等水渗进地下，便会留下几十厘米厚的泥沙。因为这些泥沙土质很差，林乐宣又从别处买来好土再加上牛场的牛粪一并掺进去，历经3～5年进行土壤培育。今天养殖基地里面挺拔的白杨、婀娜的柳树，以及成片的郁郁葱葱的有机牧草，都是扎根在这些来之不易的沃土中。

虽然每亩地的改造成本高达四五千元，但看着成群的奶牛生活在干燥舒适的新牛舍，迎风招展的防风林和一眼望不到头的有机牧草地，林乐宣依旧是欣喜的。更让他高兴的是，2007年底，眼看着他一手打拼的商务服务业帝国为给奶牛养殖贡献现金流而割舍殆尽之时，奶粉生产线终于投产了，日产奶粉70吨。

把生意做成事业

然而老天的玩笑并没有结束，2008年，三鹿奶粉事件曝光，乳品行业一片恐慌，很快奶粉滞销，不久就传出了有养殖户杀牛的消息。林乐宣也做好了最坏的准备："担心如此的行业动荡，肯定会对市场造成很大的影响，产品销售会受到牵连。"

结果却出人意料，他的奶粉不仅没有滞销，反而供不应求。这时候人们才体会到当初那个"戈壁造牛场"这句"狂言"之后的良苦用心，正是因为戈壁的特殊地理环境，正是原料基地的自我建设，才让质量有了充分保证。

2009年，林乐宣开始生产液态奶，原奶需求较上年增加很多，但为了保证质量统一，他宁愿少生产奶粉也坚决拒收散奶。他算过一笔帐："如果我们收散奶，多增加产量，每年光这一块可能会多挣500万元到800万元的利润，但是我们还是下定决心一公斤散奶都不收。"这时候的他已经放弃了当年坚持的"短平快"思维，短期利润不再是第一位的，自此他开始了向成功企业家的蜕变。

到2011年，南达生产的乳制品在南疆市场上占有率已经排名第一，拥有核心奶牛数量近3000头，营收过亿，产业链带动了周边上万户农牧民的生产致富。此后，南达乳业还凭借着过硬的质量，通过了自治区和国家"学生饮用奶"奶源基地认证，有机奶源基地认证，公司先后被认定为"农业产业化国家重点龙头企业""国家扶贫龙头企业""民族特需品定点加工企业""高新技术企业"等。2011年，南达奶牛场被农业部授予全国第一批标准化奶牛示范牧场。

除了畜牧养殖和乳制品加工之外，南达还布局林果业和饲草料种植，形成了一个完善的农产品循环产业链。南达对自己的定位从乳制品加工企业提升为新型农业企业，公司根据区域优势资源的特点，高起点对产品进行差异化定位，南达"音苏提"品牌有机乳品、"南达家品"品牌特色乳制品销售渠道正快速向疆外市场拓展，已和永辉超市、顺丰优选（嘿客）、长三角地区烘焙系统和上万家温商连锁超市进行合作，南达很快将进军全国市场。

2014年12月26日，南达新农业在新三板挂牌上市，代码831567，实现了南达农业步入资本化市场的重大突破，预示着南达新农业又将翻开崭新的一页。另外，随着"一路一带"经济走廊被看好，以及亚投行在世界范围内受热捧，具有天然地理优势的南达新农业将迎来新的挑战，其创始人林乐宣，也将继续缔造属于他的辉煌。

二十多年间，岁月在林乐宣身上留下了从生意人到企业家蜕变的痕迹，这种改变不仅仅是生意做大了，钱赚多了，公司上市了，更主要的是那颗永远在追逐更大价值的商人心走出了生意人的局限。投身到了一份事业中去，去造就属于自己的价值。

帮豪种业：一家农业公司的强势奔袭

（证券代码：832563）

导语：一家成立仅7年的农业企业，不仅成功登陆新三板，还连续成为西南地区上市公司第一，帮豪凭什么完成如此强势奔袭？

对于帮豪种业来说，2015年无疑是值得标刻的一年。6月8日，帮豪种业成功登陆新三板，成为西南地区第一家上市的种企。值得一提的，在挂牌之前，帮豪还曾向包括西南证券等在内的3家投资机构及部分董事增股760万股，又成为西南第一家实现"挂牌同时定增并做市"的企业。

一个需要提及的细节是，帮豪成立于2008年。短短7年，帮豪如何实现强势奔袭？

征战资本市场

在其挂牌新三板之前，恐怕很少有人会知道帮豪是谁。的确，虽然在行业内的名声很响，但是受限于地理区位以及所处行业，帮豪有点默默无闻。

但事实上，在业内人士看来，帮豪却是一家不折不扣的"明星企业"。资料显示，2014年，帮豪的收入超过了1亿元，拥有各类农作物科研育种材料20 000多份，为目前中国拥有该材料最多的民营企业之一。排在其后的企业所掌握的材料，最多也不过10 000余份。

值得一提的是，全国著名水稻育种专家、被习近平亲自授予"东方神稻"选育人之一的谢华安也是帮豪的独立董事。

按照帮豪董事长叶祥富的说法，从2008年到2015年是帮豪的蛰伏期。而登陆新三板，无疑是帮豪从蛰伏期走向全面扩张的关键节点。而在此之前，帮豪在资本市场的布局便已经悄然展开。

2012年，帮豪在重庆云阳的发展已经遇到了天花板：云阳的各种农作物已经被帮豪悉数掌握，而且帮豪一直推行的"公司+基地+农户"的生产模式也日渐疲软，无法为帮豪提供更强劲的动力。在这种情况下，"走出去"成为了当时叶祥富想到的唯一选择。

资金成为了最大问题。虽然帮豪连年发展，但是其自有资金并不足以保证帮豪能在外地一炮打响。于是，叶祥富找到了北京嘉富诚投资公司。后者管理基金规模超过10亿元，现代农业是其一直以来重点关注的领域。

经过详细的调查之后，当年10月，嘉富诚决定向帮豪投资2 000万元，嘉富诚董事长郑锦桥出任帮豪董事。这是帮豪第一次引入外部资金。它不仅帮助叶祥富解决了当时最急需的资金问题，同时也为后来帮豪在资本市场的一系列运作打下了基础。

如果说引入嘉富诚单纯是为了解决资金难题的话，那么2013年与重庆市大渡口区科技产业创业投资有限公司的合作则直接为帮豪的上市铺平了道路。

公开资料显示，大渡口区科技产业创业投资有限公司的股东之一是重庆市创投引导基金。后者是由市财政专项资金支持并于2009年成立，参股投资企业已经有200多家。

大渡口区科技产业创业投资有限公司不仅为帮豪带来了更多资金，而且先后为帮豪引入重庆泰豪渝晟基金、国家贫困地区产业发展基金等战略投资者。此时的帮豪，已经如虎添翼。

眼看着实力一天天增长，叶祥富再也不想低调，甚至喊出了"有土地的地方，就有帮豪"的豪言壮语。但是帮豪仍旧很小，想要获得更大成功，上市似乎是最好的选择。"我们的条件还达不到上主板的标准，新三板是一个更加实际的选择。"

经过数次增资，帮豪的注册资本已经达到了7 700多万元。2014年12月，帮豪召开股份公司第一次股东大会，正式将公司名称变更为"重庆帮豪种业股份有限公司"，并将其净资产折为股份有限公司股本77968985股，公司股东按照在公司的出资比例持有相应的净资产份额并折为相应比例的股份，其余净资产值列入股份公司资本公积。

随后，帮豪向主办券商西南证券提交了挂牌申请。有意思的是，在西南证券对帮豪进行审核期间，帮豪先是引入新股东扶贫基金，将注册资本扩大至8805万元；紧接着，公司还向西南证券股份有限公司、上海证券有限责任公司、重庆皓顺股权投资基金管理有限公司三家机构投资者以及部分董事高管增资760万股，将总股本扩大至9 565万股。

在业内人士看来，这种被称为"挂牌并做市"的模式正在逐渐成为新三板的新常态。"这种方式能够提高新三板的审核效率，解决时间和财务成本。以帮豪为例，它能够为我们节约大概60多万元的财务成本。"叶祥富说。

随后的过程可谓一帆风顺。在经过了新三板审查与证监会核准之后，今年6月8日，帮豪终于如愿登陆新三板。

成功上市让叶祥富更加信心满满，"传统农业企业迎来了又一个发展的春天。我相信资本市场的介入，将会引领帮豪种业走上下一个里程碑。我们有信心在全国种业市场都能留下坚实的脚印，也有信心实现走向海外的既定计划，我们还相信，有土地的地方就有帮豪！"

打造互联网平台

上市的钟声尚未完全消散，叶祥富又马不停蹄地开始了自己的另一项布局：借助互联网，打造电子商务平台。

7月8日，帮豪种业股份有限公司日前抛出首份再融资计划，拟向混元投资、九州证券以及公司管理层定向发行约435万股股份，发行价格为6.5元/股，募集资金约2 828万元，用于打造电商平台子公司——"幸福公社联盟"。

"国家今年提出的'互联网+'概念，对传统行业的运营模式创新提出了挑战，公司也在探索适合自己的互联网模式。为此，（帮豪）拟成立电商平台子公司，用互联网工具助力公司未来发展。"叶祥富说。

在他看来，借助"互联网+"及"移动互联网+"的发展趋势，基于用户思维和流量思维的思考，通过建立"幸福公社联盟"可以更好地掌握终端用户，可以培养农户的依赖感和忠诚度，建立帮豪品牌的粉丝级用户群，从而增加公司市场占有率和积累帮豪用户消费大数据，并且可以发挥平台优势更好的整合行业资源，抢占农村最后一公里。

据叶祥富透露，在此次定增中，混元投资拟出资1950万元认购300万股，九州证券拟出资455万元认购70万股，这两家为新引进的战略机构投资者。叶祥富等6名公司原股东和管理层将合计出资约424万元，共认购约65万股。

"引进新的战略投资机构，将会进一步增加股票的活跃度，为帮豪打造'农资服务价值链承销商'奠定基础。"叶祥富说。

欣绿茶花：茶花情结缔造"资本市场第一花"

（证券代码：832191）

导语：欣绿茶花头戴很多"第一"的头衔：全国唯一以单品种花卉登陆新三板公司、国内唯一一家以中国十大名花之茶花为主营业务的高新技术企业、楚雄州范围内首家挂牌新三板公司……创始人汤勇俊三十年来对茶花情有独钟，2006年落户楚雄彝族自治州这一山茶花原生地后，十年来风雨创业。最终，他把单纯的个人爱好变成了一番茁壮成长的事业，缔造出了欣绿茶花这朵"资本市场第一花"。

说到茶花，大部分人想到的第一个地方一定是云南大理。

金庸先生在《天龙八部》里，通过段誉之口把大理茶花说得动人心魄。他不仅列举了"红装素裹""抓破美人脸""落第秀才""十八学士""十三太保""八仙过海""七仙女""风尘三侠""二乔""八宝妆""满月""眼儿媚"和"倚栏娇"等十三种茶花，还引用《滇中茶花记》道："大理茶花最甲海内，种类七十有二，大于牡丹，一望若火齐云锦，烁日蒸霞。"

然而，作为中国十大名花之一，我国的茶花种植还处于初级阶段，远远未能形成荷兰郁金香式的产业名片。

2015年4月1日，汤勇俊带领云南欣绿茶花股份有限公司正式挂牌新三板，无疑给这一事业带来了新希望。

为花痴狂

楚雄彝族自治州位于云南省中部，东靠昆明市，西接大理白族自治州，是全球最适宜山茶花生长的地区，是云南山茶花的重要原生地。

在这里，欣绿茶花有上百亩的茶花生产基地。基地湿润少光的环境中，茶花叶色翠绿，长势旺盛，硕大饱满的花蕾预示着即将到来的繁花似锦的美景。汤勇俊穿行在茶花生产基地里，偶尔停下来看看某棵茶花的叶片或者花苞，脸上带着一股满足感。

汤勇俊是个"痴人"，"痴狂"的对象正是茶花。

1963年夏天，汤勇俊出生于江苏常州。从小，他就对祖辈庭院种植的花花草草感兴趣，尤其对花大色艳的茶花情有独钟。起初，养茶花只是他单纯的爱好，在常州市财政局里工作的10年里，他一直利用业余时间种植茶花。出于对茶花的喜爱，他毅然辞去了这份令人向往的稳定工作，开始深入研究茶花。这一举动自然遭到了家人亲友的一致反对，可汤勇俊没有动摇投身茶花事业的决心。他改编古人的老话，颇有诗意地说："宁可三日不食肉，不可一日不看花。"

2003年，汤勇俊创建常州欣绿园林有限公司，将中国林科院亚热带林业研究所数十年引进、培育、研究的世界各地名贵茶花母本整体成功引入，这就好像有了个"茶花基因库"。借此，欣绿成功选育了国内外名贵茶花及稀有品种800多个，解决市面上茶花品种单一的问题，引发了新的茶花消费热潮。

2006年，回到茶花原生地楚雄，是受楚雄当地政府的邀请。作为政府招商引资的重点项目，汤勇俊带着资金、技术、团队和800多个中外茶花品种落户在楚雄城郊的灵秀湖畔，创建了楚雄欣绿世界名贵茶花品种园有限公司。

变废为宝

初来此地的欣绿茶花虽然在茶花繁育培植技术、企业的资金实力等方面比当地的茶花企业更具优势。然而，它也面临着在新环境里开展茶花品种的收集、种苗的繁育、种植工作等诸多难题。

汤勇俊解决难题的杀手锏是科技创新。这与红豆杉公司解决红豆杉的快繁、种植和开发所采用的策略一致。在他看来，公司能够从众多企业中脱颖而出，靠的不是规模，而是一系列的科技创新成果。他说："知识产权是我们的核心竞争力，一个资源型、科技型的企业才会有长久的生命力。"

茶花不能制作盆景，一直是茶花产业的瓶颈。汤勇俊发挥了自己的执着劲头，整日带领团队冥思苦想，百般尝试。

楚雄当地有白花油茶，是上世纪50年代种植的，由于树龄大，产量锐减，就被种植户们砍伐当作柴火烧了。2007年，欣绿茶花开始向种植户收购这些已退化的白花油茶，经培育复壮，将其当作根桩砧木。欣绿茶花利用创新研发的无性繁殖、顶枝嫁接、嫩枝嫁接及快繁技术，在一个桩材上嫁接5个、7个或更多的不同花色花期的茶花品种。

创新的脚步没有停止。汤勇俊和团队在此基础上还精心造型，培育出了"五朵金花""七彩云南"和"百花齐放"等茶花盆景。

变废为宝、效益倍增，让汤勇俊颇为自豪。"利用生长多年的白花油茶根桩和综合技术培植的茶花盆景不仅生长迅速，成景快、嫁接两年后就可进入市场销售，而且叶色浓绿，枝条花朵多，花期长，品种具有选择性，具有平时观景，花时观花的特殊效果，因此具有较高的观赏价值。"

目前，欣绿茶花已申报国家专利17项，取得专利授权9项。汤勇俊主持成功选育并申报了"欣绿红"和"欣绿莲"两个茶花新品种。此外，欣绿茶花办公室玻璃墙面上展示的60多块奖牌、荣誉证书更是引得参观考察者对其科技专业大发赞叹。

欣绿茶花一系列创新技术的推广应用，推动了茶花走上艺术化、市场化、产业化发展的道路，进一步提高了茶花栽培的附加值。

上市，给"花痴"的礼物

自2006年落户楚雄至今，已近十年，汤勇俊无限感慨，用"风雨十年、创业十年、收获十年"做了总结。登陆新三板应该是汤勇俊度过"十年风雨"后收获的一份大礼物。他自己也说，这是"欣绿发展史上光辉灿烂的里程碑"。

2015年5月18日，云南欣绿茶花有限公司在楚雄尹家嘴灵秀湖畔举行了"新三板现场推介会暨欣绿茶花股票挂牌仪式"。

汤勇俊回顾了30年为茶花事业奋斗的历程，辛酸苦楚、喜悦成功都已逝去，而留在他心中的是那份欣慰与自豪，这源于他将自己最初纯粹的个人爱好发展成了一番茁壮成长的事业。"今天能够在'新三板'上市挂牌并非偶然，是我专注茶花三十年的结晶，是企业奋斗积淀十几年的结果，是社会对欣绿的认可。"

人逢喜事精神爽。当天下午与茶花专家、花卉同行、投资人的几场研讨会上，他一个人既当主持又当主讲，可仍精神饱满，发言时思维敏捷，妙语不停。

汤勇俊深知，作为全国唯一以单品种花卉登陆新三板的公司，"中国资本市场第一花"的欣绿茶花上市新三板，有利于规范企业发展和市场开拓，对公司及股东利益都将产生积极的影响。但是，未来的使命仍然艰巨。

的确，我国的茶花产业尚停留在较为初级的种植与销售阶段，属于传统农业的范畴，未来随着中国茶花培育技术的提高，形成完整的产业链是企业的必然选择。汤勇俊计划建设多功能化生产基地，主要包括国际茶花精品园、快繁中心、中国茶花博物馆以及科研工作站等。汤勇俊计划拓宽现有产业链，向下游精深加工的方向发展，将涉及医药、膳食、美容保健等领域。公司现有的丰富的茶花品种、母树及苗木资源，为公司向下游产业延伸提供了原料保障。

早在筹措上市时，汤勇俊就许下诺言，"将怀着始终如一的茶花情结，带领欣绿团队，去实现中国十大名花之一的茶花，以单朵花形式进驻中国资本市场的目标"。到2015年，挂牌上市的第一目标已经实现，站在茶花生产基地，汤勇俊仍有雄心，他要"进一步提升茶花的知名度，并实现未来两年内进入主板市场的愿望"。

金鲵生物：娃娃鱼之父的金手指

（证券代码：831158）

导语：张家界金鲵生物科技有限公司是一家以娃娃鱼驯养繁殖、娃娃鱼新产品开发为主业的民营科技企业，是登陆新三板的第一家娃娃鱼养殖企业。该公司养殖的娃娃鱼受精率是70%多，孵化率也是70%多，解决了人工养殖娃娃鱼受精繁殖率低的世界难题。原金鲵生物董事长被当地人称为"娃娃鱼之父"，他从一个神秘山洞里死里逃生，并发现了惊天秘密。用一根断指的代价，换来了亿万财富。和常人不同的是，他认为消费娃娃鱼，也是对娃娃鱼的一种保护。

娃娃鱼，又名大鲵，是世界上现存个体最大的两栖动物，在地球上生活了约3.5亿年，是与恐龙同时代的"地球纪念物"和极其珍贵的"活化石"，被列入《濒危野生动植物种国际贸易公约》和中国二级保护水生野生动物名录。

金鲵生物的创始人、现任董事长王建文的父亲王国兴，被当地人称为"娃娃鱼之父"。他的创业故事曲折离奇，"当地人一般都能讲上一两段"。

一个深邃山洞里的秘密

王国兴曾是张家界出了名的甲鱼大王。他从1993年开始养殖甲鱼，7年就积累了2 000多万元财富。当时"万元户"很了不起，王国兴是周围的亲戚朋友羡慕的对象。当众人以为王国兴要守业享受生活的时候，他却突然撇下生意红火的甲鱼养殖，进入了张家界茫茫的深山里。

富起来的王国兴做出了一个被人认为是"神经病"的决定——在荒无人烟的大山里，耗巨资挖一条长达600多米的山洞，养殖娃娃鱼。人们都觉得奇怪，有人开玩笑说："听说过修公路挖隧道，修铁路挖隧道，没讲过养鱼还挖山洞的。"王国兴却显得胸有成竹，他认为山洞必须要挖，他掌握着第一手娃娃鱼的繁殖资料，而山洞是其中的必要条件。

什么样的第一手资料，让王国兴如此充满信心？原来他在养殖甲鱼时，就开始涉足娃娃鱼的养殖。但是由于不能成功繁育幼苗，娃娃鱼的养殖一直未形成规模。

王国兴走遍了张家界大大小小的天然溶洞，寻找野生娃娃鱼的踪迹，来观察天然的繁殖环境和繁殖规律。进入张家界喀斯特地貌形成的溶洞，常常险象环生。

有一天，王国兴走进一个很深的溶洞，意外发生了，唯一的一盏灯走到一半坏了。像水下迷宫一样的溶洞漆黑一片，洞里面坑坑洼洼的，很多的石头，有时弯度也非常大，王国兴看不到也摸不到路，只能听到溪水哗哗地响。摸索了几个小时的王国兴，感觉一直在围着一根石柱转圈，出不去了。

后来王国兴灵机一动把衣服撕成一块一块的，身体贴在石头上面，慢慢地摸着石头前进。摸到一处石柱就绑上一根布条，错了就回来换一个方向，终于摸到了溶洞的出口。出了洞口的王国兴大口喘气。后来回忆时王国兴仍然心有余悸："在这样的山洞中，如果时间长了，很可能受到蛇和其他凶猛动物的袭击。"

这次的劫难余生，却让王国兴寻到了多年都见不到的娃娃鱼，不是几条，而是一群。两天以后，王国兴再次走进了这个溶洞。这次他还带上了被子和干粮，他要住在洞里观察娃娃鱼。

王国兴的儿子王建文回忆说："他就是在那个溶洞上面搭一个草棚。大部分时间都住在这儿，我们有时候给他送送粮食，送送干粮。"这样的生活，王国兴坚持了5年。

5年中，王国兴发现娃娃鱼产卵孵化幼苗，全部都在阴暗潮湿的洞里。水质不仅要干净，而且还得是恒温环境，最重要的一点是不能见光。有了这第一手资料后，王国兴就产生了开山挖洞养殖娃娃鱼的大胆想法。

2001年，王国兴耗时一年，终于打出了一条长602米，宽5米，高3米的山洞。他用管道把洞外的泉水引到洞内，形成了活水养殖。一年四季，洞内的温度都恒定在15～20℃，很适合娃娃鱼的生长。到了2002年秋季，王国兴的恒温山洞里，繁育出了上千条娃娃鱼。他养殖繁育娃娃鱼的技术得到了专家和权威部门认可。

王国兴不知道的是，他在无意之间已经解决了人工养殖娃娃鱼受精繁殖率低的世界难题。中国工程院院士刘筠道："受精率是70%多，孵化率也是70%多，这个数字应该说是个创纪录的数字。"

更没有想到的是，这不是财富的开始，而是磨难的开始。

被娃娃鱼咬断了一根手指

2002年7月，王国兴养殖的娃娃鱼逐渐进入成熟期，眼看就能大规模养殖了。一旦大规模养殖成功就是亿万元的财富，王国兴加大了投资力度，几乎把养甲鱼赚的钱全投进去了。

而在这个时候，一场灾难却不期而至。

夏天是多雨的季节，张家界几十年不遇的一场暴雨不停地下了一天一夜。夜里11点，预感到有事发生的王国兴怎么也睡不着觉，索性半夜爬起来冒着大雨来到养殖娃娃鱼洞口，眼前的一幕让他非常震惊。"我一看洞里面的水最少在1.5米以上了。把那个铁门都冲跑了，那个铁门是2 000多斤。冲到那个河里面去了。"因为洞内与洞外有许多相通的孔洞，大量雨水从山上涌进来，狭小的山洞涌动成了一股洪流。上千条娃娃鱼被洪水冲得七零八落。王国兴的全部资产都投在了娃娃鱼养殖上，如果这些娃娃鱼被雨水冲走，王国兴将倾家荡产。

王国兴一着急什么也顾不了了，进到水里开始抓鱼。这手抓一条，那手抓一条，把几条较小的鱼救了出去。几次之后筋疲力尽的王国兴突然看到了一条30多斤母鱼，这条鱼大张着嘴巴，浮在水面上，正被洪水冲向洞外。培养这样一条母鱼至少需要几年时间，有时候甚至要十几年。王国兴不敢大意，赶紧去抓。没想到，这一抓，把自己的一根手指丢了。

王国兴后来回忆起来还心有余悸："抓着是滑的，扑了两三次都没有抓住。后来我没办法，我就把手，这个手就伸到它嘴里面，它一口就把我咬住了。"娃娃鱼长有锋利的牙齿，一旦咬住东西就不松口，而且360度打转。王国兴强忍着剧痛，把这条30多斤的母鱼抱到了养殖的池子里。而王国兴的手指已经被娃娃鱼咬断，随即晕倒了。王国兴的妻子钟美浓后来回忆说："当时他的手指，动脉都咬断了。起码出了1 000多CC血。"

即便是王国兴这样挽救，仍然有1 400多条娃娃鱼被洪水冲走。王国兴损失800多万元，倾家荡产，由当地的富户变成了负债大户。

天无绝人之路。2005年，在众多专家的实地考证下，王国兴的娃娃鱼养殖场，获得了湖南省畜牧水产局颁发的经营利用许可证。当时，成年娃娃鱼的市场售价高达上千元，甚至数千元一公斤。到了2006年王国兴的山洞里已经养殖了2万多尾娃娃鱼。这时候洪水中咬断王国兴手指的那条母鱼，已经长到130多斤。尽管为它丢了一截手指，王国兴依然很欣慰："她产了1 000多粒卵，孵出来大概1 000多尾苗子。那条鱼按现在的价值来说就是100多万了。"

消费娃娃鱼是一种保护

2007年，王国兴领导的张家界金鲵生物科技有限公司开始实施一项由国家发改委重点支持的项目，即"张家界大鲵保护与规模化繁殖及产业化开发项目"。王国兴想以此为契机，在未来的几年内，将公司建成集保护、繁育、养殖、科研、观赏、深加工于一体的国内规模最大的娃娃鱼基地。

2008年、2009年、2010年金鲵生物连续三年被评为湖南省政府评定为重点后备拟上市企业之一。王国兴也被媒体尊称为"中国娃娃鱼之父"，他的娃娃鱼养殖事业如日中天。

由于年龄的原因王国兴逐渐开始把金鲵生物交给儿子王建文打理。2014年9月金鲵生物正式登陆新三板，成为新三板首家娃娃鱼养殖企业。

娃娃鱼产业化，看似是在消费资源，但在王建文看来，其实是更好地促进保护。且在这个过程中，必须投入大量的人力、物力、财力。目前已经成熟的仿生态养殖技术不仅为保护娃娃鱼创造了良好的环境，使得存活率高达98%以上，"更是一种新的保护动物的模式，在合理利用子二代的情况下，反哺于保护"。

王建文在湖南第十二届人大代表会上的提案是"反腐请不要错伤了娃娃鱼产业"，因为"合理利用子二代从而保护娃娃鱼，这是一种可持续发展的思想"。娃娃鱼生产消费产业化了，价格下来了，捕猎野生娃娃鱼的就少了。

希芳阁：打破"穹顶"，让城市更美丽

（证券代码：430557）

导语：80后小伙儿，三次创业，最终从"小草"上嗅出商机。10万元启动资金，4年时间，微盈利的情况下登陆新三板。郑州高新区 12 家首批挂牌企业中，规模最小企业的创始人"口出狂言"："如果把20%的城市屋顶搞绿化，就能减少一半的雾霾天气。" 他于2009年4月创立希芳阁，专注于生态环保技术开发与应用。从2009年至2015年，希芳阁致力于屋顶绿化、墙面绿化等绿色环保事业的研究与推广，为城市建筑提供生态绿化解决方案。他们把绿色从室外引入室内，从地面移到房顶，从平面扩至立面，希芳阁俨然成为新三板上最清新的环保股。

2015年1月，时已入冬，郑州的天气始终寒冷而干燥，无风的时候，这座高速发展的城市常常被雾霾笼罩，太阳昏黄，空气污浊。

1月30日这天，郑东新区海容大酒店里面却是另一番景象。酒店里暖气开得很足，人头攒动，温暖如春，以"新常态、新资本、新商道"为主题的河南新三板协会2015年年会在这里召开，约260人参会。几乎每一位与会者进入酒店后，都被一面立体绿化墙吸引，这面旺盛生长的绿墙不仅让整个会场绿意盎然，也让每一个走近它的人精神一振。

看到与会嘉宾围着绿化墙滋滋称叹，河南希芳阁绿化工程股份有限公司董事长王洋洋神态飞扬，这面寓意着"基业长青，股票一路飘红"的立体绿化墙正是希芳阁的作品。

32岁的王洋洋儒雅帅气，高高的鼻梁上架着一副金边框眼镜，着装简单大方，不时微笑着用亲切的语气向其他人介绍希芳阁的绿化墙。此时，距他带领希芳阁进驻新三板刚刚一年零六天，希芳阁也已经迈进第六个年头。

三次创业，找到正确方向

希芳阁并非王洋洋的第一次创业，他在大学时代和读研时期曾有过两次创业。第一次是2005年，王洋洋和其他两位同学组建了音响租赁公司，"郑州学校多、活动也多，做音响设备租赁和DV拍摄肯定有市场。"但是公司组建没多久，就因为市场需求萎缩而失败。

第二次是2007年，正读研二的王洋洋开办了成本压缩公司。这次创业持续了一年半，以微利告终。

两次失败让王洋洋积累了不少经验，这也是王洋洋第三次创业成功的重要因素。2008年夏季奥运会在北京举行，观看电视直播的王洋被用草铺设的巴士车深深吸引。他马上意识到，机会来了，"21世纪的主题是环保，自己学的又是植物营养专业，做无土草坪还是有一定把握的。"希芳阁的创业计划就此形成，王洋洋马上把想法告诉了自己的父亲。

父亲可谓是王洋洋重要的创业导师之一，他问王洋洋："新鲜事物，推广起来并不是那么简单，遇到困难肯定是会的，关键是看你如何去解决，如何快速地解决，找好退路。你的想法有了，今后你的销路想好了吗？一旦三五个月没有收入，你能挺住吗？如何解决生计问题？与合作伙伴遇到矛盾了如何解决想好了吗……"老实说，这些问题王洋洋之前都没有思考太清楚，他也陷入沉静。然而，父亲问这些问题并非为了阻止王洋洋，而是希望他以成熟的心态对待创业，父亲说："不过既然想做了，为什么不尝试一下，只不过把准备工作做到极致而已。"

创立希芳阁之初，王洋洋得到的支持并不多。他曾经创业7年最终以失败告终的堂哥曾劝他说："现在创业至少折腾两三年，还不一定能赚钱，将来怎么买房，怎么养活老婆孩子？"王洋洋当时并没有反驳堂哥，他默不作声，暗自下定决心，一定要做出一番成就来，证明创业的选择是正确的。

熬过寒冬

对于创业初期的困难，王洋洋和创业伙伴们至今难以释怀，太刻骨铭心了！

先是放弃最初的生产基地。草坪出苗第10天开始小面积死亡，此时，一位合作伙伴的母亲因腰椎间盘突出住院，其父亲又折断了胳膊。无奈大家只好放弃生产基地，全部产品转入农科院中转基地，之前的一切努力似乎全都白费了。

然后是推广的困难。前期做市场调查的时候，大部分客户都是因为新鲜感而投的赞成票，当真正的产品出来之后，一系列问题都成为了客户不买单的理由：比如草坪用在室内的光线问题，存活时间的问题，还有客户担心草坪会生虫子、散发异味等等。

这些问题再接下来几年中都得到了解决，但创业初期，它们差一点让希芳阁走入绝路。

2009年底，长时间的销售不力让希芳阁几乎没有一点流动资金，3个创业伙伴7个月没有领到一分钱工资，生计都成了问题！

年关将至，3个年轻人蹲在地头，抽着烟默不作声。看着已经冻成冰疙瘩的草坪，大家的心也冷冷的。要过年了，手里没有一分钱，连回家过年都觉得没有脸面。

良久沉默之后，高小明建议大伙儿趁过年的时间集中精力卖鞭炮，虽然当前的事业搁置下来，但至少可以解决生计问题。这时候，王洋洋的倔劲儿上来了。他站起来说："坚持，一定要坚持，与其花费精力去倒鞭炮，还不如花精力研究如何提高销量，但凡在困难的分水岭，90%都死在了最后那一步，没有坚持住。"两人在寒风中争论了一个上午，最终还是王洋洋占了上风。

好在母校河南农业大学及时给出资金援助，希芳阁才得以熬过那年寒冬。时隔多年，每每谈到这件事，王洋洋仍是连连感叹。

乘风而起

依靠母校的援助，仅仅能够解救一时，只有找出创造利润的价值点，企业才能真正脱离死亡线。

解救希芳阁的是王洋洋的一次灵感乍现。在一次游玩中，王洋洋发现景区有情侣在举行草坪婚礼，但是使用的草坪却是假的，效果很差。他想："不少年轻人都喜欢浪漫的草坪婚礼，为什么不用无土草坪做草坪婚礼呢？"

说干就干，希芳阁的无土栽培草坪婚礼一推向市场，迅速刮起旋风，订单纷纷上门。这一尝试也让企业起死回生，挣到了第一桶金。

伙伴们沉浸在喜悦中时，王洋洋又有了新想法。郑州乃至全国的雾霾日益严重，王洋洋想，如果把楼顶利用起来，推广屋顶绿化，就可以从源头上控制并减少PM2.5。经过调查考证，他发现，屋顶绿化年平均滞尘量是12.3克/平方米，如果把城市屋顶的20%利用起来进行绿化，就能减少一半的雾霾天气。

另一方面，王洋洋也觉察到，在未来，环保一定会受到更多人的关注，这将是一次绝佳的机会。

从那之后，希芳阁开始专注于"屋顶绿化、墙面绿化"。由于契合了市场对生态绿色环保的需求，又因其自身领先的技术及行业影响力，2014年1月，创业仅4年的希芳阁顺利登陆新三板。

王洋洋将希芳阁成功上市的经验归结为三点："第一，希芳阁拥有行业内比较领先的技术层面的专家的支持。第二，希芳阁在行业中，比较早地做到了行业标准。第三，从希芳阁刚成立之时，天使投资就已进入到公司，所以希芳阁前期的管理比较规范。"

当然，上市只是一个开端，作为新三板挂牌企业中的绿色之星，希芳阁要做的事还很多。我们盼望希芳阁走得更好，能够像它的名字一样，在重重雾霾之中，为我们构造一个芳草萋萋、绿意盎然的生活空间。

红豆杉："红豆杉王国"的绿色格局

（证券代码：430383）

导语：周海江是服装行业红豆集团的总裁。然而，提起"植物活化石"红豆杉，人们也必提到他。为转型，他把目光投向了国宝红豆杉。15年间，他的红豆杉生物科技有限公司创造了无数奇迹：从无到有，种植出珍稀濒危植物红豆杉3 500万株；提炼的紫杉醇针剂带来超50亿元的营收；红豆杉进入中南海，并走进越来越多消费者家庭……从一株株红豆杉到百亿产业，他的"红豆杉王国"已露雏形。

结缘红豆杉

红豆杉是250万年前第四纪冰川时期遗留下来的珍稀濒危植物，全球自然分布极少，只有42个国家拥有，是我国公认的"国宝"。自从美国化学家发现红豆杉的树根、树皮的提取物紫杉醇有抗癌作用起，红豆杉的资源开发，就越来越受到全人类的重视。

周海江和红豆杉的结缘，最开始是他觉得红豆集团与红豆杉非常有缘，"红豆集团种红豆杉"一下子就能令人印象深刻。随着对红豆杉的了解，他发现云南的红豆杉的珍贵，看到当地人为扒了树皮卖给日本人做药，"谋杀"很多红豆杉树。一棵活了3 000多年、周长近8米的红豆杉古树，只因为身上长着两三百公斤的树皮，就被不法分子整整剥了4天，最终死去。

红豆杉的不幸遭遇深深触动着周海江。红豆杉本身稀少，繁殖能力差，又遭大面积砍伐，在我国濒临灭绝这一现实，让周海江觉得自己有责任挽救、培育珍惜红豆杉。

恰巧当时红豆集团所处的纺织服装行业"技术含量比较低"，随着资本积累，红豆集团也必须投向技术含量高的行业。但是，"如果贸然投向电子等行业，淘汰率太厉害，跨度也太大"，并不合适。

两方面的"因缘际会"，让周海江选择"种植红豆杉，从中提炼抗癌原料紫杉醇，发展生物制药"。在当时，他已隐约意识到这不仅是一项造福人类的社会公益项目，还是一项发展潜力巨大的产业。

技术攻关，破解世界性难题

周海江曾经说过，任何一个企业的成功都不是一帆风顺的，任何一项创新成果都要历经无数失败的锤炼。这话用在红豆杉产业的发展上一点也不为过。

1997年，在周海江的推动下，红豆引进了南方红豆杉的种子自行培育。然而，红豆杉种子的成活率非常低，且成活的种子需要两年才能发芽，是世界性难题。所以，一听说"红豆"要人工种植红豆杉，舆论都说周海江是在火上烧钱。一位关系较好的朋友语重心长地劝他："生物医药投入、风险大，红豆在服装产业已做出规模、做出影响、做出品牌，没有必要去冒险，别到头来把好端端的企业搞垮了！"。

周海江不怕冒险，反而有不畏艰难、不惧挫折的创业精神。他亲自带领专业团队做实验，一开始尝试用白酒浸泡的方法，结果成活率只有0.2%左右，之后又用热水加温、霉菌处理、低温储存等，还是没什么效果。

一次次的失败，并没有击退周海江。周海江和他的研发团队想到农民一般把种子存储在地窖里，第二年种子发芽很快很好，于是大胆尝试"地窖储存"和"层积变湿催芽"的方法。储存的温度、湿度都要反复试验，有时候一场大雨都能让他们如临大敌。

"成功了，全部发芽了！"所有人都在激动欢呼，甚至流下欢喜的泪水。周海江终于松了一口气，经过了上千次的试验，总算是解决了种子休眠期长的世界性难题。更可喜的是，红豆杉种子的发芽率可达98%以上，萌芽时间缩短为10个月。

难题一波接一波。周海江很快带领团队研究红豆杉的种植，历经多年，最终研发成功了红豆杉人工栽培的"快繁技术"，使原来需要几十年成材的红豆杉缩短到4~5年。以后，每每在育苗大棚里看到一棵棵5~6厘米高的小苗，一株挨着一株整齐地排着，嫩嫩的叶片愉快地向两边舒展着，周海江都从心底里涌出喜悦。

其实，专利技术是红豆杉品牌的坚强后盾。2005年，获得国家专利的"层积变湿催芽"和"快繁技术"使得红豆杉稳定强劲地生长，并达到3 500万株的规模。如果没有技术上的攻坚，也许就没有今天全球最大、郁郁葱葱的红豆杉林，也没有造福于大众的抗癌物质"紫杉醇"，更没有紫杉醇针剂给红豆带来的超越50亿元的营收。

红豆杉盆栽品牌运作路

多年前，周海江进入红豆时，是从销售员做起的，不过，25年来他最津津乐道的一件推销则和红豆杉有关。那就是在温家宝总理面前的推销，顺利将红豆杉"销"进了中南海。

原来，2008年，温总理与几位优秀企业家座谈，周海江是其中之一。他不走寻常路，给温总理带了一盆红豆杉，并介绍说："假如家里放这样一盆红豆杉，全家人都不会得癌症。"当时，温总理听了哈哈大笑，问为什么。周海江就做起了推销讲解："如今很多家庭房间装得很美丽，但有些小孩得了白血病，十分遗憾。一个装修很久的房间里闻不到油漆味了，但还会有残留物质。红豆杉就能有效地吸收这些有害气体。"

除了防癌、抗癌功能，红豆杉还具有高效净化空气的功能，全天24小时吸入二氧化碳、甲醛、二氧化硫、二氧化氮等有害气体也不在话下。可以说，一株红豆杉恰如一把绿色的健康伞。温总理对红豆杉的神奇功效表示赞赏。

2008年9月20日是周海江、红豆杉科技和红豆集团的每一个人不会忘记的一天。这一天，一辆满载红豆杉的卡车从无锡的红豆集团出发，开进了中南海。

两年后，红豆牌红豆杉与杂交水稻、《清明上河图》作为国宝，齐齐在上海世博会中国馆接受全球参观者的"检阅"。当时，中国馆里有很多植物，唯有红豆杉的牌子上附有文字说明 —— "植物活化石红豆杉将成为改善城市环境的新树种"。

事实上，长期以来，红豆杉都很注重品牌塑造。它先是将"红豆"进行花木类品牌注册保护，随后始终坚持品牌化运作，积极打造各种推广活动，比如花木展会上的体验式销售，天猫旗舰店的线上促销，目的只有一个：扩大品牌知名度。

现在，红豆杉盆栽已经走进了千家万户，市场前景无限。周海江还有一个更大的计划，他在红豆杉林里建设3 000亩景观休闲园林，未来将致力于发展生态旅游，让更多人享受红豆杉林这一天然"氧吧"。

绿色格局与上市路

江苏红豆杉生物科技有限公司十多年来的辛苦打拼，逐渐形成了全产业链发展的"绿色"格局：从种植红豆杉开始，以规模化种植为基础，形成了抗癌原料紫杉醇提炼、盆景及苗木产销、观光康复等生态健康产业链。

资本市场热心关注红豆杉项目是否会注入红豆股份。周海江早有考量，红豆杉项目市场前景非常巨大，"最好单独上市"。

最早红豆杉试图登陆创业板，但由于国内IPO暂停，它又考虑转战境外上市。不过，周海江最终选择了新三板，并成为了新三板大规模扩围后首批递交材料的企业，最终于2014年1月24日挂牌上市。

周海江选择新三板，是因为红豆杉属于创新型企业，与新三板定位不谋而合。他非常清楚在新三板上市不是为了资金，而是因为"新三板是个很好的宣传平台，红豆集团红豆杉挂牌新三板的主要目的就是想借助这个平台，扩大公司及产品的影响力，增强公司的品牌效应。通过新三板加大对企业的支持力度，充分发挥新三板助推科技创新和结构转型的作用，从而激发我们这种成长型企业不断创新，成为创新型优秀企业。"

15年来，周海江常挂在嘴边的一句话是"打造红豆杉王国，最终成为红豆杉综合开发利用的全球领跑者"。2015年，红豆杉在综合开发利用上有了更多新突破。继紫杉醇针剂提炼都走在同行前面，红豆杉生物科技公司又创新性开发出了"红豆杉"牌红豆杉中药饮片，并在无锡、广东、安徽等地各大医院上架。7月，红豆杉为国内粘胶纤维行业打开一扇更加明亮的"窗户"，用其与棉、氨纶纤维按比例混合加工的纺织品，抑菌效果佳，成为了红豆集团内衣市场上的一道亮丽风景。

　　红豆杉浑身是宝，或者说，红豆杉科技公司始终试图对其进行全方位价值挖掘。扎根在无锡适宜而丰厚的土地上，红豆杉科技公司的美好未来正逐渐成真。

第六章

传统制造业遇上资本风口

龙泰竹业：FSC森林认证挑战者

（证券代码：831445）

　　导语： 龙泰竹业承包了福建南平建阳地区的1.5万亩竹林，是闽北有名的竹材加工企业。为接轨国际，走向高端市场，成为宜家的竹制品供应商，创始人连健昌决定挑战国际上严苛的FSC（森林管理委员会）认证。然而，FSC认证却使他形成了新经营理念："一种可持续发展、着眼于未来的战略性思想，不急功近利，不急躁。"借助绿色科学的经营，龙泰竹业的竹制品远销欧美，成为新三板第一家挂牌上市的竹制品企业。

　　欧美地区的消费者走进宜家，选购精致的竹菜板时，他们会研究标签，追问店员，想知道货台上的竹碗来自哪里。最终他们会得到明确的讯息——厂商来自中国，竹材原本生长在中国福建北部，武夷山南麓的山坡上。

　　在贸易全球化的今天，这再正常不过。中国素有"竹子王国"之称，在竹资源培育和加工利用上有着悠久的历史。闽北又有"笋都竹乡"的美誉，山川秀丽，竹海茫茫，绿意婆娑。竹产业是这里的支柱产业，众多优秀的竹材加工企业聚集于此，包括全球500强企业瑞典宜家家居在中国指定的三家竹制品供应商之一——龙泰竹业。

　　70后连健昌是龙泰竹业的掌舵人。他早年就职于福建南平对外贸易有限公司，积累了丰富的对外贸易经验。2005年春，他开始任建阳泰和竹业木制品有限公司董事长，2010年又成立龙泰竹业，后者是一家集开发、生产、销售于一体的竹制品外贸出口企业，竹加工工艺在行业内领先，现在产品上千种，还拥有家康元、肯老竹、Qbamboo等自主商标。

走进龙泰竹业的生产车间，工人和加工机器都在有序地忙碌着。传送带上，已抛光的竹菜板以每3秒钟一块的速度被送出，然后迅速被贴上"IKEA"的商标。成品仓库内，叉车来往穿梭，竹碗、竹菜板、竹家具等产品正在装车，随后它们将辗转厦门、香港，漂洋过海到欧美地区，最终被一一摆放在宜家家居的货架上。

每周，龙泰竹业都要用3~4个大货柜来运送这些货物。在对外贸易面临较大下行压力的大环境下，这一成绩无疑比较优秀。除了瑞典宜家家居，连健昌还先后促成了公司与美国康宁餐具、德国阿尔迪超市等大型国际连锁企业的长期合作关系。

若问龙泰竹业为何能被国外知名企业认可、青睐，厂里的工人会回答说："因为一个认证标签。"这种认证标签上印有中文和英文，工人们并不能完全认识，但都知道贴上了这个标签，产品就可以卖到国外，价格也会更高。这个标签即是FSC（森林管理委员会）认证。

挑战FSC

龙泰竹业投产了，连健昌渴望产品走向国际中高端市场，几经考虑，他瞄准了绝佳的平台——瑞典宜家家居。可是，宜家对产品要求苛刻在业界是出了名的，它秉持着"益于人类，益于地球"的战略，要求所有木材供应商的"全部产品都必须通过森林FSC认证"。单是这一条就让一大批企业望而却步。

连健昌承包着1.5万亩竹林，它们分布在福建北部南平建阳区下属的3个乡镇，这里的大部分村民依竹而居，以竹为生。但是，每一个人对森林认证都一无所知。与龙泰公司合作的农户听说此事，困惑地问："祖祖辈辈都是这样种竹子，为啥认证？啥叫认证？"

说实话，连健昌也不懂。他通过网络了解到FSC认证的由来。随着森林的破坏和退化，当下全球木竹制品的消费趋势是，消费者要求他们购买的木材和其它林产品是没有给当地带来生态破坏的，更甚者是有助于拯救未来的森林资源的。因此，国际组织森林管理委员会（FSC）诞生，并制定了木材产品的自愿认证原则和标准，即FSC认证，以促进对环境负责、对社会有益和在经济上可行的全球森林经营活动。他心里挺没底的，"但这是走向国际中高端市场的必然趋势，一定要试一试"。

FSC认证一般都是由林主和经营者自愿发起，认证机构提供相关服务。因此，连健昌四处奔波，邀请来自世界自然基金会、中国林业科学研究院以及国际认证机构的森林认证专家指导竹林认证。

连健昌开始像环保人士一样管理竹林，龙泰竹业的很多举措都与环保公益组织一致。

饶坝村的竹林有一片生长在洋山口水池的周边，这个水池一直都是当地村民的生活饮用水来源。因此，连健昌将这里作为高保护价值林地进行重点保护，以确保水源地的生态不受威胁。为督查水质，龙泰竹业把水送到专业检测部门检测，最终确认各项成分符合饮用水标准。村民世代喝这里的水，虽未出过问题，却喝得并不放心，这份水质化验单让村民们可以"放心地吃这水了"。

由于毛竹是当地脱贫致富的支柱产业，村民们有的偷偷砍掉长得慢的天然林，种上长得快的毛竹林；有的大量使用化肥和除草剂催生竹林，破坏了土壤生态；有的在竹材采伐时随意开道、破坏植被，造成水土流失等。连健昌花了大量时间、精力做当地村民的工作，用村民能听懂的话、能接受的方式引导和规范村民的经营行为，并渐渐唤起了村民心中的生态意识。

2012年，连健昌接到喜讯，龙泰竹业的竹林获得了森林可持续经营认证——FSC认证。8月，它顺利签约瑞典宜家公司，成为其竹制品供应商之一。后来，龙泰竹业还通过了法国BV公证行、欧盟木材法规DDS认证。全球20多个国家的森林认证专家更是在2013年到龙泰毛竹抚育基地及竹产品基地参观、指导。

此时的连健昌已成为FSC认证理念的拥护者，他发自肺腑说："最开始进行竹林认证是想和宜家合作，被动而为之，但以后即便不再和宜家合作，也会继续把认证进行下去。"

2013年，龙泰承包了贵溪村一毛竹林山头。该山头有座数十年历史的三公庙，村民每到初一十五过年过节都要去拜祭祈福。这无疑埋下了火灾隐患。2012年，三公庙因火源处理不当导致不少毛竹林被烧毁。然而，部分村民坚决反对将庙移走。

矛盾很快被连健昌运用FSC原则化解了。FSC规定对三公庙这种"有特殊文化或宗教意义的场所进行确认和保护"。所以，连健昌常派人对寺庙周边的村民进行护林防火知识的宣传。龙泰为庙里配备了现代化灭火器，每逢祭拜高峰，还派专人到庙宇附近监督和巡查。在这种熏陶感染下，村民们强化了山林防火的意识，整个村庄形成了保护生态的良好氛围。

从某种角度来说，连健昌不像一位追求利润的企业家，完全是位关注森林资源的环保人士。他自称这是FSC认证带来的全新经营理念——"一种可持续发展、着眼于未来的战略性思想，不急功近利，不急躁"。

FSC认证和这一理念确实对龙泰竹业的发展影响深远：竹林生产力提高，毛竹质量提升，市场销路通畅，价格上升了。除了经济效益外，龙泰竹业还收获了诸多无形资产，包括政府的重视和扶持，企业形象和品牌认知度的大幅提高。

势如破竹

连健昌办公室墙上，挂有一副字——"势如破竹"。这四个字，恰好可以形容龙泰竹业几年来异军突起的发展态势。

在竹产业日渐举步维艰的今天，"黑马"龙泰竹业引起了中国竹藤业协会的关注。在该协会和证券机构的支持下，连健昌决心借力资本市场。

2013年12月龙泰竹业启动新三板上市之旅，2014年6月，它完成股份制改造，8月报送的材料，当年11月25日审批通过。龙泰竹业因此成为国内资本市场第一家挂牌上市的竹制品企业。

挂牌之路的顺利，在连健昌看来，是因为"新三板最看重的是公司的成长性、可持续性，竹业本来就是一个绿色产业，而FSC又为这个绿色产业增添了可持续科学经营的标签，直接推进了公司在新三板上市的进程。"

其实，除此之外，龙泰竹业的生产改革也作用不小。

为扩大产能，龙健昌先是从深圳恒卓集团聘请专家进行5S改革和现场管理，实现降低工人劳动强度，提高生产效率的目的。与此同时，公司引进了国内外先进的脉冲除尘系统、异型砂光自动化设备、毛刷机等，与技改结合，这让龙泰竹业的产品合格率达到95%以上，材料利用率提升超过20%，而年销售额则迅速攀升。

2015年2月9日，连健昌主动辞去总经理职务，转而负责公司的长远规划和战略管理。他聘用了经验丰富的职业经理人来把控企业。关于未来，继续扩大FSC认证竹林的面积是一方面，另一个筹划是全面形成"从毛竹种植—竹产品加工—竹材料研究开发—产品销售和市场开发的全产业链"。8月，龙泰竹业开始和中科院纳米材料研究所、中国林科院合作，研究竹基高性能材料的开发。

可以设想，在不远的将来，龙泰将实现工业4.0，不断向高新技术企业迈进，目标直指——"国内最大竹平板家具生产龙头企业"。

扬子地板：站在地板上找风口

（证券代码：430539）

导语：扬子地板是中国最大的木地板制造企业之一，是家居建材领域实至名归的"中国创造"。把雷响和雷军放在一起类比，不仅仅是因为两人的名字相似，而是在研究雷响创业历程、经营理念、产品观时，我们发现，早在2002年雷响就已经践行了雷军创立小米时的互联网思维：借势定"扬子地板"的品牌；站在地板上找风口顺势而为；用超预期赢得口碑；为追求极致不断研发高新科技。或许这就是扬子地板成为行业神话的原因所在。

雷军是互联网行业小米科技的CEO，雷响是地板制造业安徽扬子地板股份有限公司的董事长。两个人除了名字相似点，好像没有什么共通性。然而，如果对比两个人的创业历程、经营企业的理念，你就会发现对"扬子地板为什么能成为行业神话"这个问题，完全可以有一个更时尚的解读。

借势定"扬子地板"品牌

雷军从22岁到38岁，一直在金山奋战，整整16个年头。离开金山后，他再度走上创业之路，缔造了"现象级企业"小米科技。在这一过程中，他在金山多年积累的资金、人脉起到了不可忽视的作用。

而雷响挥洒青春的地方，则是中国扬子集团。1989年，21岁的雷响刚从大连铁道学院机械制造专业毕业，就被分配到中国扬子集团电冰箱车间实习。由于表现卓越，这位年轻精英在第二年初，就开始担任中国扬子集团产品研究所的工程师，此后升任项目负责人。这一干就是五年。此后，他在扬子集团的设备模具公司任了3年副总，又在安徽中银扬子汽车工业公司当了3年常务副总。离开扬子时，雷响34岁。

这就是为什么雷响就算自主创业，也仍要围绕"扬子"这一家喻户晓的品牌来做文章，他对扬子的感情不一般。

雷响创业要做强化地板，于2002年10月筹建成立了滁州扬子木业有限公司。可当时，雷响一无场地，二无专业技术人才，三无流动资金。除了一个好想法，他什么都没有。

凭借好人品和多年积累的信誉，雷响多方筹集流动资金，并成功租赁了扬子集团的闲置厂房。他亲自参与设备选型，招募了扬子集团原微电机厂、工程塑料厂、综合经营公司下岗待业人员110余人，同时吸收公司所在地附近农村富余劳动力上百人，迅速启动生产和销售。

从公司的名字、厂房、员工到雷响这个总经理，可以说，这家公司一起步就与扬子集团有着千丝万缕的关系。尤其此后确立"扬子地板"品牌时，他更是活用了"借势营销"。

雷军和雷响对"借势"的使用，或许值得很多从大公司出走自主创业的年轻人思考。

站在地板黄金期风口顺势而为

雷军有一段著名的"飞猪理论"——站在台风口，一头猪都能飞起来。他以独到的战略眼光找到了移动互联网的台风口，然后"做了一头会借力的猪"，结果冲天而飞。

同样地，雷响选择地板行业，也是站对了"风口"。当时，雷响做了充分而详细的市场调研，意识到做强化地板大有可为。果然，从2003年开始，我国的地产产业就步入了高度发展的黄金期，每年以超过20%的速度增长，现已成为全球地板的单一最大市场。随着房地产业的快速发展和家居住房的日益改善，市场需求量越来越大，以至于国际国内风险投资公司凯雷、摩根士丹利、联想投资等频频出手地板产业。

站对了风口，雷响顺势而为，使得扬子地板强势"飞起"。2003年公司一正式投产，当年就销售强化地板近100万平方米，实现销售额5000万元，成为安徽地板行业的一匹"黑马"。仅用不到4年，雷响就带领着完成更名的安徽扬子地板股份有限公司跨入了行业一线品牌前列，企业规模呈现几何式增长。

以超预期做口碑地板产品

雷军常说："口碑的真谛是超预期，只有超预期的东西大家才会形成口碑。"所以，小米的方向是打造"让用户尖叫"的口碑产品。

作为地板行业的后来者，扬子地板后来者居上，就得益于雷响坚持走价值竞争之路，一直以超预期的理念做产品。他认为，"始于品质"，企业才能形成品牌，获得用户的口碑。

地板怕水，但扬子地板防水系列刚进入市场时，却打出了这样的广告语——"扬子地板一大怪，敢在水里泡着卖"。消费者纷纷质疑，可当他们见到泡在水桶里仍然丝毫不变形的地板后立马被折服了。地板最怕不耐磨，尤其是光亮如镜面的地板，因为上面就算只有一丝划痕也往往特别明显。可无论消费者从高处摔打、用力拉扯还是用一块铝合金的切片用力划割表面，扬子地板上都不会留下丝毫的伤痕。这种耐磨性让消费者大呼"太神奇了"。

雷军坚持，除了产品超预期外，服务也应该像海底捞那样给用户超预期。而雷响从不忽视服务，扬子地板是地板行业首家将服务响应时间贯穿于服务规范标准的品牌企业。客服总是把快速响应、快速解决问题摆在第一位。2014年5月，扬子地板还推出了"会说话的地板"全新服务模式，消费者只要扫扫相关产品的二维码就能接收到"图、文、声并茂"的地板产品介绍，让消费者有了更自由、更舒适的购物体验。

超预期自然赢得好口碑，无怪乎消费者常说"买扬子地板买的是可靠品质，是优质服务"！

追求极致，不让一块不合格地板出厂

专注和极致是雷军互联网思维七字诀的核心。他曾说："专注才有力量，专注才能把东西做到极致。"这里的专注是聚焦自己的产品，极致就是做到自己能力的极限，做到别人想不到、看不到的东西。

自从创业以来，雷响一直专注于所选择的地板事业，为了追求极致，他率先在行业内采用国际标准，并实施质量全程监控管理。在基材等原料进库后，雷响安排专业人员把关检验、恒温存放、冷却、养生、机器检验、压贴等15道工序20个检测节点。这一切只为"不让一块不合格的地板出厂"。

一般企业可能巴不得质检单位不抽查自己的产品，可雷响却积极定期送检或接受国家权威机构全面抽检。木地板质检最高权威机关单位是国家人造板与木竹制品质量监督检验中心，其一份检验结果显示：扬子地板的产品已远远超越了国家标准。

2014年7月，扬子地板推出了一款终结闻"醛"色变时代的产品——除醛地板。这款产品一上市就大受消费者拥戴，因为它的甲醛释放量仅为（≤0.2mg/L），环保性能远超欧美、日本标准。这是扬子地板对产品极致追求的充分体现。

扬子地板缔造的每一块极致地板，都是它在市场竞争中强大的武器。

从雷军到雷响的对比分析，已经为"扬子地板为什么能成为行业神话"这一问题做了最好的解答。2014年1月24日雷响创立的安徽扬子地板股份有限公司在新三板挂牌上市，这是资本市场对扬子地板的肯定。

新三板的上市是扬子地板一个新的里程碑，为其实现公司在主板上市打开了"绿色通道"。雷响正以此为新起点，迈上发展的新里程。

瓷爵士："创业明星"是如何炼成的

（证券代码：831441）

导语：这是一个大众创业的时代，尤其是年轻人，对于创业热情高涨，资本也造就了一批有想法的创业明星。卢成堆也是一位年轻的创业明星，他大学没毕业就实现了财务自由，"补碗"的小行当被他做成全国连锁，把公司带上新三板只用了5年，还作为创业青年代表被邀请参加了APEC，这些事情都发生在他27岁之前。

读书的5年里，卢成堆先后开过8家店，快递代理、专升本咨询服务、眼镜店、电脑饰品店，五花八门。这些生意有赚有赔，总体还不错，让这位1988年出生的温州小伙子还没毕业就过上了月收入过万的生活。

这个成绩让旁人羡慕，卢成堆却不以为然。他清楚自己还没有进入状态，这些店不过是小打小闹的生意，还算不上创业。他一直在寻找最适合自己的领域，那种前景广阔，能真正让他兴奋起来的大项目，可惜一直未能如愿。直到2009年9月25日，看了《温州都市报》上的一篇报道，他知道自己等待已久的机会来了。

把补碗做成一门生意

一家酒店每年要为破损的餐具损失多少钱？卢成堆2009年调查了一家四星级酒店，得到的数据是30万，他又调查了其他几家酒店，损失都在10万以上，这让他坚定了涉足餐具修复行业的决心。结束调查后他做的第一件事就是把车卖了，凑足20万，买断尚建伟的瓷器修补技术。

卢成堆是通过《温州都市报》的那篇报道认识尚建伟的，这个湖北年轻人有一手修复破损餐具的绝活，正想有偿转让。多年的创业经历让卢成堆商业嗅觉敏锐，这次他嗅到了一个大商机。

卢成堆通过报社找到尚建伟，看了他修复过的陶瓷盘碗，结果根本看不出之前哪里破损过，每一件都完好如新。他很吃惊，更加觉得这个领域大有可为。

调查了温州的酒店之后，卢成堆算了一笔账：温州的餐厅和酒店每年因为破损扔掉的餐具多达百万件，如果修复，每件只需5～10元，那就是上百万的市场。修复成本仅占采购成本的10%，酒店肯定乐意接受。

卢成堆说服了尚建伟跟自己一起创业，一个负责技术，一个负责运营和拓展市场。2009年10月，温州瓷爵士餐具修复有限公司成立了。

初期打开市场还是遇到了一些障碍，卢成堆去酒店推销的时候想法很简单，换一个新碗少则十几块，多则几十、上百，我给你修补一只才几块钱，省钱的事情老板没有理由拒绝。但实际情况是他一般见不到酒店老板，那些采购负责人不把损失点碗和盘子当回事，更何况他们本身就是做采购的，中间有利可图。

卢成堆改变打法，推出了"免费+赔偿"策略，先给他们免费修复几十件餐具，如果对修复结果不满意，会购买同等质量的餐具进行补偿，以此打消对方对自己技术能力上的怀疑。接下来，他给酒店的采购人员制订了奖励方案，从利润中抽20%作为对方的业务提成。几招下来，温州市场被迅速打开。

到2011年初，与瓷爵士建立长期合作关系的温州酒店已经有28家，每天修复餐具1 200件。当时卢成堆年收入过百万很轻松，但他显然志不在此，他有更大的抱负。

用连锁店复制成功

到瓷爵士学习技术，加盟连锁店的人来自全国各地，他们的第一个疑问往往一致：那位长相稚嫩的"同学"真的是这家公司老总？

技术型企业发展到一定阶段便会开启连锁店模式，这是普遍规律，瓷爵士也不例外。卢成堆在瓷爵士加盟店遍及全国的过程中，每一步都走得很扎实，难怪会有人怀疑这位二十出头的年轻人是公司决策者。

面对全国数亿元市场份额的餐具修复市场，卢成堆知道瓷爵士没有能力"独吞"，最好的占领方式就是开加盟店，连锁运营。

瓷爵士餐具修复的技术并不难学，初学者一周就能掌握，技术的核心在于修补用的原料。陶瓷烧制需要高温，但瓷爵士的原料能在低温环境下填补到缺口上，并且修补后质地、色泽与餐具保持一致。

想开一个瓷爵士连锁店，加盟费只要3.8万元，每年再交3 000块钱专利使用费，卢成堆显然不是冲着这笔钱去的，用他的话说就是："补碗大家都会了，那我就卖修补的原料吧。"除了卖修补原料之外，他还着力开发机械设备，弥补手工修补速度慢、精准度不高的缺陷，这些设备也成为加盟连锁店的必备品。

2012年3月初，卢成堆的创业经历被中央电视台新闻频道报道，这个免费的广告帮助瓷爵士迅速扩大了连锁店规模。这时候卢成堆做出了一个决定：对残疾人加盟者只象征性收取修复材料费，同时在多家店面给大学生提供创业岗位，他用实际行动向多次给他机会的社会反哺。

随着加盟连锁形式的成功推广，卢成堆有了更大的"野心"，他要将"瓷爵士"的品牌多元化，除了补碗，他还想做碗、卖碗。如果这一步成功了，这家企业将从末端打通整条产业链。最大的问题还是资金，然而卢成堆早已经有了主意，他要向资本市场借力。

借助资本实现转型升级与产业多元化

商场沉浮多年，卢成堆早已认识到资本的重要性。2013年温州政策部门积极引导当地企业股改，进入资本市场，尤其是瓷爵士这类的轻资产科技型小微企业，瓷爵士抓住机会，很快就在浙江股权交易中心上市了。

上市意味着可以募集资本，不再受限于资产轻拿不到银行贷款，上市当天瓷爵士就增资200多万元。瓷爵士的品牌扩张计划有了资金保障，很快就落地实施起来。

酒店的餐具出于安全考虑必须定期更换，这里面蕴含的市场可要比修复餐具大多了，卢成堆瞄准这个市场后去景德镇、唐山、潮州三大瓷器生产地找了几家合作伙伴，开发礼品和酒店两个系列的陶瓷产品，他还将修补技术搭配进来，首创售出的瓷器一年保修，终身维修。

解决了生产和售后服务问题，2014年年末瓷爵士又并购了天猫平台的两家龙头瓷碗旗舰店"华君"和"格莱克"，进军电商领域，从而完成了从生产、销售到修复的全产业链布局。瓷爵士还启动了垂直电商平台的打造，未来将用O2O模式来服务消费者。他们筹建的温州瓷文化创意园也于2015年春节亮相，3 000多平方米的展馆集展览和销售于一体，成为陶瓷用品购物的首选地。

卢成堆对资本显然有更多诉求，他认为"温州传统产业的发展靠的是埋头苦干，相当于一层一层地走楼梯，但是现在这个时代发展在加速，已经不能像以前那样靠自有资金和时间慢慢去积累，要跟资本市场触电，用乘电梯的方式发展。"

当初登陆浙交所的时候，卢成堆就立下愿望："接下来我们还想冲击新三板、中小企业板，我们还可以走得更远。"登陆新三板很快成为现实，2014年12月11日，瓷爵士正式在新三板挂牌上市，代号831441。

接下来的两年里，卢成堆的目标是带着瓷爵士转到创业板去。奇迹能否再次在这个年轻人身上上演，两种结局都可以用他自己的话来回答："企业和项目没有大小之分，它们都有发展的大空间，就看你心里有没有梦。""我不惧怕失败，但我拒绝平庸。"

谢裕大：茶香越百年

（证券代码：430370）

导语：这是一家具有百年历史的老牌企业，谢裕大及其"谢正安"品牌被国家商务部认定为"中华老字号"。进入2015年，这家老字号企业正在焕发第二春，公司有职工600余人，注册资本为6 800万元，品牌价值数亿元，总部坐落于古徽州。公司设有六家全资和控股子公司，分布在安徽省内各地市。

他们不仅成功上市，成为新三板茶叶第一股，更积极整合茶叶的生产、加工、销售、科研，推广茶文化，业务涉及茶叶（黄山毛峰、太平猴魁、祁门红茶、六安瓜片、花茶等）、茶食品的研发、生产、销售、基地建设、茶油、旅游等茶文化相关联产业。

谢裕大茶叶博物馆里，时间仿佛从来没有流逝。清朝末年的装茶袋和记账簿保存完好，诉说着谢裕大创始人谢正安的创业艰辛；"诚招天下客，誉满谢公楼"的对联镌刻门旁，昭示着当年茶行的辉煌鼎盛。谢裕大已经走过了140年，古老与新生的交替中，有太多故事……

民国初年的某天，静谧怡人的黄山南麓潭渡"石芝堂"中不时传来狼毫与宣纸摩擦的沙沙声，名动天下的画家黄宾虹正在凝神作画，他的挚友陶行知、汪采白则在旁看得聚精会神。不一会儿，谢育华来了，他随身带着一包新制的黄山毛峰，这谢育华先祖父谢正安是黄山毛峰的创始人。

画稿初成，四人拆封茶叶，分沏四盅，顿时，茶香四溢。黄宾虹刚刚喝一口，便连声称赞："好茶，好茶啊！"谢育华笑道："宾虹兄今天如此好兴致，何不乘兴为黄山毛峰写几个字？茶借好字可以流芳百世，字借好茶可以百

135

世流芳啊！"兴致正高的黄宾虹二话不说，提笔挥毫，写下了"黄山毛峰第一家"。这幅真迹现存于谢裕大茶叶博物馆。

黄宾虹写下这幅字的时候，谢裕大茶行并非处于鼎盛时期，而是在急速败落中。

先人创业："诚招天下客，誉满谢公楼"

"谢裕大茶行"是由谢正安创办，在光绪元年（1875）挂牌成立。谢正安有着20多年的商务实践和制种茶经验，再加上对于茶叶的严格筛选和对于制茶工艺的刻苦研究，他烘焙出的黄山毛峰茶备受行家赞许，在上海一炮打响，竞购者无数，成为沪上达官贵人饮用和馈赠的珍品，英俄等国茶商也纷纷争先订货，谢裕大茶行因此博得了"名震欧洲四五载"的美誉。

关于谢裕大茶行在当时上海滩的供不应求的情景，《中华合作时报》的记者韩华曾这样写道：

谢正安洗脸有个习惯，洗脸时双手捧着浸透了水的毛巾不动，低头脸面贴着毛巾，左右转动，好像在摇头似的。有一天在上海午觉后洗脸，被正在和他三儿子谢大鸿讨价还价的英商在穿衣镜里看到，以为当家的谢正安不同意此价格而一再摇头，因此价格就一再加价，到最后竟出到比原价多好几倍。此事被当作笑话传开后，茶农们很高兴，编了顺口溜："谢老静，摇摇头，我们卖茶不用愁。"

谢裕大茶行在清朝末年迎来了最旺盛的时期。头脑冷静、极善经营的谢正安在上海滩复杂诡变的形势下运筹帷幄，不断开拓业务。除了茶叶生意之外，他还投资并派长孙永文到浙江金华创办皂烛公司制造肥皂，又投资做纸张和糕点，都获得了很好的效益。他还派三子大鸿到意大利、英国等地考察茶事。

当时全国通行"新政"，安徽打算通过民间集资的方式筹办铁路。1906年，谢正安投资白银七百两，成了待修铁路的股东，谢家盛极一时。

由于在商界的巨大影响力，谢正安也得到了清廷的重视，他被清廷诰封奉政大夫和朝议大夫，分别是五品和四品的官职，成为名副其实的红顶商人。洋务派领袖张之洞为谢裕大茶行题撰对联："诚招天下客，誉满谢公楼"，足见当时谢裕大茶行的繁盛。晚晴制茶专家谢正安因创制"黄山毛峰"、创建"谢裕大茶行"而被记入《中国茶经》《徽州志》，载入史册。

守业不成：茶行成旧梦，香消六十年

然而，一生运筹帷幄，将谢裕大茶带到顶峰的谢正安，晚年却在交班传承的问题上犯了错。1910年春，他亲自主持为四个儿子分家，转折由此而起。他仅仅只将漕溪故里的部分房屋、山场、田地和日常生活银两分割，而占主要部分的商业资产却一丝不动，并明确规定："裕大茶行部帖存公"、"裕大和记号内，所制洋庄做茶家倨，全堂存公，以备做茶公用"。

谢正安的初衷是好的，他不愿拆分，希望谢裕大茶行能够整体传承下去，永续辉煌。然而，他怎么也想不到，这次分家成为了谢裕大由盛转衰的分界点。分家之后不久，谢正安去世，第一次世界大战爆发，战祸波及到国内，谢家的生意迅速败落下去。谢正安的长子谢大钧没有继承父亲的经营才能，完全无法统管家族大业，其他几个儿子则对于家族事业全然没有兴趣，偌大的产业，竟找不到一个合适的管理者。。

不过，虽然无人统领大业。谢家的茶叶生意并没有完全断绝，谢正安九个孙子中，第四个孙子、谢大钧的第二个儿子谢永清继承了谢裕大茶行的事业持续经营了十几年。

到1924年，这唯一留存的茶叶生意也没有延续，随着谢正安夫人离世，谢家后人清理账款，谢裕大茶行从此走进漫漫长夜。一直到20世纪80年代改革开放，谢裕大茶行的招牌才再次竖立起来。

再创业：五代一轮回，百年谢裕大

改革开放之后，私营经济如雨后春笋，延续老一辈经商血脉的老字号、老品牌也都逐渐苏醒。谢正安的第四、第五代子孙也在改革开放大潮中意识到了谢裕大茶行的商业潜力，1984年开始恢复谢裕大茶行，从事黄山茶的收购销售。时隔六十年，谢正安的商业才华终于在第五代传人谢一平身上得以体现，他挺身而出，再次竖起谢裕大的品牌大旗。

有志于茶业的谢一平深感茶事业与祖上辉煌的压力，敏锐地意识到：不把茶做好，不把自己的招牌打好，那么谢正安老人一手创办的品牌就会迅速淹没在浩瀚的市场中。1992年，谢一平大胆走进漕溪，创办漕溪茶厂，并且凭借多年在茶叶收购与营销方面积累的经验，在坚持名优茶品质的同时，注重发展茶叶的品牌，这在当时是一个创举。

1997年，谢一平成功在国家商标局注册了"漕溪"商标，该商标在2002年被评为首批安徽省著名商标。1999年，江泽民总书记曾以黄山市徽州漕溪茶厂生产的漕溪牌黄山毛峰礼赠旅美老师顾毓琇，朱镕基总理亦曾以漕溪牌黄山毛峰礼赠贵宾。2001年，江总书记来黄山时，饮的茶也是漕溪牌黄山毛峰。在2005中国国际徽商大会上，黄山毛峰创始人谢正安被评为"十大历史徽商"和"中国商业经济专家"。

沉睡很久的"谢裕大"此时已逐渐醒来，正等待着一个时机的到来。谢正安当年是在鼎盛时期建起了"谢裕大"，而谢一平也要做出成绩，再光复"谢裕大"的招牌。2006年深秋，黄山谢裕大茶业股份有限公司挂牌成立，谢家终于正式恢复了这个百年老字号。

2007年3月，在俄罗斯举办的"中国年"活动上，国家主席胡锦涛以黄山毛峰作为国礼赠送时任俄罗斯总统普京。目前，谢裕大已是安徽省农业产业化龙头企业，并已成为安徽省乃至全国最大的正宗黄山毛峰生产加工基地。

2014年1月24日，这一跨越140多年的老品牌迎来了另一个重要节点：上市。谢裕大（股票代码：430370）在"新三板"正式挂牌上市，成为全国首家在新三板上市的茶叶企业。

谢裕大茶叶股份有限公司在董事长谢一平的带领下，已经成长为一家集生产、加工、销售、科研为一体，涉及茶叶（黄山毛峰、太平猴魁、祁门红茶、六安瓜片等）、茶食品研发、生产、销售、基地建设、茶油、旅游等茶文化相关联产业的现代化大型企业，跨越百年的谢裕大正走在复兴的道路上。

上元堂："沉香痴"的多面人生

（证券代码：830923）

导语：他是痴香如命的"香疯子"，他是医者仁心的慈善家，他是与时俱进的企业家。他的经历为我们诠释了"男人不止一面"。他用18年时间打拼出30余家实体药房、10家沉香馆及医药电子商务平台。

对于沉香，他只要沾染点沉香的香味就会精神焕发。开车、睡觉、开会、聚会……无论何时何地都与沉香密不可分；对于慈善，他认为一个企业家的最高境界是成为一名慈善家，一家企业要想基业长青就得承担相应的社会责任；对于企业，他积极拥抱互联网，探索O2O模式，公司迅速发展壮大。

上元堂创始人杨念明的多面人生值得许多企业家学习。

"香疯子"老杨：沉香也可以做药材

在风景优美，有着深厚历史文化的南京古城区江宁宏运大道上，坐落着一座装修颇具古风的沉香馆——上元堂沉香馆。参观者进馆可品沉香茶，享沉香熏，还可以看主人多年收藏的沉香手串、沉香挂坠等多种沉香工艺品。

沉香馆主杨念明慈眉善目，是江宁本地人。他是南京上元堂医药股份有限公司董事长，创办沉香馆是为了向大众普及沉香有关知识，并给志同道合的沉香艺术品爱好者提供一个线下交流平台。

沉香文化古已有之，曾与食文化、酒文化、茶文化并列中华传统的四大文化。古书上说的四种最顶级香材香料"沉檀龙麝"中的"沉"说的就是沉香。1995年前后，杨念明走南闯北做生意期间，同沉香结缘。医科大学毕业的他由此走上一条疯狂的研究之路。

"一入沉香深似海，从此它香是路人。"为沉香痴迷的他获得一个别号——"香疯子"。对于这个稍显不雅的称呼，杨念明并没有觉得有什么不妥，反而认为取称号的人懂他。自从成为"香疯子"后，他只要沾染点沉香的香味就会精神焕发，兴趣无穷。开车、睡觉、开会、聚会……无论何时何地都与沉香密不可分：说沉香、品沉香、玩沉香、用沉香。沉香已经成了他生命中的一部分。

他走遍了广东、广西、云南、柬埔寨、越南等地，收集了各式各样的沉香，并最终推出了整个华东地区最大的上元堂沉香馆。

当然，在商言商。即使是爱香如痴的"香疯子"，在爱好之余也会考虑如何把沉香商业化。正值上元堂蓬勃发展之际，他提出打造中国的沉香品牌。在他看来，沉香除了鉴赏把玩外，还是一种中药药材，具备极高的药用价值和保健功效。

想要研发沉香药品，必然离不开一大批专业人才的支撑。上元堂有在册执业药师达43人，经营药师超过120人，药师及以上职称占门店总人数的70%以上，就专业性而言已经在江苏省处于领先地位。

除了上元堂内部的专业人才外，在杨念明的争取下，上元堂还与南京中医药大学展开相关合作，获得强大的技术支撑。目前，上元堂已经研制出的"沉香粉"对于治疗胃痛有很大功效。而且沉香属于纯天然制品，几乎无任何副作用，这是现在许多谈药色变的消费者梦寐以求的。由于这一特性，"沉香粉"一经推出就获得广泛好评，被消费者誉为中药中的"吗丁啉"。

慈善家老杨：医者仁心

"要不是上元堂的资助，我恐怕还在为了筹集学费而四处打工。"说这话的是南京中医药大学的一名贫困生。在南京本土企业上元堂设立的"上元堂红十字博爱助学金"帮助下，他得以继续完成学业。

这笔助学金从2008年发放至今，每年都有40名中医药大学的学生享受到每人每年5 000元的资助。同时，10名获得学校奖学金的优等生也能获得每人1万元的奖励。为了帮助那些想要创业的学生，上元堂还专门设立上元堂奖学金。

除了资助这些学生外，上元堂还给当地的100个低保户发放上元堂药卡。凭这张卡，他们能到上元堂总店领取免费的药品、保健品和医疗器械等物品，价值高达1000元；从2005年开始，杨念明每年都会带领团队去南京当地的敬老院看望老人，为老人们义诊并提供健康咨询。这一做就做了10年，没有哪一年落下。

从这些举动来看，上元堂是一家充满社会责任感的企业。公司创始人杨念明毕业于南京中医药大学，与大名鼎鼎的"中国首善"陈光标是校友。如今事业有成的他如此热衷于慈善，除了天生良善外，还与他年少时的经历有关。

杨念明是土生土长的江宁人，父母都是老实巴交的农民。小时候家里非常穷，他们一家人每天早上和晚上只能就着萝卜干喝点稀饭，连吃饭都吃不饱。

那时候，杨家兄弟姐妹几人个个品学兼优，这对于杨父来说喜忧参半：喜的是膝下一双儿女脑子灵光，将来不用像他一样当一辈子农民；忧的是就算是砸锅卖铁也供养不起几个子女的学费和生活费。

当时民风淳厚，村民们看杨家的境况，纷纷主动凑钱资助。谈及现在的慈善事业，杨念明时常陷入对过去的回忆中。他颇为动情地说："那个时候，要不是靠大伙的帮忙，我们兄弟几个也不可能念完书，我也不可能有今天。现在，企业做大了，要懂得感恩，回报社会。"

每每提到最疼爱的妹妹因为家里贫穷主动放弃学业，靠帮别人带孩子来补贴家用时，杨念明总会眼眶湿润，有些抑制不住自己的情绪，"我妹妹特别聪明，学习成绩也好。如果她能有机会读书，肯定是个大学生"。

在他看来，一个企业家的最高境界是成为一名慈善家，一家企业要想基业长青就得承担相应的社会责任。

企业家老杨：O2O催生药店新业态

1987年，毕业后的杨念明被分配到区中医院药剂科当主任。他在这一领域兢兢业业工作整整十年。1997年正值"下海"热潮，也许是家庭负担的沉重，也许是骨子里的不安于现状，他最终选择跳进"大海"，自己开了家小药店，这也成了上元堂的雏形。

那时候，街上的国营药店在每天下午5点钟就关门打烊，而老百姓也没有家常备药的习惯，要是谁家晚上有个头疼脑热，买药非常不方便。作为江宁第一家私营药店，杨念明看到用户的这一痛点，打造超预期服务：电话送药、晚上营业。这些服务让他的药店很快站稳了脚跟，并迅速发展，从一家发展到现在的30余家，并成立南京上元堂医药股份有限公司。

痴迷沉香、专注公益慈善的同时，杨念明还是一个与时代接轨，拥抱互联网的人。随着互联网不断深入，洞察敏锐的杨念明发现了其中蕴含的机遇与挑战，通过O2O商业模式摆脱完全依赖实体店卖药盈利的困境。

2012年，上元堂启动线上网络营销模式，在争取到全市首家互联网药品交易资格证书的前提下，迅速增加了天猫、京东、苏宁易购、亚马逊和上元堂官网等互联网销售平台，同时打造了1 000平方米的电子商务部，面向南京地区实行"1小时配送"药品。

杨念明说："在互联网改变生活的当今时代，网上购物已经成为大多数人们生活的一种习惯。上元堂依托电商平台，大力发展网上购药，希望能让更多老百姓方便、快捷、及时地安心购药。"他形象地把上元堂网上药店比喻成一个寄存在网络的大型医药箱，只要有需求，就可以便捷地取出用户需要的药物。这种新型购药方式省时又省力，成本也下降了不少。

"我们正在探索O2O模式，江宁是试点，客户可以网上下单、实体门店取药，这种方式得到许多年轻人的追捧。"通过扩大销售渠道，一年后上元堂销售额增加近4 000万元。2014年7月31日，上元堂正式登陆"新三板"，成为江宁首家挂牌上市的本土企业。

"香疯子"、慈善家、企业家……这些都是杨念明的身份。在这些身份背后，我们看到的是一个充满责任、激情和开拓进取的奋斗人生。

第七章

成长在巨头的阴影里，草根影视传媒公司的生存之道

莱富特佰：垂直媒体将死，你还有另一条路

（证券代码：430081）

导语：莱富特佰公司成立于2007年11月，是一家垂直互联网矩阵和整合营销服务提供商。莱富特佰旗下主要有汽车点评和手机中国两个互联网垂直媒体。旗下的两大垂直媒体连续6年每年保持着超过100%的增长。莱富特佰于2011年3月在新三板挂牌，是垂直互联网领域第一家在新三板上市的企业。挂牌仅仅3个月，"中国好大腿"百度便收购其29%的股份，随后增持至51%。2015年6月百度退出，仅仅两个月时间，58同城增资1亿元控股莱富特佰。

获得资金和流量最好方式是"抱大腿"，但"大腿"不是随便抱的：手短的话只能抱住脚脖，被人踢来踢去；大腿细了，容易扯一手腿毛自个儿摔个半死；掌握不好步伐，步子小大腿不高兴，步子大了容易扯着蛋。

莱富特佰公司成立于2007年11月，于2011年3月在新三板挂牌，是垂直互联网领域第一家在新三板上市的企业。莱富特佰旗下主要有汽车点评和手机中国两个互联网垂直媒体。

垂直媒体面对的是更细分的受众群体，流量入口窄是它们的技术难题。如果能买来流量，那确实牛，如果买不起，随时可能被一脚踢到奈何桥。

获得资金和流量最好的办法便是"抱大腿"。不要觉得"抱大腿"是件丢脸的事儿，商业中"抱大腿"可以完全等同于"深度合作"。58同城抱上了腾讯大腿后，一脚踹倒了赶集，要脸还是要命并不太难抉择。

2015年年初易车网抱上腾讯和京东的大腿，获得了电商资源和流量入口，几乎一把把汽车之家从汽车垂直媒体网站第一的位置拽下。但易车不是最早抱

大腿的汽车垂直媒体，最早抱大腿的是汽车点评。

汽车点评是莱富特佰旗下最赚钱的资产，莱富特佰早在2011年便"众里寻他牵百度"。牵手百度后，汽车点评迅速发展。截止到2015年7月，汽车点评每天超过5 000万次浏览量，第一购车入口的品牌形象深入人心。2015年6月百度退出莱富特佰，仅仅两个月后，莱富特佰正式与58同城签署协议，再度获得1亿人民币增资。

但"大腿"不能随便抱。手短只能抱住脚脖，被人踢来踢去；大腿细了，容易扯一手腿毛把自己摔个半死；掌握不好步伐节奏，步子小大腿不高兴，步子大了容易扯着蛋。我们从莱富特佰中看一下企业抱大腿的三种正确姿势。

第一，自身要硬，要让大腿看得上

莱富特佰英文是LEFT BRAIN，直译是左脑。之所以叫这个名字，是因为两个创始人决定用非常规的思想和文化去打造属于符合现今用户需要的网站。因此莱富特佰创立时便有了清晰正确的理念。

莱富特佰旗下主要有两个垂直媒体：汽车点评网和手机中国。创始人一个是在ZOL手机频道经营多年的于忠国，一个是曾担任汽车之家网站副总编的单叙，都有丰富的相关经验。以他们为中心搭配了一个年轻的团队，团队每人都有创业梦想，而人一旦有了梦想这玩意儿，那便浑身都是鸡血。因此团队的稳定性很好，效率很高。有专业、有经验、有理念、有梦想，"四有青年"莱富特佰，蒸蒸日上。

手机中国2007年上线，2008年奥运会期间，手机中国成为诺基亚全球线上新品发布的中国独家互联网发布会承办方，当天同时在线人数超过20万。此后，手机中国还承办了诺基亚的另一个重要项目，由此奠定了江湖地位。

2008年手机中国达到收支平衡，2009年盈利。此后连续6年复合增长超过150%，迅速成为行业排名第二的网站。

汽车点评网同样成立于2007年，目前同时开设超过578个地区分站基本覆盖全国重要车市，每天超过5 000万浏览量，已成为网络"第一购车入口"。

2011年莱富特佰挂牌新三板，成为了创业型网站短时间融资上市典范。挂牌仅仅3个月，"中国好大腿"百度便收购其29%的股份，随后增持至51%。莱富特佰就此成为百度Family，与百度一起奔跑。

2015年6月9日，事情再度转折，李彦宏正式退出了莱富特佰。根据莱富特佰6月10日发布的公告，百度网讯将持有的10，200，000股转让给北京合力财富投资管理中心，而合力财富则持有莱富特佰61.4%的股份。这也就意味着，合力财富代替百度网讯成为莱富特佰的控股公司，而合力财富的实际控制人燕宁则成为莱富特佰的实际控制人。

业内人士都看得出来，这次股份转让是莱富特佰的内部消化。因为在转让之前，合力财富就持有莱富特佰10.4%的股份，为莱富特佰的第三大股东。许多人都认为，莱富特佰在失去百度支持之后将急转直下，许多合作客户也持观望态度，莱富特佰似乎危在旦夕。

然而仅在股份转让的两个月后，情况再度出现180度大转弯。58同城增资1亿元控股莱富特佰，百度网讯退出——李彦宏转让股份——58同城增资，这紧紧相扣的三环是否是莱富特佰早就精心策划好的一场戏？

只要自身硬，大腿也不是那么难找。

第二，眼神要好，选择匹配的大腿

互联网企业最优质的大腿无外乎有平台和流量的BAT。百度有搜索引擎，上网入口；阿里有淘宝，电商入口；腾讯有微信和QQ，移动端社交入口。

但是这三家大腿投资并购手段各不相同，想要抱腿要看仔细。阿里电商起家，对交易十分擅长，但实在没有媒体基因。雅虎、口碑、UC在阿里入主后情况江河日下。腾讯社交起家，有最大的流量入口，却无电商基因。易迅网本以为抱上了腾讯大腿，但在腾讯投资京东后就被踢开。百度搜索起家，对信息和引流擅长，这些年贴吧等社区也红红火火。经过当年投资电商的一两个失误之后，百度智商指数提升，投资愈发稳健。

除了BAT之外，第二档优质的大腿是京东、小米、乐视、58同城、360等处于BAT之后，但在各自细分行业内领先的互联网企业。京东可以类比阿里，点上基因浓厚，媒体基因太弱；乐视是资本高手，互联网概念玩得很转，估值很高，但是总让人觉得有些心惊肉条；小米，更多地把精力放在和制造企业合作上；360启动私有化，资金困难，投资奇酷之后没有精力和资本再去投资其他；

58在上市并整合赶集之后，流量大增，资金也相对充裕。

莱富特佰旗下的两个垂直媒体，汽车点评属于交易型垂直媒体，手机中国属于流量型垂直媒体。有交易性质媒体抱腾讯大腿要三思，而媒体属性的网站抱阿里也不合适，所以综合起来，百度是最合适的。莱富特佰需要的更多的是流量引入和社区构建，恰恰也是百度所擅长的。百度退出之后，58同城恰好能填补百度的空缺，提供流量和社区构建。而且在社区构建上，58同城似乎比百度更有心得。

垂直媒体网站，交易属性的，远离腾讯；流量属性的，远离阿里。能够抱上百度的最好，抱不上百度的可以选择58同城类既有流量又有社区构建经验的企业。

第三，初心要稳，不要被大腿乱了节奏

从活在"大腿"阴影之下，到活在"大腿"庇护之下，初创企业一下子有了资本和流量支持，很容易就迷失自我，这时候保持创业初心就显得特别重要。

莱富特佰傍上百度之后，配合得十分默契。汽车点评接连与百度联合参加了各地的车展，举办了"大国崛起——2013自主品牌车型评选活动"、"数说车展"等活动，取得了不错的成绩。2015年4月中国新媒体门户大会上，莱富特佰获得"上升最快行业门户奖"。汽车点评抓住了规模庞大的在线汽车营销业务和快速增长机遇，58同城将直接从中受益，而58同城也将继续提供流量、技术、资金支持，提升莱富特佰的竞争力。莱富特佰负责人也表示未来继续坚持初心，全力打造符合现今用户需要的网站。

在抱稳大腿、急速发展的时候，莱富特佰也从未忘记自己初心，这也是他们快速发展的主要原因之一。

抱大腿的三个正确姿势应该是自身要硬、大腿腰粗、初心要稳。"当潮水退去之时，才知道是谁在裸泳！"趁潮水尚未完全褪去，垂直媒体要么早早拥抱大腿，要么及时抽身，千万不要等到光着屁股，贻笑大方。

基美影业：从买断片到吕克·贝松的中国合伙人

（证券代码：430358）

导语： 基美影业是最早入驻新三板的影视文化企业。在它之后，杨丽萍的公司云南文化、孙红雷参股的青雨影视，以及春秋鸿、金天地、三多堂等才陆续登陆新三板。如果你仔细看过《别惹我》《暴力街区》和《超体》等国际大片，就会在电影片头出品人处看到这个男人的名字——高敬东，他是基美影业的董事长。从独辟蹊径以"买断片"起家，到成为吕克·贝松的中国合伙人，合拍十几部国际电影，他有过怎样的抉择和坚持？

2015年3月，基美影业在北京举办了"不忘初心·形影相随"的答谢会。董事长高敬东公布了基美影业的新片单，15部电影，共耗资20亿元，其中包括吕克贝松最新力作《勇士之门》、动画电影《小王子》和基努里维斯主演的《克隆人》，以及《飓风营救3》《玩命速递4》等大片。毋庸置疑，尽管基美影业还年轻，但它已成长为一家国际化的电影企业。

靠"买断片"切入电影市场，野蛮生长

基美影业的诞生源于高敬东对电影的热情。"我们这代人，小时候看露天电影，大学看通宵电影，去了国外接触到更多元的电影，也经过盗版猖獗的DVD时代，但始终怀着一颗影迷的心。"

1994—1998年，爱电影的高敬东求学美国，就通过一些朋友、大量好莱坞从业人员，还有公开的大量信息，去了解好莱坞的电影产业。他回忆起当年的

发现，说："中国经济高速发展了20年，但是娱乐文化产业相对于美国产值是非常低的。如果在中国把电影作为一种类工业化的东西发展的话也是一个机会，中国电影市场和票房将会激增。"

2005年，高敬东逐渐抽离了自己从事十多年的工业行业，思考未来要做什么，国内的发展趋势是什么。三年后，中国电影市场开进快车道时，高敬东瞅准时机，成立基美影业，并定下了新公司的发展规划——做"买断片"。

高敬东有自知之明，作为电影圈的"菜鸟"，自己缺乏先发优势，若要在市场上生存，与国内那些已做了二十几年的电影公司竞争，没有一套独辟蹊径的打法是不行的。他的主攻方向是与国际合作，要做别人没做过的、不了解的"协助推广"，即做所谓的"买断片"。

什么是"买断片"？

中影集团和华夏电影两家国有公司牢牢掌控着进口片市场，拥有进口片的发行资质。《复仇者联盟2》《速度与激情7》这些好莱坞大制作，多是"分账大片"，中外同步发行，外方可以根据中国票房进行分账。每年34部限额分账片的票房几乎占据了全国电影票房的半壁江山，单部电影票房最多时超过20亿元。

民营影视公司与此无缘，只能参与的是另一类进口电影，俗称"批片"，通常都会比国外滞后几个月甚至半年的时间上映，大多数情况下的票房都不太好。只要买到版权，片子通过审查，唯一拥有进口电影资格的中影拿到配额指标，任何一家民营影视公司就做这些"批片"。

高敬东不具备发行资质，只能跟中影、华夏签订协议，以"协助推广"的身份参与这些"买断片"的在华发行，包括沟通影院提高排片量、对影片进行全方位宣传，等等，最终分享发行收益。然而，这却是在国外生活多年的高敬东的优势。他此举实则更有深意，做电影公司最重要的是要有一个自己的营销、宣传、推广团队，这样有利于更好地了解市场，才可以知道观众需要什么。

慢慢回温的中国电影市场上，做买断片进口的公司也不多。高敬东因此最快加入到了进口片市场的战局。业内对于基美影业的评价颇有英雄意味："在进口大片发行夹缝中野蛮生长的民营电影公司。"

制胜秘诀是高敬东很早就建立的国际合作部，专门评估国际电影在全球电影市场的潜力，以及能不能符合中国电影市场的运作规律。几年来，他一直谨慎、低调地做着进口电影在中国的"协助推广"，包括《名侦探柯南2009》《高度怀疑》《女巫季节》《永无止境》《危情三日》《铁血精英》《人狼大战》《在劫难逃》《逆世界》《乔布斯》《精灵旅社》《别惹我》《美国骗局》《超体》等，以至于业内在互相调侃时，会偶尔带着戏谑的口吻称其为"协助推广（批片）专业户"。

对于这种戏谑，高敬东不以为意。在他看来，做"买断片"是捷径，能先加入战局，站稳脚跟。但它不是终点和目标，未来在这些基础上再来精准布局，才能使基美的事业常胜。

"买断片"给基美影业带来了丰厚的利润。2011年到2014年，基美影业营业收入分别约为3 753万元、3 942万元、4 839万元和1.54亿元，尤其是协助推广《超体》和《暴力街区》这两部"买断片"，基美影业的营收和净利润2014年出现猛增，吓了业内人士一跳。

资本竞争不走寻常路，新三板定增融资超4亿

随着事业的发展，高敬东敏锐地意识到，影视制作市场的格局已经发生了重大改变：竞争向资本倾斜。越来越多的中小影视公司可能会面临"要么被并购，要么死"的命运。于是，他为体量小的基美影业选择了与基美传媒大公司不同的资本道路，即登陆新三板。2013年12月10日，基美影业正式挂牌新三板，同时融资9 000万元，创当时新三板"挂牌并融资"金额的新高。

高敬东让基美影业挂牌有两个原因，一是他喜欢公司规范化、公开化，让大家能够看得见；二是进入一个公共平台和公开市场，让公司能有正常的融资。他说："新三板一定会诞生市值300亿以上的电影公司。"众多影视公司2015年纷纷登陆新三板或许正是受此感召。

2015年2月以来，基美影业30天内相继完成两次增发，融资额超4亿元。第一次股票增发的公告发布于2月16日，公司拟发行200万股，募集资金3 850万元，海通证券和东方证券分别认购完成。3月3日，在第一次增发实现的当天，基美影业又发布了一份股票发行认购公告，募资额达到了3.8亿元。最终，北京天星山河投资中心、东方证券、天风证券、越秀新兴产业创投等机构和个人参

与了认购。资本市场对基美影业的信心不言而喻。

超4亿的资金用在哪里？用在基美影业转型的新方向上，即投入到公司投资影片的拍摄和制作中。高敬东是个有野心的人。他已经不仅仅满足于以电影引进方的身份分享票房收益，而是希望推动在上游制片环节的发展，实则是在为企业"造金矿"。

成为吕克·贝松的中国伙伴，尝试电影合作新模式

"买断片"的热卖，让中影和华夏影业也开始眼热进口买断片业务，华谊、博纳、光线、乐视、星美、万达等几大公司入市角逐，竞争日益激烈。

作为一个有野心的男人，高敬东并未把这当作发展瓶颈，他认为基美影业要不断地向完整电影产业体系化发展，让业务模式上靠三条腿走路——协助推广、国产片、合拍片。事实上，截止目前，基美影业在上游制片这一环节，已经与吕克贝松的欧罗巴电影公司、基努-里维斯、美国独立电影公司Thunder Road、法国Same Player公司等就多部影片签订合作协议。

高敬东提到好友法国名导吕克·贝松和他的欧罗巴电影公司，后者出品过《尼基塔》《这个杀手不太冷》《第五元素》《圣女贞德》《玩命速递》系列、《飓风营救》等经典电影。

2010年，高敬东和吕克·贝松相识于一私人聚会。吕克·贝松坦诚分享了他在好莱坞学习和回法国拍片的经历，高敬东讲了基美影业的发展理念。机缘巧合下，二人很快变成了莫逆之交。高敬东口中的"老吕"说的就是吕克·贝松。

友情深厚，但双方达成协议的过程并不简单。最初，欧罗巴只是单纯希望自己公司的电影能进入到中国，但高敬东更希望形成一种系统的、规模的合作。经过反复协商，2012年，双方签署战略合作协议《别惹我》《暴力街区》《三日刺杀》《超体》等，都是双方合作拍摄的高票房影片。《勇士之门》是两人2015年合作的最新影片。

高敬东一直致力于将中国的文化元素有效地融入到欧罗巴的电影作品里。一开始欧罗巴不能接受，这让碰壁多次的高敬东一度受挫。不过，在基美影业的努力下，欧罗巴多次考察看到了可行性。

高敬东的目标是要把基美做成一个像吕克·贝松的欧罗巴那样的国际电影公司。除了做好中国市场外，他希望基美出品的电影能在国际市场上得到认可，"我们希望放眼于国际的合作，让更多的中国电影走进国际市场"。

理想丰满，现实骨感，国产片走出去很难，而合拍片成功者又寥寥无几。高敬东信心百倍："我们手里这些年研发的剧本接下去一个个都要开拍，过去几年在制作及宣传发行上的经验也逐渐成熟，可以用于自己项目的实际操作，所以接下来，会全面进入一个收获的季节。"

优睿传媒："影子导演"的生意经

（证券代码：430282）

导语：一部电影往往有两个导演：一个出现在公众视角下，他负责展现电影的艺术形式；另一个是"影子导演"，他将商业广告巧妙植入电影。我们总把张艺谋、冯小刚这样的导演放在聚光灯下或褒或贬，却忽视了于文浩这样的"影子导演"。在幕后，他玩转了一门大生意。

在中国武术界，他或许不是最能打的；在内容营销领域，他或许并不是NO.1。但是，他是武术界最会营销的，营销界功夫最厉害的那一个。他说："不试试，你怎么知道自己行不行？"这是一个昔日武术冠军如何踏入内容营销领域试炼的故事。

一家内容植入的新三板企业

电影院里放映着《变形金刚3》：主人公山姆穿着美特斯·邦威的经典款T恤，露出大大的Logo；接着，片中的华裔摇头晃脑地喊出："让我喝完舒化奶再跟你说。"刚开场，这部好莱坞动作大片中植入的中国元素抢眼得让观众们都笑喷了。

观众笑，很大一部分是因为觉得新鲜。然而，这种电影、电视剧内容植入的整合营销在欧洲和好莱坞实则已有80年的历史了，被称为"娱乐界的点金石"。只不过，在中国电影植入还处于发展期，市场需求巨大，优秀人才非常稀缺。这就给了包括于文浩在内的从业者一个很好的发展机会。

在"影子导演"于文浩看来，电影植入是个很好的商业模式。国内经过几年发展，已经进入"娱乐营销"时代，只有在内容上深度挖掘、不断衍生出新的价值和利益链条。一旦开发得当，未来一定能够成为一座富矿。以美国的数据对比，其在9年前的2006年的植入式广告市场就有33亿美元，而中国到了2013年才达到15亿元左右，虽说增速惊人，但发展空间仍然非常巨大。

2013年8月8日，这样一个特殊的日子，一家公司在北京举办的新三板挂牌仪式现场热闹非凡，包括主持人张绍刚、著名导演兼演员连奕名、日本演员矢野浩二等大腕名角都出席了发布会。

这家公司就是优睿传媒。创始人于文浩在业内早已小有名气，他还是热门招聘栏目《非你莫属》BOSS团成员。此次发布会的召开意味着，优睿传媒成为中国植入营销第一家在新三板挂牌的传媒企业。

他是货真价实的武术冠军

于文浩的经历可谓传奇，他辛苦耕耘十几载，终成"中国内容营销第一人"。然而他并不是正宗的科班出身，甚至让人大跌眼镜：他毕业于哈尔滨体育学院，曾是一名职业武术运动员。

"不试试，你怎么知道自己行不行？"这是于文浩的一句名言。从小到大，他都在用自己的人生经历不断验证着这句话。

小学时，于文浩身体单薄，头疼脑热的小毛病总是找上他，这让他很是苦恼。为了不使自己成为医院的常客，他不畏艰难，执意走上一条习武强身之路。4年后，他参加市里组织的体育赛事，以优异的表现拿到了牡丹江市全能冠军。这个奖项，对于一个未及弱冠之年的少年来说是多大的荣誉。然而，他并不满足于此，仍希望在武术上有所突破。接下来，他又用5年时间拿到了黑龙江省全能冠军。

不过，武术上的荣誉没有干扰于文浩的求学之路。高考填报志愿时，他并没有踏上父亲希望他选择的文科大学，而是考取了哈尔滨体育学院。或许这个选择，是命运冥冥之中的安排。由于体育学院的管理比较宽松，课程也不多，他刚好利用空闲的时间去拓展视野。

4年的大学时光，于文浩大多数时间都游走在哈工大、哈师范等院校，同这些来自全国各地的优秀学子交流学习。期间，他干脆以在校学生的身份创业，先后创办武术学校、代管咖啡吧、做夜店歌手……

这些身份的试炼，让他在社会中迅速成长起来。

从影视圈菜鸟到玩转娱乐

毕业后，于文浩又开始了"试一试"。这一次，他想把自己的身份变为歌手、艺人，踏入娱乐圈。带着这一想法，他同一群因音乐而结缘的朋友闯荡北京，聚在一起玩音乐。

1995年，工作刚刚稳定下来的于文浩又坐不住了，他南下广州进入造星工厂——TVB艺员训练班，希望成为一个万众瞩目的大明星。不过，于文浩并没有成为明星，但这段经历让他与连奕名、陆江、张峰等日后的知名导演成为同学和朋友，为他现在的事业积累了丰富的人脉基础。

从TVB艺员训练班出来后的第二年，于文浩入职"中企杂志社"，从事媒体销售工作。经过两年打拼，他在平面媒体销售领域如鱼得水，一直都在"试一试"的他终于找到了事业方向。

1998年，他决定冒险一把，进入当时还名不见传的制作公司——欢乐文化，寻求更大的发展机会。这家公司当时正在制作一档日后火爆全国的综艺节目《欢乐总动员》。

由于没有任何电视圈从业经验，刚入欢乐文化的于文浩是个十足的菜鸟，只能从最低的"实物赞助经理"做起，每月的底薪只有原来做媒体销售时的四分之一。当然他并不是为了钱才来的，而是把它当作进入这行的垫脚石。

功夫不负苦心人，不到三个月的时间，于文浩竟奇迹般地完成了部门全年的任务，并一路晋升。更重要的是，通过他倾情打造的销售体系，欢乐文化的主营业务变成了电视栏目。2003年，他担任北京总公司的总经理，事业达到了一个巅峰。更令他自豪的是，他为"玛氏食品"和"SONY"两个品牌贡献了两个国际级奖项。

2006年，于文浩出走欢乐文化，此后两年里先后服务过旅游卫视和电视传媒，在实践中深入研究整合营销中传统媒体与新媒体之间的互动模式。

时机成熟后，蛰伏多年的于文浩终于出山，把工作变为事业。2009年9月，他在上海注册优睿广告，将主营业务锁定在传统影视剧和电视栏目的内容营销这一细分领域。

于文浩带领团队创造了多个经典案例。比如，海清和小沈阳主演的电视剧《后厨》中，观众可以看到国内某调味品牌；孙俪、张译主演的《辣妈正传》中，观众可以看到一家著名的母婴用品品牌；牛莉、雷佳音主演的《宝贝》中，某奶粉品牌也被巧妙植入。

关于资本：一开始我是拒绝的

在新三板市场已经初显规模的2013年，于文浩对于新三板还几乎没有概念。当时齐鲁证券的相关负责人看上了优睿传媒的发展潜力，开始主动邀约于文浩谈新三板的事情。后来他回忆说："当时我个人比较抗拒。一方面因为公司当时根本没有融资上市的需求；另一方面则是由于对新三板还比较陌生。"

不过，这种观念很快在券商的不断争取下有所改观。当时对方用美国的纳斯达克最初是如何被引入资本市场，并最终成为全球知名证券交易市场的案例打动了于文浩。这时的他，才对新三板有了一个更为全面的认识，"他向我证明了新三板的市场空间到底有多大，最重要的是纳斯达克最初也和如今的新三板一样，都是针对高新创意类中小规模企业融资而建立的平台"。

有了这些了解，接下来的谈判和准备挂牌新三板就变得顺风顺水起来。于文浩也真正从"一开始我是拒绝的"状态中脱离出来，开始对新三板真正关注起来。不过从排斥新三板到接受，整个过程持续了将近一年时间。在享受上市后的种种好处后，于文浩才觉得公司应该早就应该挂牌新三板。

与一些纯粹为了融资的新三板企业不同，于文浩挂牌新三板有着自己的打算，"公司上市不能只是为了融资，拿到股民的钱，重要的是应该为企业的长远发展打算。挂牌的主要目的是引导公司能够朝着更加规范化的方向发展，更加严格地对公司的结构和发展进行规划，而这也是我们所发生的又一重要改变"。

看来，他不仅仅是为了融资。在他眼里，此次"试一试"仍不是他的终点，他一直在路上。

欧迅体育：曙光照耀体育产业的"开矿者"

（证券代码：430617）

导语：欧讯体育颇为特殊：它是国内第一家登陆资本市场的民营体育营销公司，即便在A股，你也很难找到一家纯正的体育赛事运营公司或者体育服务公司。凭借着专业知识和专业能力，创始人朱晓东带领欧迅体育成为众多世界级比赛的开发运营商。尽管它还未盈利，但"体育产业龙头"的名头一点也不虚！

2015年5月13日，乐视体育正式完成首轮融资，共获8亿人民币。王健林旗下的万达投资和马云旗下的云锋基金分别领投A轮和A+轮融资。"未来十年至十五年是中国体育产业大力发展的黄金期"，这种共识正是万达和云锋投资乐视体育的逻辑所在。

在此之前，国内第一家上市的民营体育公司欧迅体育在新三板刚刚完成一次增发，包括华融证券在内的众多机构纷纷认购。体育产业的快车道上，潜力巨大的欧讯体育正蓄势待发，谋求弯道超车。

误打误撞，涉足体育产业

20世纪90年代，朱晓东留学日本，在日本一桥大学学习企业管理。毕业后，他误打误撞进入体育服务行业，供职于日本足球联赛，受到行业前辈的熏陶，开始相信"体育可以改变社会"。

日韩世界杯期间，他震撼于世界杯带来的巨大商业价值，深刻意识到这就是自己要从事的行业。于是，他留学欧洲，修读国际足联主办的足球MBA学位，并成为国际足联派驻中国的商务代表。

2006年春天，朱晓东在北京创立欧讯体育，将其定位为一股"改变体育、优化体育"的力量，期望能通过对体育的贡献促进中国社会的发展。

最初，朱晓东把欧讯体育的重点放在以体育咨询为基础的中介服务，主要为媒体提供版权获取服务、为企业提供赛事赞助服务、为赛事机构提供门票分销服务等。它在行业里是第一家。但是，他很快意识到，相比于中体产业、CCTV5这样的强劲竞争对手，欧迅体育并不具有优势。"广告投放，一年一签，每年要重新谈"，所以广告代理业务具有很大的不确定性。中介服务进入的门槛比较低，对资金的需求也低，可"这样的盈利模式无法持久发展"。

发愁的朱晓东一方面增强公司的销售能力，一方面寻找大客户。他借助在国际足联和日本足球协会日本职业足球联赛委员会的工作经验和资源，使欧迅体育成为了国际足联在中国唯一的代表机构。2007年，它协助国际足联和中国足协完成了2007FIFA女足世界杯的赛事运行及管理，这次赛事被赞为"有史以来最成功的一届女足世界杯（FIFA）"。

此外，欧讯体育被日本颇具影响力的职业棒球俱乐部日本巨人队指定成为其在中国的代表。2007年，它帮助美国职棒联盟MLB在中国地区首次直播其全明星赛和世界大赛。2009年，它又成为曼联、巴塞罗那等顶级足球俱乐部的中国市场代表。

借助这些机会，欧讯体育很快成长为一家集体育营销策划、经纪咨询服务、活动执行、公关媒体策略、体育版权销售等为一体的体育营销全业务机构，且成绩斐然。按朱晓东的话说，欧讯体育以"Cross The Line"的方式在品牌客户、赛事资源、体育组织、媒体、运动员个人和广大消费者之间建立沟通的桥梁。

转型势在必行

朱晓东的危机感并未消失。他常常在思考："依靠大客户的力量获得发展固然好，但是，总有一天，大客户会离开我们，有可能我们会找到新的客户，也有可能找不到，如果没有大客户，我们怎么办？"

这次，朱晓东把欧迅体育未来发展方向定位为赛事权利的开发商，"有了赛事资源，既可以卖版权也可以卖赞助，还可以卖门票"。若未来欧讯体育拥有长期项目和赛事资源，自然"不必依靠一两个大单子来运营整个公司"，过得朝不保夕，战战兢兢了。

要想吃果子，就必须培植果树。为了将自己打造成"赛事权利开发商"，朱晓东斥巨资竞争多项赛事开发权：与南都传媒合作运营2013广州国际女子网球公开赛，并获得5年该赛事的运营权；成为欧洲篮球冠军杯联盟在中国的独家运营商，手握其2013—2017年5年的赛事运营权利。此外，敏锐的朱晓东还瞄准了壁垒比较小的赛事，例如地方政府主办的马拉松赛跑。"地方政府希望做些赛事，但组织能力比较弱"，这给了欧迅体育机会。

朱晓东是这么解释欧讯体育转型后的模式的：如果说以前欧讯体育是在别人开矿山之后，把开采后的金属打造成产品，卖出去，那么现在欧讯正在"开矿"——"将矿山盘下来，进入到产业链的上游"。这样，欧讯体育就能开发、优化体育产品。

体育运动员必须具备耐心，企业家同样。朱晓东深知体育赛事运营有个收入曲线：由于赛事回报期较长，第一年要投很多钱来买资产，盈利难，亏损多；第二年一般能实现收支平衡，好点的话略有盈余；第三年则是成长爆发期，利润能将前两年的亏损都补上去。因此，尽管2013年欧讯体育的财务并不理想，但朱晓东仍很乐观，他坚信后面几年将是欧讯的利润的爆发期。

打造核心竞争力

朱晓东的乐观、信心来源于欧讯的强大实力和卓越的竞争力。

相比于欧美地区，中国体育产业目前不太发达。体育赛事本身稀缺，只有网球、足球、篮球、排球等几个比赛项目，也因此，最有盈利点的赛事的转播权竞争比较激烈。

这些竞争者中，外企有IMG、盈方，国企有中体，还有腾讯体育、乐视体育等，但欧迅体育在行业内仍然是"大鳄"般的民营企业，竞争力数一数二。因为它是一家"global"的公司——全球化视野，本土化行动，既"拥有国际化的资源"又有"非常本土化的一面"。

所以，国际赛事资源方在中国开展活动时，非常愿意找欧讯这样的有共同价值观且又了解中国本土情况的伙伴开展合作。

作为新三板市场上的稀缺标的，2014年1月欧迅体育登陆新三板时业绩并不突出，但它强大的竞争力使其投资价值长期被看好。尤其是2014年10月，国务院46号文件明确提出要加快发展体育产业、促进体育消费，鼓励管办分离，让更多专业化运营公司将参与其中。这意味着体育服务产业将迎来持续高速发展的黄金时期。行业领先的欧讯体育也将乘此东风，飞得更高。

资本市场的东风同样重要。2015年初，欧迅体育首次融资增发，募资2 500万元，这些资金主要花在赛事运营权和媒体版权这两块。3月，欧迅体育又发布了股票发行方案，以25元／股的价格，向国信证券、齐鲁证券、华融证券、华夏资本等7位认购方非公开发行100万股，再次融资2 500万元。券商们认可欧讯的价值，非常欣然地接受了这个价格，而朱晓东则通过增发募资来"补血"，以实现公司持续、稳定、健康发展并满足做市转让需要。

然而，中国体育产业发展黄金期带来机遇的同时也增加了竞争。乐视体育原本是欧迅体育的客户，然而5月完成融资的乐视开始大举争夺体育赛事版权，变成了欧迅体育不可忽视的对手。8月，欧迅体育发出声明，欲起诉乐视网侵犯了其拥有的7月23日"2015大众汽车杯·广州"广州恒大淘宝VS拜仁慕尼黑比赛的全媒体版权，后者在未经许可的前提下录播了全场比赛。

朱晓东已做好行业竞争加剧的心理准备，并不断强化自己的核心竞争力。早在2015年4月末，欧迅体育的办公室从工人体育场21看台3层3106室乔迁到亮马桥第一上海中心C座801。虽然远离了大型体育场馆真正的赛事举办场地，但球迷们的呐喊仍然是朱晓东和欧迅的动力所在。

关于未来，朱晓东始终不忘公司在新三板上市后他所说的话："欧迅推动体育和社会进步的努力要继续。我们需要一如既往的热情和执着，把体育的激情传播得更深更远。"

春秋鸿：明星的光环就是财富的光芒

（证券代码：831051）

导语：春秋鸿文化投资公司以影视投资为核心业务，并与明星经纪、娱乐行销、传统广告形成产业互动格局，在很短的时间内成为行业黑马并登陆新三板。2015年7月4日，春秋鸿股价从0.10元上涨至51.00元，涨幅达50 900.00%。春秋鸿董事长刘岩高中毕业出去打拼，仅靠自己的努力和勤奋有了今天的成就。从无学历、无背景、无资源的"三无"青年，逆袭成为了身价过亿的高富帅。

45岁的春秋鸿董事长刘岩淡定从容，说话慢慢悠悠，偶尔会有较长时间的停顿，当你认为他已经停下来，忍不住提下一个问题时，他又开始慢条斯理地讲述。

"2005年12月，春秋鸿成立之初，我曾经告诫自己和公司员工，3年之内不要投资电影，因为我觉得投资电影风险太大了。"

然而没想到的是，春秋鸿2006年便大手笔投资了周星驰鸿篇巨制《长江七号》，2007年紧接着参与投资了"亚洲史上最贵电影"《赤壁》。

造成春秋鸿如此大手笔投资的关键人物是著名导演韩三平，刘岩认为韩三平是个做事认真而且执着的人。通过和韩三平的交流，刘岩认识到中国电影大有希望，于是主动找到韩三平，希望投资韩三平担任制片人的电影，并买下影片的商务开发权。

通过这两部电影的投资运作，刚成立不久的春秋鸿文化投资公司一举成为国内电影营销的领导者，刘岩本人也被认为是电影营销和商务开发领域的大师。

高考失败，职场不失败

如今的刘岩是上市公司的董事长，身价过亿。然而时光倒回20多年前，刘岩是一个四处奔波，辛苦求职的高考失败者。

走出高中校门的刘岩，一度很茫然，每天能做的就是翻看《北京晚报》上的招聘信息，漫无目的地寻找。

一天，一则招聘信息吸引了他。一家广告影视公司招聘广告从业人员，"其实，那时根本不懂什么是广告，真正吸引我的是影视两个字，我想每一个年轻人都有明星梦想吧!"刘岩笑着说。

刘岩决定去试试，第二天，便梳洗一新，兴冲冲跑去面试。结果赶到广告影视公司时，面试已经结束了。夜里，刘岩辗转反侧，心想，我还没有试，就被打发回来。第二天，不甘心的刘岩再次来到广告影视公司，敲开了总经理办公室的门。机会就在敲开门的那一瞬间降临。刘岩得到了一个试用的机会。

其后的经历让刘岩一直都认为，虽然没有上大学，但自己受到老天眷顾，比别人更幸运。刘岩的高中同学，上大学之后，很快就遇到了政治动荡，大部分人的经历都比较坎坷，和他们相比，刘岩边干边学，倒显得出乎意料的成功。

25岁的时候，刘岩就已经担任北京某广告公司的副总经理。在积累了一定的客户资源之后，刘岩决定下海，自己开办公司。1995年，刘岩借了50万元，成立了绎春秋广告公司。

绎春秋广告公司成立之后的第一桶金，来源于中央电视台一套儿童节目大风车的广告代理。当时，央视所有的节目中没有插播广告。在刘岩等人的策划争取之下，大风车率先开始在节目中插播广告，效果非常好。

在代理大风车节目广告期间，刘岩认识了很多企业家，包括娃哈哈的董事长宗庆后、蒙牛董事长牛根生等。到了2003年前后，绎春秋拥有娃哈哈、蒙牛、念慈菴、奇正等多家全案代理的广告客户，年利润1 000万～2 000万元，成为中国最挣钱的广告公司之一，刘岩本人也被中国策划师协会评为"中国最佳策划师"。

然而此时，刘岩却感到了前所未有的迷茫。

顺势进军娱乐业，登陆新三板

随着外资广告巨头的相继进入，国内整个广告行业的竞争已经是狼烟四起。尽管占尽先机，但面对巨大的竞争，刘岩仍深感危机。刘岩是一个时刻有着危机感的人，很多事情他会做最坏的打算。但往往正是因为担心出现最坏的结果，他反而会尽自己最大的努力，所以很多事情并不会那么糟。

在广告行业摸爬滚打了十几年之后，刘岩想转行了。按刘岩自己的话说就是，"广告业钩着我的时代已经过去了。广告业竞争日趋激烈，利润也越来越低。2003年的时候，我不想干广告了，想彻底转行。"而中国电影市场已经摆脱了低谷，电影院线建设也正在逐步完善，电影营销和衍生产品开发的空间还非常大。

2005年底，刘岩和几个朋友成立了春秋鸿文化投资公司。"春秋"指的是春秋文化，"鸿"来自《史记》中"燕雀安知鸿鹄之志"的典故，表达出他们要将中华文化发扬光大的宏愿。刘岩决心进军电影产业，很快出现了文章开头的情形。

刘岩还有一个特点就是执行力很强，决定要做的事情，就要做好。《长江七号》《赤壁》播放期间，刘岩均亲自去电影院查看，他不关心票房，而是重点查看5分钟的贴片广告播放了没有，客户的宣传品在现场摆放和张贴了没有。

《长江七号》最终让春秋鸿获得了空前的收益，并创造了中国电影史上规模最大的形象置换案例，其单条30秒贴片广告卖到250万的成绩更是令行业振奋不已，而这一成绩很快则由《赤壁》单条30秒贴片广告350万的成绩所替代。

一炮打响之后，刘岩大手笔不断，接连投资或代理发行了《暮光之城4》《钢的琴》《爱情三十六计》等电影以及《寒冬》《战雷》《天下无贼》电视剧，并签约了谢娜、聂远、孙兴、景冈山等著名艺人。依靠投资众多明星的大制作电影，以及旗下各大牌明星的影响力，春秋鸿很快成了国内能够实现电影、电视剧、艺人经纪、广告娱乐行销四大主营业务板块有效整合的民营综合性娱乐企业。

到了2013年春秋鸿营业收入16944.82万元，净利润1497.78万元，形势大好。2014年8月成功登陆新三板，证券代码：831051。

明星效应+三大法宝

依靠投资众多明星的大制作电影，以及旗下各大牌明星的影响力，春秋鸿很快成为了国内能够实现电影、电视剧、艺人经纪、广告娱乐行销四大主营业务板块有效整合的民营综合性娱乐企业。除了借助明星效应外，刘岩还分享了成功的其他法宝。

春秋鸿成功的原因之一，就是强调创意。刘岩曾说："电影行业不缺钱，热钱很多，很多人拿着钱不知道怎么花，缺的是营销创意。"《爱情36计》发布时举办的相亲首映活动，可以看出春秋鸿的创意能力。

刘岩认为传统的相亲，总有一个有利于相亲的地方，都是在公园里面，但他们可能没有共同语言，无法沟通。如果是在影院，大家起码是同类，看完电影以后，你会很快通过彼此的交谈，了解他的一些人生观、世界观。这次创意很快引起了轰动，作为一个小成本电影。上映两周票房达到了500万元。

除了创意之外，刘岩提的最多的是人脉。"华谊算民营里面最老的，也是最大的，最先进入这个领域的广告公司。进入这个领域很重要的一点，就是资源的整合，比如说人脉，假如10年前有人不懂这电影，但他帮了很多人做了很多事，他进入这行可能就比我方便得多，他的成功率就会很高。"

刘岩认为在这个行业里，钱不是问题，你要有好的项目就不会缺钱。"找到一个电影电视剧的项目是非常不容易的。不是说你有钱，想制作这个就能制作这个，如果这样的话，银行干就好了，不用你来干了。里面非常困难，需要你的人脉。"

第三大法宝是竞合。竞合产生的资源整合是春秋鸿成功的法宝。中国电影在娱乐行销方面要形成市场，需要得到更多同僚的关注。刘岩说："如果在30个亿的时候，你挣到1%，或者到5%，你可能就只是以千万计。但如果有一天这个行业的整体产值增长到300亿元，利润可能就会以亿来计算。"

2015年，春秋鸿的战略可以概括为"两个号召"：一是号召行业同僚，引发他们对中国电影娱乐行销产业的关注，集合力量众志成城，将这个市场做大、做强；二是号召媒体，用媒体导向去宣传娱乐行销对于中国电影产业的重要意义。

作为中国"最年轻的老广告人"，刘岩已经取得了巨大的成功。回顾几十年的从业生涯，刘岩认为学历、资本只是成功的一小部分，重要的是看清形势顺势而为。眼球经济的今天，如何利用明星效应，借明星的影响力去赚钱，刘岩为广告和电影投资公司提供了一个可供参考的模板。

第八章

医药食品业的成长与转型

冬虫夏草：女人远比男人大度

（证券代码：831898）

导语： 三江源药业集团始创于1998年，主要业务是自主生产经销名贵野生纯天然的冬虫夏草等地方名贵药材，并开发生产了"三江源牌"系列保健食品。2015年3月3日，三江源正式登陆新三板。三江源董事长扎西才吉是生在牧区长在草原的藏家女儿，从雪域高原走来，和倪萍、龚琳娜、蒋江萍一同被评为2011"中国十大品牌女性"。从一个3平方米的柜台销售开始，如今身家过亿，作为一个少数民族女性企业家，她有非比常人的困难，她的经历给所有创业女性以启示。

"等待一群牛羊的青睐/在芳华洋溢的四月/请吞噬我的躯体/让我的灵与肉/升华在三江的源头/随洁白的冰和清冽的水/流向大海。"提起三江源，人们总是想起高远的蓝天、三江的源头、星罗的湖泊、广袤的草原、遍地的牛羊和神奇的冬虫夏草。三江源地区盛产冬虫夏草、川贝、大黄、藏菌陈、雪莲、红景天等名贵药材，主营冬虫夏草等名贵药材保健品的三江源药业集团起步于此，这里也是三江源药业董事长扎西才吉的家乡。

中国十大品牌女性

著名主持人倪萍拿着中国十大品牌女性的证书和奖杯走下台的时候，一向镇定的扎西才吉感觉有些紧张，下一个上台领奖的就是她，相比面对舞台驾轻就熟的倪萍，扎西多少有点激动。穿着一身传统藏族服饰的她，习惯性地整理下耳朵上大红的耳环，胸前的佛珠，深吸一口气走上领奖台。

颁奖词和背景音乐缓缓而起："她是生在牧区长在草原的藏家女儿，她从雪域高原走来，她热情、奔放、聪慧，她有草原的情怀，也有雪域的纯真，她捧着一颗炽热的心，尽一个企业家的社会责任。她见证了'三江源'的成长过程，她把小虫草做成了大产业，打造了一个庞大的虫草产业王国，并成为了虫草行业唯一的'中国驰名商标'。"扎西从主持人手中接过奖杯，用标准的普通话表示了感谢，台下掌声四起，扎西整了整红色的藏袍，眼睛有些湿润。

相比男性企业家，女性企业家因为社会角色和性格各方面的原因，往往有着更多的困难。扎西也是如此，甚至相比一同获奖的旅程天下控股集团董事长兼CEO蒋江萍、翔坤集团董事局主席葛艳华，扎西也要更艰难一些，因为藏族做生意的向来很少，做大很难。如今创业女性越来越多，扎西的经历或许能够给她们一些启示。

做一个旗帜鲜明的女人，不折腾，你要青春干什么

"第一次去上海，并没有觉得上海有多特别，也不过就是高楼比我们多一点；登上东方明珠的时候，人家问我有什么感觉，我说，没什么感觉呀，从上往下看，上海就在我的脚底下，像积木似的。人家说你这人也太猖狂了。"说完这些话扎西才吉爽朗地大笑。

爽朗、直接、敢想、敢拼就是扎西的标签。扎西1989年毕业于北京经济学院，是老牌的大学生，第一份工作就是玉树州商业局。1998年，扎西已经身为玉树州商业局科长，在参加兰州的一次洽贸会时，扎西带着赊来的5箱虫草、雪莲、人参果，在朋友的展位上销售，不到半天就被抢购一空。虫草、雪莲等都是玉树的特产，玉树人民守着这些"金饭碗"却过着苦日子，这让扎西很是痛心，当晚就下定决心辞职。她决心要让家乡父老捧上"金饭碗"。

女性创业面临的第一个问题就是角色转换，扎西决定辞职遭到了家人的一致反对，甚至扎西的儿子也劝妈妈"好好上班"。商业局的领导也很不解，疑惑的诘问："挣那么多钱干什么？"甚至发动扎西才吉的母亲来劝说她，不要放弃"大好前程"。在一片普遍没有商业文化、商业意识和商业传统的土地上，做出这样的决定基本上就是和所有人唱反调，但是扎西连一点犹豫也没

有，她要做一个民族企业，很快递交了辞职报告。"我这人从小就比较犟，用老人的话说就是认死理，只要是自己认定的目标，九头牛都拉不回来。现在不就有一句非常流行的话吗？——不折腾，你要青春干什么？"

藏族有句谚语说："嘴和双手的言行，身体和颈项要撑住。"扎西才吉就是倔强，做事果断，能吃苦的旗帜鲜明的女人，"女人首先要相信自己不比别人差，要旗帜鲜明，做事果断，我就是比较直接"。

女性承压能力更强，男人看起来彪悍，其实内心脆弱

初次创业的扎西借来了5万元钱，在兰州饭店门口租了一个3平方米的柜台，白天卖冬虫夏草，忙的时候经常忘了吃饭，晚上就睡在地板上。但扎西就是咬着牙挺过来了，后来有人开玩笑问她说："这种事一个男人都坚持不下来，你怎么能坚持下来？"

20世纪90年代的冬虫夏草市场很乱，掺假的现象非常普遍，而扎西坚持销售的每一根冬虫夏草都是地道的玉树优质草。诚信经营让扎西的生意越来越好。有些人对扎西开始敌视，有的含蓄给她做思想工作；也有的劝她不要这么"辛苦"；甚至有一次，扎西半夜接到了一个电话："你赶紧离开兰州，不然就打断你的腿。"

"女性韧劲非常足，女人要比男人大度。就像天要下雨刮风，地要无条件地接受一样，女人就好像大地，无论家里出了多大的事，女性一定会包容，真正能承受压力，我觉得女性更强。表面上看来，男人彪悍，其实内心也许很脆弱。"扎西说，"女性的力量其实是很大的，女性永远比看上去坚强。"有意思的是扎西的员工里90%都是女生。

藏族有一句谚语：两头尖的针缝不了衣服，三心二意的人成不了事业。在这样的处境下，扎西咬牙坚持了几年，三江源终于在兰州站稳了脚跟，开了第一家专卖店，随后，分店像雨后春笋一样遍地开花。2015年3月三江源成功登陆新三板，成冬虫夏草首家挂牌公众公司，扎西资产已经过亿。"回头看一看，过去这些年创业的事情一件件掠过眼前，就如同发生在别人身上，浮光掠影，因为我坚信事情到了最后，一定都有一个美好的结局，不然就是还未到最后。"扎西这样说。

应对生命中的3个角色转换，生活无非就是追求平衡

在世人的眼中，她是成功的女企业家，是高高在上的企业决策者。在阿妈眼中，她是那个爱撒娇的"犟女儿"；在丈夫眼中，她是那个巾帼不让须眉的"大女人"。在儿子心目中，她又是那个鼓励儿子自主选择，放手一搏的"开明母亲"。一个一笑起来就咧开了嘴的藏族女人，用她的智慧把生命中的3个角色应对自如。

"我绝对不是女强人，只是我的温柔，一般不轻易示人。至于你讲到的三种身份，是大家把生活想得太复杂了！人生在世，所谓的智慧无非就是'舍得'二字。有舍才有得，只是相较权衡罢了。生活追求的无非也是一种平衡，就像你们说的中庸之道。"

企业做大了以后，扎西得以抽出稍微多一点的时间来陪伴家人，她时常说钱是挣不完的，生活要追求平衡。"我是一个藏家女儿，阿妈给了我像草原一样宽厚的胸怀，阿爸给了我像雄鹰一样坚强的性格。直到现在，我留给大家的印象，是刚毅坚强，是女汉子！其实我也挺温柔的。"

"格桑花是青藏高原上最普通的一种花，但也是高原上生命力最顽强的一种花。"开朗、直率、倔强、爱拼的扎西才吉就是犹如格桑花一样顽强的女人。多年来，她以锲而不舍的精神艰苦打拼，面对压力乐观对待、锲而不舍，用舍得的智慧平衡生活最终成为了女性企业家的标杆。

扎西常挂在嘴边的一句话是："做女人挺好，相信自己没有什么做不成的。"

有友食品：三分靠探索，七分靠坚持

（证券代码：831377）

导语：不要低估平凡，你只是不曾目睹它背后的激情澎湃。看似不起眼的老干妈辣椒酱，2013年销售额突破37亿元！陶碧华也因此被戏称为"国民女神"。同样是看似普通的泡椒凤爪，全国每卖出5袋，就有1袋是有友牌的，是什么造就了它行业霸主的地位？小小的泡椒凤爪，再普通不过的休闲食品，背后的故事亦是有血有泪，这个故事的主角就是泡椒凤爪发明者、有友食品董事长鹿有忠。

即便你不是吃货，对"有友"这个品牌也不会陌生，你很容易就能从身边的朋友中找出几个它家泡椒凤爪的拥趸。每个为这种鲜辣过瘾的小吃欲罢不能的食客，都应该感谢一个人——泡椒凤爪发明者、有友食品董事长鹿有忠。

意外打开一座宝库

1994年，年近不惑的鹿有忠决定重新开始自己的人生。几年前妻子患肝癌去世的打击一度让他萎靡不振，生意不错的火锅店也没有心思再经营，那是他创业十几年的心血。可能是上天眷顾这位重庆汉子，在他最低谷的时候，把另外一个女人送到了他身边。

赵英是重庆急救中心的一名护士，她在医院工作十几年，没见过像鹿有忠这样对妻子那么好的男人。她愿意和这个男人重组家庭，鹿有忠几次拒绝，最后还是被她的真诚打动。在赵英的鼓励下，鹿有忠决定东山再起，这一次他依

172

旧瞄准餐饮业。

重庆餐饮业竞争激烈，想要干出名堂，需要有自己的特色，鹿有忠开始寻找突破口，没想到点醒他的竟是赵英饭桌上不经意的一句话。一天，两人一起吃晚饭，桌上菜不少，但总觉得缺点什么，原来是家里的泡菜吃完了。赵英随口说："四川、重庆人都喜欢吃泡菜、辣椒，为什么不在这上面试一试？"

鹿有忠的酒店开张没多久就人气爆棚，因为这里的"泡椒菜品"独一无二。泡椒以往在川菜中主要作为调料使用，但鹿有忠偏偏让它喧宾夺主，酒店的40多道菜全被做成泡椒味，泡椒回锅肉、泡椒鱼、泡椒牛蛙……鲜辣过瘾的菜风在食客中好评如潮，很快就打出了名头。

到1997年，鹿有忠已经在成都和重庆开了四家酒楼，积累了500多万财富，但在生意最火的时候，他却要放弃酒楼生意，把全部精力都放到了小小的鸡爪上。

鹿有忠做的泡椒凤爪深受顾客喜爱，常常有客人临走还打包一份，他想如果能把泡椒凤爪真空包装，做成休闲食品，走进人们的生活，光重庆就是一个巨大市场，要是能卖向全国……美好的前景让鹿有忠一门心思钻研起泡椒凤爪来，但成功没有如期而至，迎接他的是"灭顶之灾"。

无知者无畏

海尔发展史上有一个著名的"砸冰箱"事件，鹿有忠比常人更能理解张瑞敏的心情，因为这一幕在有友食品也上演过。

1997年，鹿有忠将酒楼转让，注册了有友食品开发公司，专门生产泡椒凤爪。他们试着做了20件，拿给批发商，反响很好，这让鹿有忠更加有信心。他们连夜赶制了700件泡椒凤爪，第二天发往重庆。鹿有忠原本还想靠这批货一炮打红，结果到了重庆，打开车门的一刹那他懵住了：700件凤爪全部胀袋、变味，成了垃圾。

最终，鹿有忠带着几个人一刀刀把这批凤爪剁碎，连剁了三天。赵英还记得那一幕："（凤爪）很多很多，像个小山一样，一箩筐一箩筐堆上车子，又一箩筐一箩筐地去倒。"

这一批凤爪让鹿有忠损失了27万，加上之前酒楼的亏损，公司账上眼看没钱了。赵英魄力十足，把房子作抵押，贷了100万。资金的问题暂时解决，但更重要的是如何解决胀袋问题。这个问题一天不解决，工厂一天不能复产。

为什么自己精心包装的凤爪会胀袋？鹿有忠始终想不明白，在别人介绍下，他带着自己做的凤爪找到了西南农业大学食品研究所的李教授。听了鹿有忠的描述，这位保鲜技术专家哭笑不得，告诉他这可不是个简单的真空密封问题，涉及到了生物工程领域最前沿的课题。

原来泡制食品在自然发酵过程中会产生菌种，导致变质，如何在泡制发酵过程中加入保鲜菌种是生物工程学一直在探索的课题，当时国内的这类菌种都靠进口，一公斤要几千块钱。李教授被鹿有忠"无知者无畏"的精神打动，答应和他合作，成立课题组，攻克这个技术难题。

经过前后一年多的努力，1998年鹿有忠终于掌握了泡肉食品的发酵和保鲜技术，他的泡椒凤爪可以批量生产了，味道鲜辣爽脆，比之前更出色。

为了开拓市场，打出品牌知名度，鹿有忠夫妇跑遍了所有和食品经销有关的单位，甚至在人流多的车站摆摊，免费供人品尝。渐渐地，有友牌泡椒凤爪走进了重庆的各大餐馆，很多外地商家也来批发。不过，真正让他们走出去的是2001年那届重庆展销会。

鹿有忠在推销的过程中不断搜集市场意见，改进秘方。2001年重庆展销会上他用新秘方赶制出一批泡椒凤爪，抢购的场面可以用失控来形容。展销会还没结束，超市订单纷至沓来。

风靡全国，一枝独秀

2001年，有友的泡凤爪获得了国家发明专利，但这并没有阻挡竞争对手的模仿。几乎是一夜之间，重庆冒出了几十家同类工厂，市面上的泡椒凤爪品牌五花八门，刚刚杀出一条血路的有友，又陷入被围攻的局面。

作为掌握着泡椒凤爪核心技术的三个人之一，赵英的表弟被竞争对手挖走，对方除了给他涨工资之外，还送了一套房。这次背叛对鹿有忠打击很大，自己十多年的心血被一并带走了。

塞翁失马，焉知非福，没多久事情的发展开始反转。正是因为大量同行出现，促销信息和广告铺天盖地，泡椒凤爪的消费者猛增，甚至走出重庆，风靡全国。单凭有友一家，短时间内不可能开拓出这么大的市场来。

接下来鹿有忠需要做的是如何让自己的产品脱颖而出，他目标明确："我把全身心放在我产品的深加工的研制上，只有自己的产品出来更好，管理出来更好，才不怕竞争，毕竟是我发明的，我一定比他们做得更好。"

到2005年，有友已经开发出了20多种产品，涵盖泡制品、卤制品和调味品三大系列。其中，拳头产品泡椒凤爪占了全国30%以上、川渝60%以上的市场份额；2007年，位于渝北农业科技园内的新厂房和办公大楼动工开建；2008年，有友年销售额接近1亿元，还作为重庆休闲食品代表为奥运会提供服务；2010年，有友作为重庆唯一进入世博园销售的休闲食品企业，向全球游客展示川渝饮食风采。

根据财报显示，截至2014年底，有友公司总资产4.92亿元，净资产3.71亿元，2014年度公司实现销售收入8.80亿元，净利润1.19亿元，其中泡椒凤爪收入6.45亿元，占营业收入的73.37%。

打造"百年有友"是鹿有忠的目标，巩固行业第一品牌地位是他这些年一直在做的事情，要想长远发展，这两件事都离不开资本市场的助力。早在2010年，有友就聘请了专业团队，策划上市，但受国内IPO放缓影响，一直未能如愿。2014年，公司决定先转投新三板，等待条件成熟再迈向更高的资本舞台。

2014年11月20日，有友食品登陆新三板，代码831377，其中鹿有忠持股69%，妻子赵英持股17.69%，女儿鹿新持股6.98%。

"草根企业家"创业，三分靠探索，七分靠坚持，老干妈的陶碧华、有友食品的鹿有忠都是最好的代表。他们的成功难以复制，不过那份面对挫折的坚韧，解决难题的能力，以及脚踏实地的作风，才是更值得借鉴的经验。

百富餐饮：从模仿到超越

（证券代码：832050）

导语：新疆第一家肯德基开业的时候，长队排到了对面百富汉堡的门口，场面略带喜感和心酸。这是中国民营企业处境的缩影，模仿起家，直至倒下。奇迹的是，百富汉堡没有倒下，还通过转型成为新疆快餐第一品牌，并上市新三板。百富餐饮的逆袭为中国民营企业、中小企业突破局限，走出模仿困境，提供了一种参照。而回顾王俊岭的创业史，也是一部逆袭大戏。

很多乌鲁木齐人还记得这座城市第一家肯德基开业时的盛况，那是2002年7月12日，等待进店的人在友好路上排起长队。王俊岭也忘不了这一天，他的快餐店就开在这家肯德基对面，更致命的是，他走的正是模仿麦当劳的路子，连店里铺的地砖都和麦当劳一模一样。

开业首日，这家肯德基店销售额达到16万元，一周收入100万元，创下了肯德基全球单店单周最高纪录。与此同时，王俊岭的店里客人稀疏，营业额不断下滑。

那段时间王俊岭足不出户，天天憋在办公室里。很多人都说这是李鬼遇到李逵，没得玩了，但知道王俊岭早年经历的人不这样认为。

创业失败，跑到上海避债

1993年春节，王俊岭家70平方米的房子里挤满了讨债的人，这些债都是他的酒店生意欠下的，此时距离他下海创业还不到一年。当初他辞掉人事厅的公职，借下30万，雄心勃勃要做出一番事业，谁料竟然输得如此彻底。王俊岭接下来的做法有些"不负责任"，他扔下老婆、孩子，自己"跑"了。

王俊岭发誓，就是拼命也会把钱还上，然后一个人躲到上海去了。在上海，他干过洗碗工，干过大堂经理，最后在一家法式快餐厅从学徒做起，做到店长。他用一年半时间还清了欠债，又用一年多时间攒下一笔钱，准备再次创业。

1996年，30岁的王俊岭回到乌鲁木齐。二次创业他依然选择餐饮行业，不过这次变了路数，要做新式快餐。

1998年，王俊岭创办的百富餐饮在乌鲁木齐开了第一家店。

新式快餐里掘到第一桶金

"不就是肉夹馍和油炸鸡腿嘛，咋卖这么火？"这是王俊岭在上海最初见到肯德基、麦当劳时的反应。

开过饭店的王俊岭领略了新式快餐的优点："新式快餐厅采用现代化的工艺流程、标准化的配方，员工经过短暂培训就能上岗操作，无论是谁，只要按照既定的流程和配方，做出的食品就是一模一样的"，而标准化正是中餐的酒店的短板，饭菜口味全依赖大厨的手艺，大厨要是闹起性子来，生意基本上就没法做了。

据说王俊岭曾经希望加盟肯德基和麦当劳，但没能获批。不能加盟就自己做，百富餐饮在大西门开的第一家店卖的也是薯条、炸鸡、汉堡，结果火爆程度让王俊岭自己都吃惊："我也没想到会那么火"，"用了3年的时间，就累积了上千万元资金"。

王俊岭投身快餐行业的时候，不用说乌鲁木齐，整个西北地区市场都是空白，加上自己是土生土长的本地人，可谓天时地利人和。他抓住机会，赚了第一桶金，同时隐约的担忧不时袭来："一开始做的时候，我就意识到肯德基、麦当劳不会留给我太长时间。"

2012年7月12日，这一天终于来了。百富的好日子看似要结束了，王俊竭尽脑汁考虑如何破局。他想过退出，毕竟钱也赚了一些，但又不甘心："乌鲁木齐的西式快餐市场是百富培育起来的，凭什么我该退出啊？不管怎样，也要斗一下。"

从洋快餐中突围

想从洋快餐中突围，最重要的是产品差异化，做出自己的特色。那段时间为了找出路，王俊岭整天在外面转，足迹几乎踏遍整个新疆。

有一次，他给和田一个贫困乡捐了辆救护车，当地居民为了表示感谢，献上了当地特色的烤肉。很多年后，王俊岭还记得那天吃到的美味："他们的烤肉香气和口感好极了，外面焦黄香脆，里面鲜嫩多汁。"后来王俊岭查阅史料，反复试验，找到了古楼兰制作烤肉的工艺和香料配方。今天百富餐饮的招牌产品"大漠烤鸡"就是用这种工艺和配料打造出来的。

从家乡传统食品中开发新品，这一招后来王俊岭屡试不爽，比如他和手下开发人员研究新疆人平时吃的馕，开发出了百富点单率最高的产品——囊披萨。

王俊岭找到了转型的方向，区别于洋快餐惯用的"油炸"技术，将产品制作方式改为"烤"。他劝说那些保守的高层：如果继续油炸，也可以撑几年，但这样永远走不远，永远给人抄袭别人的感觉，因为我们没有自己的核心竞争力。

在王俊岭的坚持下，百富餐饮开始全面转型。2003年8月，百富以"做全球第一的烤鸡专家"的新定位重新开业，第一天销售额16.6万元！创下了中国快餐业单店日销售额记录！这一天对王俊岭有里程碑的意义，在他看来百富不再是一个单纯的模仿者。

拥抱资本，称霸新疆快餐市场

当初第一家店开业的时候，王俊岭给自己定下一个目标，要开1 000家连锁店。2008年，百富引进了深创投的资本，同时调整了连锁店目标，改为10 000家。

百富从来没有停止跟资本接触，但成立十年都没有接受投资，这是中国民营企业家的"通病"——不喜欢借钱发展，那样心里会不安。一次在飞机上，王俊岭遇到了广汇集团创始人孙广信，他对百富提出的建议是尽快与资本合作："这是扩张的唯一一条通道，能帮助你尽快达成目标。"

王俊岭也越来越认识到资本的重要，当肯德基每年用于新品研发的投入数以亿计的时候，百富才几百万。如果百富想走得更远，遍及全国，甚至走向国际，就一定要引入风险投资，然后上市。

2008年，百富已经开了43家店，年营业额1.8亿元。这年开始，他们陆续接受了深创投等几家风投的投资。截至2015年初，百富的店面已经达到100多家，年营业额近4亿元，在新疆快餐市场品牌占有率排名第一。资本的力量起到了立竿见影的效果。

圆梦新三板，走出大西北

2015年2月10日下午2点30分，伴随着钟声响起，百富餐饮正式在新三板挂牌上市，成为第一家登陆新三板的餐饮企业。

餐饮行业因为自身特点，比如食品安全等环节备受大众关注，上市更加艰难，已经连续多年没有餐饮企业在主板上市，即便是限制条件相对宽松的新三板，在百富餐饮之前的1 800多家新三板上市公司中没有一家餐饮企业，从这个方面来说，百富餐饮也算是创造了一个不大不小的奇迹。

王俊岭知道其中的详情，百富餐饮的性质是一家西式快餐连锁企业，在标准化产品加工、物流配送等体系方面，已经达到发达国家的水准，并且原料采购也实现了工厂化，以前阻碍餐饮企业上市的障碍，在百富餐饮这里都得到了很好的解决。

有了资本助力，百富餐饮势必会加快扩张步伐，以增加新疆和陕西市场的餐厅店面为第一步，继而拓展北方市场，相信过不了多久，在全国各地都能品尝到百富餐饮的美味食品。

过去二十几年，王俊岭的人生跌宕起伏，最令人敬佩的是当年他壮士断腕，毅然摒弃模仿肯德基，开发自己的道路。模仿谁都会，但仅凭模仿不仅无法超越，甚至生存都将变得困难，这也是当下民营企业发展面临的最大问题，希望王俊岭带领百富餐饮凤凰涅槃的经历能给转型中的企业以启示和鼓励，给目前尚未遇到危机的企业以预警。

仁会生物：大药医众人

（证券代码：830931）

导语：2014年年报中，仁会生物的营业收入一项显示为0。然而，挂牌新三板半年多，它已成功实施四次定向融资，融资金额4亿元！据安信证券2015年初发布的一份研报显示，它的市值排名新三板公司第五位，约30亿元。

之所以能够以这样财务报表，赢得4亿元的投资，皆因仁会生物手握一项重要的医学研究成果——"谊生泰"。"谊生泰"对于糖尿病有着显著的疗效。

隐秘而伟大

医者仁心，品德医术俱优的医生是高尚而伟大的，那么，隐居幕后、潜心研发新药的人便是隐秘而伟大的。

仁会生物正是一家药物研发企业，它原名上海华谊生物技术有限公司，于1999年1月成立，致力于以基因工程技术为核心的多肽及蛋白类药物的研究和开发，系国家科技部"十一五"重大新药创制专项的承担单位，上海市浦东新区科研开发机构。

科研是一项漫长而枯燥的工作，新药品研发更是如此，不仅枯燥，且风险高、周期长、投资巨大，亿元投资在药品研发领域比比皆是。因此，对于新药品研发企业而言，能不能获得足够的资金投入是决定企业命运的重要因素。

遗憾的是，很少有投资人会愿意冒着巨大风险将资金投入新药研发领域，他们更青睐风险小、回报周期短的项目。因此，新药研发企业一般需要依靠各种科研经费、政府基金或非营利性基金的支持，有些投早期项目的种子基金或天使投资人也可能参与。进入动物实验阶段后，像规模较小的VC等机构投资人会开始参与。后期，当项目进入到临床研究阶段，需要的投资越来越大，通过IPO或者增发新股是药企募资的重要方式。不得不说，这是一项付出巨大却收效甚微，甚至难以看到收获的工作。

就以仁会生物的新药"谊生泰"为例，这是仁会生物的研究团队在2003年自主研发出的一种肠促胰岛素分泌肽类药物，它与国外同类药物分子结构不同，对于降血糖疗效极佳。因此，研发出来次年，仁会生物就已经获得了国家食品药品监督管理局临床批文，研发团队还确立了规模化廉价生产中等长度多肽的基因工程方法。从2004年到现在已经十多年了，"谊生泰"即将取得上市批文。

或许正是前十年已经做了足够多的工作，耗费了足够多的心血，仁会生物才会在登陆新三板半年多就上演传奇。

新三板市值传奇

既无法通过短期回报吸引投资人，又不具备登陆主板IPO的条件，新三板便成为新药研发企业最理想的融资渠道。

新三板市场刚一扩容，一大波急需融资的中小药企便蜂拥而上。包括仁会生物在内的诺思兰德、蓝贝望、星昊等医药公司都纷纷登陆新三板，来解决新药研发的资金问题。仁会生物于2014年8月在新三板挂牌，半年多的时间里，仁会生物已成功实施过四次定向融资。其中，除向两家做市商定增价格为22.5元/股外，其余三次定增价均为25元/股。四次融资总额约4亿元。

四次融资也给仁会生物内部结构带来了明显的变化。挂牌之前，仁会生物股东多为公司内部人员，无一外部机构股东。登陆新三板后，仁会生物所有定增对象均为外部投资者。值得一提的是，公司挂牌前首次授予的76万份股票期权完成登记工作，成为新三板第一单实施股票期权激励计划并完成登记的挂牌公司。

即便是前期积累的结果，仁会生物的融资的规模和投资者的热情还是令人非常吃惊，毕竟，它还是一个尚无实质性产品的公司。这一切，都源自上面讲到的糖尿病创新药——"谊生泰"的阶段性进展，"新药'谊生泰'预计在

2015年底前取得上市的全部批文"。这意味着"谊生泰"将要面世了，滚滚利润近在眼前，投资者不疯魔才怪！

大药救众人

一种新药，之所以还未上市就掀起巨大波澜，只因为这实在是一种可以救治众人的"大药"。

"谊生泰"通用名为"贝那鲁肽"，是100%人源相似性的"人胰高血糖素类多肽-1（7-36）"类药物，英文简称为"rhGLP-1。它是中国第一个进入生产注册阶段的GLP-1类药物，且为全球首个全人源结构的GLP-1类药物。其本质上是一种肠促胰岛素分泌肽，是受碳水化合物刺激而分泌的肠道激素，它作用于胰岛β细胞并放大葡萄糖依赖的胰岛素分泌。

这种药物对于2型糖尿病患者有明显的治疗作用，主要体现在不易发生低血糖风险的情况下有效降低患者血糖水平，并且拥有保护和再生β细胞，明显降低体重指标，改善血脂水平等多项生理功能。与进口的同类药物相比，由于其人源性特点，长期使用产生抗体的风险更小。

中国是糖尿病第一大国，且糖尿病患者越来越多，大多数中国糖尿病患者均为2型糖尿病患者。对于成千上万的患者而言，糖尿病实在是一种难缠的恶魔，糖尿病患者长期存在的高血糖，会导致心脏、肾脏、血管、眼睛等各种组织功能障碍。大多数患者严格要求进食，严重者每每要自行注射胰岛素……可以想象，如果谊生泰真能够达到理想的效果，仁会生物将不仅撬起了一片巨大的市场，还做了一件功德无量的好事。

据艾美仕咨询的预测，到2020年中国糖尿病药物治疗市场规模将达到511亿人民币，其中非胰岛素类药物市场规模将达到300亿人民币，GLP-1将占到4.5%的市场份额，并保持2012-2020年的年复合增长率为48.8%的销售额增速。

有了这种能给广大糖尿病患者带来美好福音的"谊生泰"，仁会生物能在半年时间融资4亿元就不难理解了。仁会生物表示，"谊生泰"上市工作按计划推进中，根据目前进度，预计"谊生泰"能在2015年底前取得新药上市的全部批文，2016年上市销售。

除谊生泰外，仁会生物公司还有其他品种也在研发中，进一步充实和丰富产品线，为企业的可持续发展提供强有力支撑。其中，"谊生泰"减肥适应症已完成委托研究单位的比选和实验方案的确定，长效GLP-1受体激动剂、"谊生泰"非注射给药方式、肿瘤药物等一系列项目也在积极推进过程中。

当然，产品的胜利只是小小的一步，接下来的包装、推广、管理、销售才是仁会生物即将面临的大考。能否真正开启这座金库，还有待市场检验。毕竟，到现在为止，仁会生物还未真正展开销售。

公司2015年上半年半年报显示，总资产比上期增加534 670 621.45元，促使资产增长的主要来源是政府补助、股权融资及利用部分闲置资金投资收益。值得注意的是，仁会生物在投资方面取得了不错的收益，其2015年上半年归属于挂牌公司股东的净利润比上年同期增加113 693 877.59元，主要来源就是公司利用部分闲置资金投资所得。

无论通过何种方式，能够在新药上市之前，找到支撑企业的利润来源是一件好事。不过，这还远远不值得兴奋；因为投资所得带有很强的不稳定性。企业只有勿忘初心，尽全力促成新药的上市和普及，才真正是对企业长久有利的事情，也是功德无量的事情。

华韩整形："新莆商"形象代言人

（证券代码：430335）

导语：莆田东庄人称，全国至少有80%以上的民营医院是他们开的。从"老军医、一针见效包治包好"的游医起家，如今他们"霸占"了中国民营医院绝大部分版图。在外界看来，他们非常低调而神秘。然而在新的时代，林国良的出现似乎刷新了外界对"莆田系"商人的认知。

华韩整形的创始人兼董事长林国良与那些江湖游医起家的老前辈不同，他参过军，所以有着军人特有的坚毅气质，同时他又拥有硕士学历，可谓是文武双全。他又有三个身份：企业家、作家、电影顾问，每一个都玩得很溜。他就是"新莆商"的代表。

2015年3月21日，莆田（中国）健康产业总会（下简称"总会"向所有"莆田系"医疗机构发放通知，要求协会中所有消费机构停止在互联网上的有偿网络推广。据业内人士透露，这次"莆田系"主要是针对搜索巨头百度。早在两年前，莆田市委书记梁建勇曾公开表示，"百度2013年的广告总量是260亿元，莆田的民营医院在百度上就做了120亿元的广告"。

"总会"在通知中明确指出，"如今因为网络竞价的规则，导致行业面临严重问题，很多医疗机构几乎为互联网公司打工。"看来，这一次"莆田系"与百度过去的亲密合作关系荡然无存，百度"闷声发大财"为"莆田系"吸收患者的时代一去不复返。

"莆田系"底气何在，竟敢叫板百度？

对于大多数人来说，福建莆田是一个比较陌生的名字。但在医疗广告泛滥的今天，有关仁爱医院、天伦不孕不育医院、玛丽医院等名字早已通过各省的卫视广告让大家都耳熟能详。

没错，这些名称各异的医院绝大多数都是莆田人开的。据莆田东庄人称，全国至少有80%以上的民营医院是他们东庄人开的。莆田人从最初"老军医、一针见效包治包好"的性病游医起家，逐渐在全国各地包科室，开医院。看来，城市"牛皮癣"的泛滥与这些"莆田系"初期的发展扩张有很大关系。

曾几何时，国人不得不发出感慨：莆田系医院哪里找？街头电线杆上瞅！这些医院涵盖男科、妇科、不孕不育、整形等专科，基本上都被排除在主流医院之外，但却有庞大的市场需求。因而能在短时间内野蛮生长，遍地开花。

当然，这里不是作为一个道德公知来怒斥"莆田系"。毕竟在二十几年前的"下海热"中，那些积累原始资本的手段大都被归类到企业家的"原罪"中。昔日这些游街串巷的江湖医生，依靠几毛钱的偏方起家，如今已经化身光鲜的企业家——身拥数亿，天天打着高尔夫。这些低调得可怕的"莆田系"创始人们也很少会出现在公众视野。

在这些"莆田系"大佬中，有一位企业家似乎并不像那些"前辈"们那样玩神秘和低调，他时而出现在拍摄电影大片的现场，时而出现在某个图书签售会上，俨然一位文化界的大名人。他创办了唯一代表中国整形界和韩国整形界合作的"华韩整形美容医院"，2013年在新三板上市，成为新三板整形挂牌企业第一股。

这个作家是整形医院的老总

大约是20世纪90年代初，企业家出书逐渐成为一种风潮，很快席卷了大半个中国。也或许这又是一个中国特色。其中的一部分人纯粹是为了名利双收；而另外也有一部分企业家是为了著书立说，写自己的创业史和经营管理经验，比如王石《让灵魂跟上脚步》、冯仑《野蛮生长》这一类相当于创业史，而周鸿祎《我的互联网思维方法论》、黎万强《参与感》则属于后者。

2013年9月1日，在熙熙攘攘的北京王府井图书大厦正在进行着一场别开生面的图书签售会。该书的作者一身笔挺，不苟言笑地为读者签售。从他的坐姿看，或许眼尖的人能看出点军人风范，而从他的穿着打扮上，又不像是一个作家，而是一个企业家。

没错，他就是华韩整形美容医院的创办人和董事长林国良。

林国良参过军，所以有着军人特有的坚毅气质，同时他又拥有硕士学历，可谓是文武双全。比起那些游走于市井起家的前辈，林国良似乎更符合"莆商"的新形象。除了这本从实践中探索中国本土企业管理之道的作品《管理的良言》外，他还写过《负责到底》《做高效的执行者》等畅销书。

凭借着他的锐意进取和著书立说，林国良被评价为"莆田系"里的智囊代表。他的这些畅销书无一不是从自身管理企业的经历中汲取经验，更具有针对性和可实操性。也正因为此，许多读者在阅读他的畅销书后走上了创业路。

医疗人在电影圈

经营企业和著书立说之余，林国良还热心社会公益事业。然而在他看来，要想更好地传播社会责任和正能量，这些还远远不够。这时候，他想到了一个更为全面、受众更为广阔的方式：电影。

电影是人类社会发展的产物，它可以在传播的过程中影响观众，给他们灌输导演想要表达的思想、文化、价值观。移动互联网时代，电影的传播范围和广度都有了更大的提升。正是看好电影的影响，林国良在投资了《雪花秘扇》等好莱坞大片之后，开始把视野回归国内，寻找合适的电影投资。

2014年8月1日，由沙学周制片、导演，亚洲影视联合会、北京京科肝泰医院、南京医科大学附属友谊整形外科医院、索尼（中国）有限公司、青州市陈氏太极拳研究会等企业和机构联合摄制的动作电影《太极先锋》开机。其中，北京京科肝泰医院与南京医科大学附属友谊整形外科医院都是林国良的产业，此次植入赞助主要就是他的意思。

不仅如此，林国良还担任了《太极先锋》总策划，并且还在片中献出了自己的银幕处子秀，过了一把戏瘾。当然，在商言商。拍电影之余，对于市场商机敏锐的他说："我对体现正能量，彰显中国梦的影片一直很感兴趣，也非常看好影视文化产业，这部《太极先锋》只是我们的试水之作，下一部由我个人投资一亿元人民币的反映感恩题材的大电影，我们也已经开始启动计划了！"

看来，他已经在影视的道路上越走越远……

企业家、作家、电影顾问，林国良把每一个角色都玩得很溜。

对于这个这位"莆田系"的新标杆，笔者也不得不啧啧称赞：林国良这一路走来，完全颠覆了大多数人对于"莆田系"商人的认知印象，他用行动和角色去树立一个知性、智慧的"新莆商"形象。从这一点看，他对于整个"莆田系"商人形象变革有很强的象征和参考意义。

第九章

明日之星，相约在中国的纳斯达克

快乐格子：无界的格子，有形的快乐

导语：他2005年从北大软件工程专业研究生毕业，先在清华科技园追随斯坦福毕业的创业海归，又加入IBM埋头研发，还跑到韩国人创办的日本公司开阔视野，回国后又到马云的支付宝学师蓄力。2008年iPhone问世，乔布斯啃咬的苹果砸中树下呆坐的牛顿，他看准移动互联网的时代机会，以此为方向，三年后奋力创业。四年之后，他又要把公司带到新三板。

倪加元和他的快乐格子，一个激情澎湃的80后创业者和他一手写就的艰难与辉煌。

就算是创始人倪加元本人，也无法通过三个半小时的采访精准复盘快乐格子四年的创业之路。

倪加元谦虚地说，"还远没到总结成功的时候"，却并未因此影响这场对话的成效和价值。他始终坐在没有靠背的低矮小凳上，有条不紊地认真回答完所有问题，虽然采访之前他自问自答"采访提纲每个都要说吗？有些我可不能说"以调侃，可实际上每次问"第几题"就像研究生毕业答辩一样，他似乎把访谈当成即将登陆新三板的一场考试。

创业四年的跌宕沉浮已很难在他心中荡起涟漪，为数不多的短暂忧伤和喜悦都转瞬即逝，就好像讲述别人的心路历程。不过在反思总结犯过的错误时，他会准确深入分析问题并给出答案，以帮助后来的创业者避免同样的错误，少走弯路。

中国需要一代又一代创业者继往开来。成千上万个倪加元的十年、二十年之后，总会有马云、雷军这样的创业英雄。问题是，谁会成为时代的幸运儿？

倪加元可能不喜欢这样的比喻和假设，他更在乎能否通过科技带来有形的快乐，改变人类的生活，哪怕每天只多一点点。

磨砺、屡败屡战

1999年春节，马云在杭州家中为"18罗汉"激昂演讲3小时，阿里巴巴诞生；年底，李彦宏在北大资源宾馆创办百度；30岁的雷军已出任金山公司总经理，次年由他一手打造的卓越网横空出世。稍早之前的1998年，马化腾和大学同学张志东创办腾讯，他的"敌人"周鸿祎同一年创建3721，"不管三七二十一"的斗士气质显露无遗。那真是个英雄辈出的年代，中国互联网最顶级的桌子"TABLE"轰然崛起：T是腾讯，A是阿里巴巴，B是百度，L是雷军系，E是周鸿祎系。

这一年，出生于湖南衡阳农家的倪加元第一次接触互联网。他回忆说："那时候没有概念。这种机会其实要有人带，有人看准互联网是金矿，但有人觉得是砂子，这是很重要的。"倪加元不会想到，几年之后他将与当年创业的互联网大佬产生交集，并带领快乐格子成为中国互联网这张大网中的一员。

2005年，倪加元从北大计算机软件工程专业硕士研究生毕业。他笑着说："我算不上学霸，也算不上学渣，但经常给自己设定很多目标，每个阶段基本上都能实现。"走出校园，倪加元追随一位斯坦福毕业的创业海归，每天在清华科技园埋头研发，亲历公司从3个人扩张到30人的艰难过程，受益良多。

为尽快融入国际顶尖IT技术人才序列，整整一年之后，倪加元自信满满地跳入IBM，加入数据仓库和数据挖掘的全球研发团队（北京和硅谷）。IBM的这款数据仓库报表产品从1996年到2006年十年间只发表过三项专利，倪加元在IBM工作的不到两年时间内即发明了第四项专利，当时引起整个产品团队的震动，从此硅谷团队对北京团队刮目相看。不过，对倪加元产生更大震动的事件是百度登陆纳斯达克："百度上市让我看清互联网趋势，真正的大数据应该在互联网上大量产生，IBM是卖软件的信息化公司，应该寻找互联网化的机会。"

在IBM工作两年之后，倪加元进入韩国人在美国硅谷创业的日本分公司（www.become.co.jp）。他回忆说："这个公司的韩裔创始人创立的第一家公司卖给硅谷动力，后来继续做购物搜索引擎公司，类似于现在的一淘网，公司从美国、日本扩大到英国、法国、德国，是全球前五名的购物搜索引擎网站。"凭着并不流利的日语和闯荡的冒险精神，倪加元有了一定的资金积累。

金融危机蔓延的2008年，iPhone成为东京3C销售商的大救星，一夜之间人们排着长队购买，曾经家喻户晓的日本手机品牌纷纷势微。乔布斯啃咬的苹果砸中树下呆坐的"牛顿"，倪加元看准移动互联网的时代机会，决心归国创业。他回顾总结道："iPhone热销对我触动非常大。首先，移动互联网的热潮来了。而且，发达国家能做的事情有限，但中国的形势完全不一样，移动互联软件系统领域的机会更多，空间更大。"

2009年10月，倪加元回国，经朋友介绍和一位百度高级经理共同创办北京好友互动，雄心勃勃打算干一件能影响互联网江湖的大事。他笑着说："当时想把QQ、MSN、网易邮箱、人人网、开心网等所有的工具账号集成起来，一键打通，建一个账号体系。每个人有一堆账号，密码太多记不清，到现在这个问题还没人解决。"运行三四个月之后，倪加元发现要面对的是一帮中国互联网顶级大佬，"你要去干集成老大的事情"。他复盘总结说："做到一半发现QQ接入不了，方向不对。这不是一个单品致胜的产品，而是依附于别人，没有独立性，这是一个核心问题。另外，盈利模式也不清楚，不知道怎么赚钱，只觉得这个想法很好，但融不到钱。"

在日本积累的部分家底付诸东流，十几个人的追梦团队顷刻间土崩瓦解，倪加元反思后得出结论："创业要做我们喜欢做的事情，做比较擅长的事情，然后就是准备足够的钱。"他以创业者的身份坦诚相告："你说我发展得还行，其实是花钱买了很多教训。如果再来一次我还会走弯路，犯很多错误，但不会犯原来的错误。创业屡败屡战很正常，最主要是找到真正的兴趣和核心竞争力。"

走出败局，倪加元以退为进，加入阿里巴巴的支付宝公司，"你要看看人家是怎么成功的"。入职后先到杭州总部系统培训一个月，前后待满三个月，才回到北京，成为支付宝北京公司第一批员工。他在支付宝的最大收获是"阿里的文化非常强，把你给格式化了"，到现在他说话也像马云一样，"铁砂掌""隔山打牛"等武侠词汇随口而出："积累够了，就像天天在烧烫的铁锅里练，突然发现自己有铁砂掌了，甚至可以隔空打一掌。"

2011年4月，在支付宝工作半年之后，倪加元觉得"该看的都看明白了"，移动互联时代的浪潮机不可失，时不再来，决心再战江湖，试试"铁砂掌"的功力。

一个人的公司

那年春天的中关村虽然没有"创业大街"这类终日沸腾的创业烘炉，但"中国硅谷"早已是高科技、IT的代名词，微软、谷歌、联想、新浪、搜狐等中外名企汇聚。尽管六车道的中关村大街在交通纵横发达的北京还算宽阔，可是每天送达和发出的电子产品仍然让这里拥堵不堪，车马喧嚣。

闹中取静。在中关村东路的一个孵化空间，倪加元与两位合伙人围坐在一起给公司取个响亮的名字："每个人写了一堆名字，然后投票，得票最多的就是'快乐格子'，听起来朗朗上口，充满向上的力量。我们还拍了一张照片留作纪念。"他解读说："很多人只记住格子两个字，第一印象是一个框体。不过看到'快乐'又觉得像一家游戏公司。其实我最早的定义是希望通过科技给大家带来有形的快乐。"

倪加元是个坚定不移又善于学习变通的人，他将"好友互动"与日本购物搜索引擎公司的业务模式合二为一，开发出垂直购物搜索引擎，以图书品类为起点，打通京东、当当、亚马逊。他说："书是一种很好的流量产品，很便宜。我们做了个三味书院网站，比如你在微博想看哪本书，@、评论或者私信'三味书院'，就能通过链接转入我们客户端，直接购买或者下载电子书。当时网上卖书只有这三家，中国还没有一个强大的购物搜索引擎。"

说起商业模式，倪加元思路清晰："用户通过'三味书院'去三大网站买书我们有5%的提成，当时我想通过这个产品去融资，然后快速做大。"为了尽快实现目标，倪加元还开发出一款手机版阅读器。

"然而经过一段时间的数据测试，这个市场没有爆发起来。长期没有入账又没有融资进来，现金流出现问题，"倪加元谈起这段失败经历，"坚持了差不多半年，另外两位兼职的股东退出，我一个人继续扛下去。只能走第二条道路。"

那是创业至今倪加元最灰暗的日子，整个公司所有人全部走光，留下他每天背着双肩包到"车库咖啡"租个工位上死扛。他说："最难受的是方向和产品没做对，那些人都离你而去。你找到另一条出路，别人却有不同想法，无力挽留。"

倪加元所说的"第二条道路"就是帮别人写软件，他每天按时去租来的工位上班，想办法让公司存活下去。就像发展革命根据地一样，三五个月之后，倪加元带着在"车库咖啡"认识的朋友，拿下一家电商的APP开发业务。他笑着回忆："那时候连发票机都没有，签完合同赶紧买机器开票。做出口碑之后，我只要发到微信朋友圈就有人帮忙介绍业务，也到猪八戒等网站找项目，或者跑展会，每个月能做几十万的单子。"后来，华为等著名企业都成为快乐格子的客户。

即便到今天，APP定制业务仍然占快乐格子每年营业收入的70%以上，倪加元并未因此得意："我不在乎赚多少钱或者业务做多大，而是能不能持续，能不能锻炼团队。实际上，在这个领域，到现在都是些小公司做这个，我们就算大点的公司了。"倪加元一直在寻找爆炸性增长的项目机会，但APP定制并不能满足他的商业雄心。

在APP定制基础上，倪加元搭建起工具型开发平台："以前我给你开发一个软件，现在用机器就可以在线生成一个。"2012年，企业APP热火朝天，为了快速推广，快乐格子在全国招募代理商，前来洽谈者络绎不绝，但代理制存在一个致命问题：不能与客户直接对话，无法了解真实需求。倪加元斩钉截铁地说："在产品、业务、流程没有准备好的情况下，大规模发展代理会陷入虚假繁荣，让公司跑偏，应该稳扎稳打往前走。而且，自动生成APP，客户的需求也就一个，基本上不存在维护费用，没办法做大，还会浪费时间和精力。"

倪加元把更多时间和精力放在"练内功"上。2012年下半年，倪加元挖到一位技术精英做合伙人，给期权，但由于2013年业务没有完成指标，这位合伙人选择离开，不过合伙人、期权制度由此延续下来，如今四位核心高管都有持股，全员持股方案正在由专业机构进行设计和逐步推开。在产品开发标准和业务流程体系方面也日趋完善，在成本、质量、服务和速度等关键指标上取得显著的提高。以往跌宕起伏、漩涡遍布的河道得以疏通，让河水顺畅、平稳地日夜奔流。

此时，一波汹涌澎湃的浪潮席卷而来，倪加元决定傲立潮头，站到风口上。

爆发，从快走到跨越

倪加元所期待的爆炸性增长终于到来。这颗炸弹的威力足够大，引线也足够长。

2013年7月，一家智能硬件的公司找到倪加元，开发一款与智能硬件结合的血糖管理软件APP，风靡一时，快乐格子在健康医疗领域声名鹊起。上海一家大型医药科技企业慕名而至，将关于基因检测的一整套O2O软件技术解决方案交给快乐格子，倪加元逐渐从APP定制转型到O2O移动软件服务领域，与顺驰、我爱我家等著名房地产企业陆续达成合作，业务应接不暇。

作为O2O热潮中隐居幕后的冷静观察者，倪加元外表冷峻，内心深处埋藏四年的活火山随时都可能喷薄爆发："O2O软件服务有两个层面，一个是提供产品，第二个是提供运营。做产品做到一两百人的公司就差不多了。O2O软件面临历史性机遇，任何行业都希望利用移动互联网、'互联网+'提升竞争力，如果我们能够利用技术、建立平台来提升优化一个行业，而不是一家企业、一个项目、一款产品，它的价值空间就是一个产业估值的空间。"2014年底，倪加元瞄准了一个行业。

此时快乐格子的O2O软件业务已经渗透进十多个行业，其中就包括给一些美容机构做信息系统、业务咨询。他说："我发现美容行业有很多痛点，这个传统行业存在很多年，但很少有用户体验非常满意，开店的人觉得经营越来越难，导致成本水涨船高，竞争非常残酷。"他兴致勃勃地接着说："中国有将近30万家美容院，三四百万美容师，分散在各个商圈、小区，消费者群体有五六千万，2014年的市场容量达到8 500亿元。行业痛点很多，通过调研、体验，我认为可以通过互联网平台优化资源配置，对当前混乱发展和野蛮生长的状态科学规范化，不是去颠覆，而是提升这个行业。"

2015年10月，经过长达数月的筹备、研发，承载倪加元宏大构想的神秘武器——"天天美"平台即将上线。看得出来，倪加元谨小慎微又兴奋激动，他认同"与滴滴打车、饿了么等平台相似"的说法，却欲言又止地解释道："会有一些相通的地方，但也有行业的特殊属性，都要充分考虑，再去做一些新规划。从本地生活服务切入，再延伸到美容行业下游。现在还不能讲，还在构造完善。"

O2O平台、8500亿、美容行业……这些闪闪发光的热门词汇足以引发资本市场的浓厚兴趣，难怪倪加元对于登陆新三板成竹在胸："今年4月份我们定下来登陆新三板，目前财务等各项准备工作都做完了，预计2016年春天挂牌，做O2O软件第一股。"他满面春风，徐徐道来："上新三板靠现有软件业务就够了，'天天美'属于的平台型可持续发展的业务，这个项目想象空间很大。"不过他话锋一转，显露出稳健务实的一面："还是先把产品做好，把眼前做好，对未来满怀期许。"

站上风口，顺势而为，倪加元将当前的可喜形势归功于团队多年来的积累："包括团队管理和对产品的理解。现在我们不再只盯住技术，产品和商业才是一家公司的根本，技术只是一个驱动，为商业服务。"他已逐渐摆脱日常管理的牵绊，将更大精力投入到产品演化、战略布局和资源整合之中。

倪加元的视野早已跳出"天天美"平台之外，经常关门思考如何从0到1。野蛮成长，资本运作无疑是助力公司腾飞的重要支点："借助资本的力量实现加法变乘法、从快走变快跑的跨越。上新三板对于我们科学化、规范化管理也是很好的铺垫。"这个志存高远的年轻人并不擅长讲概念，但也不害羞于描绘宏伟蓝图。

梦想正在照进现实，它与财富和成功无关。实际上，面对登陆新三板后随之而来的发展与变化，倪加元心如止水："现在还是创造财富阶段，我关心的不是保值、增值，而是全身心把当下的事情做好。"毕竟，这是一项改变人们生活的事情，就像比尔·盖茨做微软一样。倪加元并不否认乔布斯对他创业的影响，但他的偶像却是盖茨："并不是说这个世界首富赚了多少钱，而是他抓住时代机遇，而且改变了人们的生活。"

1995年，比尔·盖茨已成为全球青年的时代偶像。这一年，倪加元在同学家中第一次触摸电脑，那是一台被用来练习五笔打字的"386"。少年激动不已，埋下火种，命运之神就这样偶然的改变了他的人生轨迹。

京广传媒：文化是第一生产力

导语：城市需要文化，而文化需要一个供人欣赏膜拜的载体，于是，文化产业应运而生。由最初对书的热爱演变为对社会无私大爱的刘晓阳担负着文化运营商的重任，在齐鲁大地上播撒智慧，京广书城一路花开，截至2015年10月底，已有52家连锁门店，并扩展延伸至多种文化业态，包括印象派艺术灵感氛围的京广国际酒店，到高端品牌集聚的京广文化广场，直至后来的京广文创产业园的恢弘文化观光群，京广的品质印象定位日益显现并影响深远……

提起创业历程，刘晓阳会反复咀嚼这几个词："文化的力量""企业家精神""上善若水"，这是他从商20年的智慧，也是四十多年的人生感悟。

从潍坊的一家路边书店，到遍布山东的52家连锁书店；从深耕图书行业，到出版发行、教育、传媒、艺术等多领域开花；无论是传统经营模式，还是拥抱互联网，引入各路资本，登陆新三板，刘晓阳这些年始终围绕着"文化"这个核心在运作。对于社会责任感强烈的刘晓阳而言，文化早已不再单纯是一门生意，他相信文化能影响和改变这个社会。

创业维艰，从20世纪90年代的个体户，到今天公司年销售额过亿的企业家，一个创业者能经历到的所有困难几乎都在刘晓阳身上发生过，但他活下来了，凭借的正是他口中的"企业家精神"。他对"企业家精神"没有清晰的界定，顺势而为、迎难而上、大胆创新、社会责任在他看来都属于这个范畴，但这种精神的核心很明确："意志力，一种顽强的意志力。"

刘晓阳尊崇上善若水，水泽被万物而不争名利，遇方则方，遇圆则圆，无形中有坚守，刚柔并济又包容。纵观京广20年的发展，从孕育，到汇集，经过无数徘徊和激荡，从一条文化的小溪一路成长为文化的大河，最终注入这个时代，为日渐荒漠的社会，浮躁的人心灌溉出一片心灵的栖息地。

水泽万物：梦想与文化碰撞出一家书店

"1996年6月28日"，刘晓阳说出这个日期的时候不假思索，虽然那一天已经过去了将近20年。这是他当年从单位离职的时间，这一天更大的意义在于，他终于可以将心中多年的梦想落地了。一个月后，潍坊第一家民营书店在潍州路开业，这年刘晓阳26岁。

创业之初刘晓阳做过两份工作。1992年中国海洋大学（当时为青岛海洋大学）国际经济专业毕业，他被分配到老家昌邑，进了经贸委下属的一家丝绸印染厂。兢兢业业工作24个月后，他设想了自己的未来：可能二十年后能干到车间主任。这种一眼望穿人生的生活不是他想要的，于是毅然辞职。

1994年，刘晓阳怀揣400块钱，骑了30多公里自行车来到潍坊，按照潍坊广播电视报上的招聘启事找到了第二份工作，一家食品贸易公司。他在北方最炎热的八九月份推销饮料，骑着自行车跑遍了济南的大小酒店；后来还负责了两个装修工程，在老板的赏识下，一直做到总裁办主任。

刘晓阳很早就有做公司的梦想，虽然不知道这家公司经营什么，但他觉得有一家公司，有一份事业，这才是一位成功男人应该做的事情。1996年6月28日，刘晓阳再次辞职，这次他决定将自己怀揣多年的梦想——一家书店变为现实。

从大学时代开始，刘晓阳就一直与书为伴，后来随着收入提高，买书越来越多，尤其是最前沿的财经图书和杂志。除了个人兴趣，他觉得书没有保质期，经营起来简单，租个房子就能开张。就这样，租房子，自己设计，自己画图，找人施工，一个半月书店就开起来了，那时候他甚至不知道该去哪里进货。

回忆当年的"无知者无畏"，刘晓阳觉得"傻"是一种宝贵的品质，尤其对年轻人而言，傻就是年轻人的朝气，有梦想必须要傻，聪明人只会动嘴，而傻的人会去行动。他欣赏《阿甘正传》的主角："阿甘就是一个傻瓜，可是他做什么都会成功。"

刘晓阳的书店火了，那是个买书只能去新华书店的年代，刘晓阳为爱书之人提供了另外一种选择。当时的潍坊新华书店还在地下营业，刘晓阳的书店不仅有自己的门店，还摒弃了新华书店的柜台货架，改为开放式书架；新华书店下午5点下班，这里则营业到晚上10点，大大提升了顾客的购书体验，夜里常常灯火通明，络绎不绝。

古朴典雅的装修风格，开放式的购书环境，最前沿的知识读物，京广书城很快成为文化人的聚集地，也是外籍友人聚会交流的地方。许多人喜欢在店门口合影留念，把这里当做一处景点。

1997年3月，刘晓阳去深圳出差，看到京广线一路经过各大省会城市，都是人口最密集、最富裕的地方，心想如果将来能把书店一路从北京开到广州，起码运货有火车，多方便。受此启示，当年7月他把书店改名为京广书城。

一家书店，不仅实现了刘晓阳的事业梦，也让他成为了一名文化经营者，这是日后他进阶为"城市文化运营商"的起步阶段，自此他将"文化"二字看得比什么都重要。刘晓阳要求自己的员工要高贵，他认为文化企业有别于其他企业，是大众精神的引领者，文化企业的员工要以老师的标准要求自己，在品质、品德方面能引领对方，所以气质上一定要高贵。

在刘晓阳看来，文化不仅是修身养性的精神食粮，也是改善这个社会的一剂良药，如同水能泽被、滋养万物，他坚信文化也能影响和改变这个社会。那时的京广书店还是一条小溪，汩汩而流，但无论如何，种子已经种下，刘晓阳的梦想和文化碰撞出来的事业已踏上征程。

顺势而为：把书店开进商场和超市

第一家书店的成功给了刘晓阳信心，隔年第二家书店就开业了，之后又相继有了第三家、第四家，京广书店终于成为潍坊文化的地标。第二家店开业没多久，赵忠祥带着他的第二本书《岁月情缘》来签售，场面异常火爆，两千人堵在门口，赵忠祥下不来车，最后在警察的帮助下才来到店里，书店的玻璃门都被挤破了。

名人不可能天天来，京广真正的竞争力还是在书上面，潍坊不是知名的大城市，在互联网不发达的年代，最新的知识蔓延到这里总需要一段时间，这也是全国中小城市共同面临的问题，刘晓阳用自己的勤奋和敏锐嗅觉去弥补这种差距。他隔三岔五往北京跑，把最前沿的知识带回来，尤其是在经济和培训领域。这个过程中，无论是作为文化人，还是商人，他都在迅速成熟。

生意终归是生意，理想主义不能解决现实问题，因为政府项目需求，京广第一家书店被拆迁，经营方面也面临房租不断上涨的压力。刘晓阳不是那种坐以待毙的人："这个社会发展太快了，时代不断地变化，政策在不断调整，社会经营模式也在不断变化，因此企业家必须要不断调整自己，成为一个顺势而为的学习者。"

1999年，京广迎来了转型的机会，潍坊中百佳乐家超市开业，需要引入一个文化运营商，他们找到了刘晓阳，希望京广在超市里开一家书店。超市环境复杂，书摆在那里难免会丢失、弄脏、翻破，而且这种损失超市不负责，但超市的优势也很明显，客流量大，没有房租之忧，只需要交一定比例的销售提成。

刘晓阳对待新事物一向抱有开放心态，愿意冒险："你永远无法等到准备好90%再去做，当你有了想法，你觉得有40%的把握就必须去向前推。"他权衡利弊，决定尝试一下，结果一下子尝试出了一个"金矿"。

简洁的店面，丰富的图书品类，便捷的购书体验，京广超市店面很快盈利，不足100平方米的营业面积销售额竟然超过另外三家实体书店。刘晓阳果断跟进，这样的"商超店"两年内被复制到了七八家。

刘晓阳不惧冒险，乐于探索，但绝不莽撞，他为书店走连锁经营路线总结出一套管理模式，最后提出"五个统一"：统一规划、统一服务标准、统一结算、统一供货、统一营销活动。同时投入巨资，引进先进的图书软件管理系统，建设5 000平方米的物流配送中心，建立起了一套统一、规范、高效的运行和配送机制。省内任何一家店面需要补货，都能在8小时之内完成，效率惊人。

正是得益于这套完善的运行机制，京广迅猛发展，与商场和超市合作的连锁店越开越多。很多企业进入扩张阶段后头脑发热，但刘晓阳一直很清醒，他给京广的定位是"城市文化运营商"，所以无论到哪里开店，都只跟一流的商场和大牌的连锁超市合作，比如银座、佳世客、利群、佳乐家等，保证优势充分互补，同时把风险降到最低。

今天，京广已经是山东省最大的民营图书连锁机构，总营业面积6万平方米，年销售图书码洋过亿。更难能可贵的是，在遍布省内的52家店面中，很多是在近几年实体书店普遍不景气的背景下开业的，这种"逆流而上"的壮举一方面证明了"商超模式"的优越性，更重要的是刘晓阳相信文化的力量。他认为一个城市文化运营商有义务去承担这份责任："做书其实是件很快乐的事，不仅仅是图书行业本身，更让我感觉到弥足珍贵的是可以将文化传播开来，我不单只是商人，而是要做一个文化传递者。"

水无定形：以文化为核心多元化发展

兵无定势，水无定形，商业上更是如此，如何应对不断变化的市场形势是每一个企业家必须面对的问题。2008年金融危机让无数企业家接受考验，京广的多元化之路也正是由此展开。

刘晓阳有超出一般企业家的乐观，金融危机下民营书店人心惶惶，刘晓阳到哪儿参加研讨会、论坛都会重复一句话："我对这个行业非常有信心。"结果那段时间无论到哪儿，当地出版集团的人见了他都很兴奋，因为他几乎是唯一一个不唱衰这个行业的书店老板。

刘晓阳的乐观是有前提条件的，他坚信没有垮掉的行业，但总有垮掉的企业，关键在于你怎么去做。他的打法很明确，一方面继续增加书店店面，一方面趁机转型升级，走多元化发展的道路。

其实早在2001年，刘晓阳已经尝试过书店之外的领域，他在第一家书店对面开了个咖啡书吧，这种结合休闲与文化的经营模式在今天已经很普遍，但在当时整个中国也找不出几家来。

水无定形，遇方则方，遇圆则圆，但能保持本质不变，这也是刘晓阳对京广的多元化之路的设定。这个不变的"核"便是文化，这也是今天京广"文化+"战略的1.0版本。

从简单的图书外延商品，到出版发行、教育培训、美术馆、少儿影院、艺术品投资，京广涉及到的领域无不强调文化至上，甚至连京广国际酒店都是以印象派艺术氛围为主打特色，令入驻的客人印象深刻。京广在文化领域的影响力不再局限于书业，2010年公司名字由"山东京广书城有限公司"更名为"山东京广传媒股份有限公司"。

2011年，刘晓阳斥资8 000多万元将设备老化、功能单一、管理混乱的潍坊图书中心买下，升级改造为京广文化广场，涉及图书、教育、传媒、艺术、美术馆等多个领域，并建有可以举办讲座和演出的潍州大讲堂，成为山东首家体验式文化广场，当地最大的人文商圈。

穿梭在繁忙的都市，多少人行色匆匆，快节奏地生活，快节奏地工作，在这样一个快餐时代下，又有多少人能真正得到幸福？刘晓阳说，要提供这样一个场所，让走进来的所有人慢下来，静静冥想，让灵魂找到栖息的空间。于是"走走，停停，等等你的灵魂"成为京广·尚悦的宣传语，延续至今。

漫步于2015年8月刚开业的京广·尚悦，更能感受到京广对于打造文化综合体验空间的匠心。在2 300平方米的空间里，汇集了图书、展览、咖啡、文创等元素，漫悦美绘本馆，乐高机器人体验馆，格调手工艺品展区各具特色，这里还会不定期举办读者见面会、音乐演出、影展、文化沙龙等活动，在浮躁的社会环境下打造了一个心境沉淀，精神休憩，思想交流的世外桃源。

目前京广传媒旗下拥有文创、文化广场、文化投资、画都影业，京广教育、京广书业六大产业模块，经营范围涉及文化投资收藏、文创产业园、画廊、出版、物业、少儿院线经营等领域，已经成为山东地区最知名的文化品牌之一。

京广一直在壮大，刘晓阳的初衷没有改变，要做城市的文化运营商，在城市开辟一片文化绿洲，为浮躁的人们提供一片心灵栖息地，用心去叩醒城市的灵魂。

海纳百川：借力资本去拥抱这个时代

京广传媒接下来如何发展，刘晓阳思路很清晰：坚持"文化+"，开拓"互联网+"，拥抱"资本+"。

在刘晓阳心中，文化永远是京广发展的核心，他常拿瑞士手表和国产车举例子，说明文化的力量："瑞士一个小手表卖几十万，一二百万，我们中国做个汽车才卖几万块钱。汽车比手表大得多，但人家卖上百万，因为它的附加值高啊，技术是它的附加值，那文化就是企业的附加值。"他认为任何行业都可以被改造为文化企业，只要给它贴上文化的标签，自然也就有了文化的附加值。

2015年春，京广组织了海峡两岸名家精品画展，还举行了中韩文创及教育项目的签约合作。9月，京广之约·中俄油画艺术交流展成功启幕，在刘晓阳的带领下，京广传媒用文化的力量促进地方友好，同时探索新的商业模式。

当国家提出"大众创业，万众创新"的时候，京广积极响应。刘晓阳认为帮助年轻人去实现自己的梦想是企业家的社会责任，社会不能只号召，不指路，他愿意做这个文化的指路人。随后，京广与潍坊当地高校和文化创意产业协会成立了大学生文化产业创客孵化器，计划三年内培养1000名文化创意人才。

接下来京广还将有更大的项目上马，那就是与政府一起整合周边文化资源打造的文化创意产业园，作为将来的文化地标，前景十分广阔。

近两年传统企业纷纷转型，拥抱"互联网+"，刘晓阳作为当年最早接触电脑的一批人，自然不甘落伍，目前已经有两个项目在筹划中。其中，画都O2O画廊平台项目已经启动，合作方是中国第一艺术门户网站雅昌艺术网，年底上线后将有世界各地的艺术作品在这个平台上出售，刘晓阳有信心借助互联网让艺术品走进千家万户。

传统的书店领域，京广的15万会员数据是很多企业梦寐以求的大数据战略基础。如何利用这些数据，开拓新战场，京广给出的答案是联合国内各大出版传媒集团，同时结合已有的店面和物流配送优势，推出一个互联网平台。网站上线后，预计日浏览量将达到500万人次，活跃用户50万人，该项计划定于2016年初投入实施。

提起资本，刘晓阳多少有些遗憾："接触资本太晚了，我们比别人早，但还是太晚了，如果在北京那样的大城市机会可能会更多一点。"

他支持企业借助资本的力量去发展："之前经营只有一条路，成功或者失败，企业死了就倒闭了，可是你跟资本触了之后，变成了九条命，九条命的时候你感觉整个世界什么都变得激情澎湃。"他对资本与企业之间的关系认识越来越清晰："所有的公司，不管你做任何行业，最后都会走到金融领域，企业发展靠你个人来推动不如靠资本来推动。你的公司要成为一个行业的引领者，在任何方面都要做到最优秀，最终要成为一个金融机构。"

近些年不断有资本找上门来，2015年8月京广与潍坊市文投集团达成战略合作，引入国有资本。"新三板"大潮下，京广又与国内知名券商中投签订协议，计划2015年12月份在新三板挂牌上市。

提起对新三板前景的看法，刘晓阳已经不是单纯的乐观，他坚决表示看好中国经济。他喜欢道家思想，认为任何事物诞生之后，都有一个生长期、发展期、衰退期，而衰退很多时候又是为了更好地成长。事物永远在变，变化又会孕育出新的机遇，所以这个世界上机会永远存在。

创业20年，刘晓阳捕捉到了很多机会，京广便是他交出的最好答卷。推崇"上善若水"的他将自己和京广传媒的员工比作一滴水，一滴水不可能掀起风浪，唯有积少成多，汇入时代的洪流，才能发挥作用，这一路汇集背后的推动者不是他刘晓阳，而是时代的召唤和文化的力量。

新道科技：简单自在，做自己的英雄

导语：他从产品测试工程师做起，一路升迁，分管人力资源、企业管理等公司多个重要领域，发起创立用友大学，出任首任校长，兼任用友集团副总裁，事业前景一片大好。然而，2010年12月31日，他辞去集团所有职务选择教育板块重新创业。

他是新道科技创始人郭延生。2015年，新道科技已经从初创的泥泞中走出，成长为中国经管实践教学的领航者。对于新道未来三年规划，他自信满满："2016到2018年，我们希望一方面继续能成为这个领域最好的新三板公司，另一方面一定要成为中国细分领域的领航者，就像我们母公司成为中国ERP的最大的公司一样。"

"人生就像一盒巧克力，你不知道会选中哪一颗。"

郭延生给人的第一印象是简单、自在，他聊起一幕幕成长、创业经历，就像随手剥开一颗颗巧克力，简单轻松又引人入胜。从北京财贸职业学院担任教师到服务用友20多年，从重新创业到带领新道科技登陆新三板，他已经在职场、商场打拼近30年，身上却毫无复杂沧桑之感，令人感觉亲切自然。

在这个复杂多变、浮躁功利的社会中，郭延生的简单弥足珍贵，他是商海云诡波谲中为数不多的谦谦君子，内外一致立于当世，"不辱其身，不降其志"。在他办公桌后面的墙上，挂着一幅《爱莲说》，"出淤泥而不染，濯清涟而不妖"的洒落胸襟正是他的人生追求。

当然，简单绝不意味着无所作为，而是不忘初心、坚守自我，成就更好的自己。郭延生能够取得傲人成就，正是因为他能够在复杂多变的环境中保持单纯，用心做事。正如俄国作家车尔尼雪夫斯基所说："非凡的单纯，非凡的明确，这是天才的聪明的最惊人的品质。"

不复杂，随缘就好

郭延生是北京延庆人，故取名"延生"，用他的话说，家乡"春有春景，夏有夏意，秋有秋实。"

1984年，郭延生18岁，刚参加完高考，面临人生第一次重要选择。自小就有英雄情结的郭延生做出一个令亲友震惊的决定：报考江西财经学院。学校在离北京1400多公里的江西南昌，他的想法很简单："南昌是英雄的城市，我羡慕英雄，想当英雄，所以就报考了。"跟随内心，绝不复杂，这是郭延生面临所有人生重要选择时候的判断准则。

大学毕业后，郭延生被分配到北京财贸职业学院当教师。4年的执教生涯让他对教育行业有了深刻的理解，同时，与生俱来的冒险精神让他蠢蠢欲动。在目睹许多年轻同事辞职另谋出路后，他尝试找另外一条道路去闯荡。

1992年，在一次招聘会上，郭延生瞄准风起云涌的中关村，总共投递五份简历。这五家公司中，既有如日中天的四通集团，也有当时名不见经传的北京用友电子财务技术有限公司（用友集团前身）。除此之外，朋友推荐他去会计师事务所工作。面对诸多选择，郭延生再一次出人意料，选择用友，理由也很简单，"我毕业论文写的是中国会计电算化发展趋势，用友是做会计电算化的，这跟我有缘分。"

第一次了解这段经历的人都说是冥冥之中早已注定，但郭延生坚持认为："这不是注定，与什么有缘我就选了，到现在我也没有变得特复杂，还是特别简单。"就这样，郭延生加入用友，最初的职位是产品测试工程师。两年后，他升任为培训经理。尽管早出晚归，披星戴月地忙碌，他还是觉得这才是自己所追求的生活。在用友期间，他无数次搬家，北京的东南西北中都留下一家人的生活足迹。

1994年，用友董事长王文京和副董事长郭新平远赴美国微软考察归来后，提出创业期过后的第一个三年规划，主要包括两件大事：营业额过亿、启建用友大厦，未来建设用友软件园。当用友营业额达到3个亿并顺利上市后，软件园的建设工作正式启动。

2002年，在用友第三个三年规划期内，公司顺利同北京市政府签订土地开发协议，郭延生被指派负责用友软件园建设。在这之前，他只有装修自家两套小住宅的经验，硬是凭着勤奋和用心，钻研摸索出大项目的干法。

设计方面，软件园建设的每一期都聘请不同设计师，以体现创意，激发员工的创新精神；细节方面，他亲力亲为，真正做到以人为本。大到园区绿化，小到员工座椅，都令人感到舒适。郭延生还总结出了一套理论——三星建筑，六星IT。三星建筑，即一流的设计师，平民化、环保化的建筑材料；六星IT，即把钱花到刀刃上，软件园的IT系统是堪称六星，从2007年入驻到现在，网络从没有瘫痪过。此外，几乎没有建筑设计经验的郭延生还超前采用环保能源系统。用友软件园的空调系统、能源系统全是利用环保能源，地源热泵。

5年时间的磨砺，郭延生在基建上越来越顺手，公司趁热打铁，让他继续负责软件园二期工程。仅仅花了3年，二期项目就提前交付使用。如今用友软件园已经成为亚太地区最大的软件产业基地，同时也成为用友集团的永久总部和研发基地。

在负责基建同时，郭延生还分管公司的人力资源、企业管理等多个重要领域，并发起创立用友大学，出任首任校长，出任用友集团高级副总裁，事业前景一片大好。

人生新道，创业维艰

如果按部就班担任用友高管，郭延生的道路会更加平稳、顺利，然而，他却选择了一条更艰难的道路——创业。

2010年12月31日，用友董事长王文京将郭延生请到办公室，给出两个方案：一是让他继续服务基建业务，管好集团最大的投资，这个领域对于他来说驾轻就熟；二是去整合用友的三个教育板块——培训教育事业部、用友大学、用友管理软件学院，创立教育公司。谈到这次面临的选择，郭延生伸出两只手，做出沉甸甸的感觉，可见这次选择在他心里的分量。

事实上，这次选择不仅对于郭延生非常重要，对于王文京也一样，他恨不得有两个郭延生，能同时放心交付这两个板块。郭延生三次征求王文京意见，王文京三次表示尊重个人意愿后，最终郭延生令人吃惊地选择了创立教育公司。

当时，即便整合原来的三个培训教育板块，年总产出才3000多万元的业务规模对产值几十亿元的用友集团整体而言也只是个零头，但他坚定地说："教育是一个永不没落的产业，从孔子创办私学到今天，无论是政权更替、天灾人祸，教育从来没有消亡。现在家长在教育方面对子女的投资越来越多，我们能把教育做成一个产业，这是个很好的机会。"

除了郭延生之外，当时创始人团队还有原用友培训教育事业部总经理马德富、用友大学校长田俊国、用友管理软件学院院长任志刚，他们都是用友的实干人物。经过多次商议，郭延生决定将培训教育事业部、用友大学、用友管理学院整合成一个教育板块，设立教育公司，取名新道。郭延生说："起名字最好起两个字，好记且有意思，当时我参考'用友'（用户之友）和'新浪'（新的浪潮）就取了'新道'（新的道路）。"

第一年，郭延生和他的团队遇到重重困难和挑战。新道董事会认为公司脱胎于用友的三个教育板块，有一定业务基础，当年就定下必须盈利的硬性要求。但是新道的盈利模式并不明晰，摆在郭延生面前的三条路都不好走：企业培训，以院校为基础联合办学，办自己的连锁大学。

郭延生独辟蹊径，决定以服务拼出一条活路，他说："国内教育很难在未来10年内发生颠覆性变化，教育主体依然是国家兴办或者是其他资金兴办的实体学校。我们不如用信息技术和最先进的企业员工训练方法为这些实体服务，满足学校、学生和企业的三方需求。"

找到这条盈利出路后，新道才正常运转起来，但依然举步维艰。2012年，拼搏一年的新道确定聚焦、简单、复制三大发展方略，聚焦经管实践教学信息化，再到搭建开放平台，连接企业人力资源战略和院校人才培养目标。郭延生双手画圆，仿若看到了新道的未来："人才培养不是简单完成教学任务，而是为了企业服务，这样双方就结合了，对国家有利，开放合作，产教融合。"

在最初的三年里，郭延生和团队成员每天焦虑的不是如何开发新产品，而是想办法把产品卖出去换钱回来。他们将核心竞争力确立为"成功靠营销"：把所有资源铺到一线，换钱回来才是王道。正是在这种特殊背景下，新道刚开始70%以上都是营销人员。

这个战略成效显著，不仅让新道活了下来，还有两千多万元的净利润。此时，郭延生及时调整公司战略，将重心从最初的"成功靠营销"过渡到"关键靠产品"，大力增加研发人员和研发投入。几年时间里，公司从最开始的一个程序员、两个创意者到现在100多人的中型研发队伍。

营销有了市场，研发有了产品，新道的发展终于走上了正途。不过这并不是郭延生的终点，他骨子里一直有个英雄情结，希望公司做大做强，成为行业领航者。在这种夙愿下，他在规划新道的又一个三年规划时，将登陆资本市场也放置其中。

2014年3月，郭延生做出一个震撼人心的决定：将新道分散在全国各地的员工集中起来，一同奔赴新道总部——三亚召开第一届全体员工年会。当时公司有三百多人，从全国各地飞到三亚，全部住在五星级酒店。

年会上，郭延生正式发布新的三年规划，主要完成两件大事：第一件是形成人找人社区；第二件就是要成功上市。其中，人找人社区是新道要成为一个O2O型的互联网教育公司，学习和训练可以在线上线下自由转换，给企业输送优秀人才。而上市则为了让新道挺进资本市场，有机会快速发展为行业领先企业。

这两个目标深入人心，公司高管和员工都非常支持。年会结束后不久，郭延生就向董事会提出正式申请，申请公司启动上市计划。2014年7月份，董事会正式同意新道独立上市。

做自己的英雄

郭延生的办公室里有很多书，除去满满一摞专业书籍之外，有两本书引人注目：《先成为自己的英雄》和《仁者无敌，仁的力量》。《先成为自己的英雄》的作者是网络剧《屌丝男士》和2015年热播影片《煎饼侠》的导演大鹏，他在书中写下这样一句话："让自己保持简单，世界也会为此柔软。"

同大鹏书中的文字一样，郭延生也一直保持着简单，每一次面临抉择，他都能抛开复杂的外在的东西，单纯地追随内心，比如他对上市的态度，从最初的"坚决不上新三板"到后来顺利挂牌新三板，都是追随内心的召唤。

2014年，新三板交易量还没有爆发，在郭延生看来，新三板上市只相当于一个挂牌，不交易，没有定价，没有关注，有名无实。他的另外三个原则是这样的：“坚决不去香港（因为当时用友已经有子公司在香港上市），核心要上创业版，实在不行去纳斯达克。”

为了筹备上市，公司专门启动了上市领导小组，接下来就是找券商、调整资本结构，然而A股行情大幅波动，证监会7月宣布IPO暂停，创业板企业排队数量越来越多，上市日期难以估计。

创业板暂停IPO让郭延生心生委屈：“很伤心，2014年的利润大概有三千多万，比上一年增加了40%～50%，我们在创业板公司中也属业绩优秀的企业，却上不了创业板。”

眼见创业板上市不成，郭延生又把目光投到了大洋彼岸的纳斯达克上。而就在他找券商谈上纳斯达克的准备和架构调整时，券商反馈，现在纳斯达克的交易不活跃，中资公司交易量差的不行。对于券商的好意提醒，他并没有马上放弃。“我心里纠结，纳斯达克再差也要上，我是个目标导向型的人，上市这个目标是我心中的第一件事，上去后交易活不活跃那是另外一码事，公司发展好了关注度一高，交易量自然就活跃了。”

而就在这一关口上，新三板市场在进入2015年后彻底爆发起来，一下子红遍大半个中国，被称为“中国版的纳斯达克”。当郭延生还在为是否登陆纳斯达克着急时，他发现政府、媒体都在热议新三板，甚至微信朋友圈每天都在传播关于新三板的消息。面对这股铺天盖地的热潮，原先对新三板不太感冒的郭延生开始动摇了，“只要公司决定上新三板，我就同意”。

2015年4月份，集团同意新道在新三板上市，终止去纳斯达克的上市计划，郭延生说：“不管新三板活不活跃，未来能否允许新道转板，是不是会分层，这些我都不管了，但是我一定要做新三板最好的公司之一。我就不相信好公司不能发光，新道是个好公司，管它哪个板，总会有投资人追捧。”言语间，一股英雄舍我其谁的豪气展露无遗。

2015年9月22日，新道科技挂牌新三板的申请正式获批，郭延生定下的新三年上市计划提前完成。

除了上市，新三年计划的产品与服务升级也进展顺利。从2014年开始，新道科技渡过了最初的生存关，战略重心转为产品和服务，精心打磨之下，新道已经成长为中国经管实践教学的领航者。

郭延生已经开始着眼于新道未来三年规划："2016年到2018年，我们希望一方面继续能成为这个领域最好的新三板公司，另一方面一定要成为中国细分领域的领航者，就像我们母公司成为中国ERP的最大的公司一样。"

宏图壮志所指，郭延生和他的团队雄心凸显。在人生的新道上，他和他的团队会越走越好。

中科宇图：以"大地图"丈量世界，造福天下

导语：2001年1月，姚新创办中科宇图科技股份有限公司（以下简称中科宇图），近15年来，致力于遥感特色空间信息应用服务与环境信息化全方位服务，着力打造测绘地理信息产业大地图与大资环公司。目前，围绕地理信息、环境与水利几大领域，中科宇图逐渐形成智慧地图、智慧环保、智慧水利、公众服务与环境治理五大产业群，并成立了中科宇图资源环境研究院。简称"一院五群"。

公司总部坐落于北京，拥有3家全资子公司，5家分公司，3个建设示范基地。2015年下半年，即将登陆新三板，计划融资2亿。

北京四环路和京藏高速在健翔桥交汇，向北步行不到五分钟就是北京创业大厦。这里距国家体育中心只有一公里，周围北京科技大学、北大医学部、北京音乐学院等高校林立，安静宁谧却不失文化底蕴。

中科宇图租下大厦整个二层作为总部。穿行在宽广明亮的办公区域，我们会不时停下脚步，被挂满奖章的荣誉墙和躺在展橱里的精密仪器吸引，数百名员工紧张有序地忙碌，这场景让我们有些惊讶——中科宇图并未登陆新三板，却远比我们调研过的许多新三板企业成熟，版图也更宏大。

三个小时的访谈紧促又轻松，期间不时被来电、汇报打断，姚新还为晚上接待国外客户的事情心有挂系，不时抬腕看表，并希望简化或跳跃提问。可实际上，他严谨细致，条理清晰地回答完所有采访问题。这种紧张有序的状态应该是他当前管理经营的常态，看似矛盾却顺理成章：最近三年高速发展和未来五年的跨越升级令他激动兴奋，又必须冷静镇定。他有魄力、担当和领导力，却又强调建立学习型公司的重要性。"稳健"二字并未被写入公司文化或价值

观之中，却是他从头至尾反复提及的高频词汇。他言语朴实，逻辑清晰，喜怒不形于色，可只要提及环保、能源产业所体现的社会担当和时代责任，他就会表现出责无旁贷的士大夫气象，甚至为某些沉疴痼疾愤懑，更像是心忧天下的公共知识分子。

1996年，姚新大学毕业，进入中科院遥感应用研究所担任工程师。他被中科院浓厚的学术氛围和同事们的敬业精神所感染，埋头钻研。然而，天长日久，他看着一项项重要科研成果被尘封，难以转化为生产力，不禁有些失落。时至今日，提起此处他仍摇头叹息。这种情形似曾相识，1984年柳传志创办联想的初衷，也是他为技术无法转化为商品而苦闷焦虑，才最终走出体制。令人歆歇的是，到2001年姚新创办中科宇图之时，"柳传志之痛"仍然在中国科研院所普遍存在。

姚新与诸多走出科研院所、投身商海的企业家相似，他们同是搞科研出身，却极具开拓精神，相信自己有领导才干。他们骨子里并非科学家型人才，浑身上下流动着实干型企业家的血液。正是如此，在走出中科院大门之后，他们众望所归成为企业领导者，将科技的力量最大化，造福世界。

从科研人才过渡到管理人才、商业人才，姚新深有感触，他将当初的选择称作是破釜沉舟："从做企业那天开始，研究就已经是过去式，不要再认为自己是科研系统的，一定要认为自己就是一个老板，就是要成为一个企业家。"作为研究出身的企业家，姚新对于技术仍是情有独钟。他说："企业有的是偏技术性，有的是重视市场，通过市场带动技术。我觉得我们企业的基因，应该是偏重技术。"

此外，姚新对于技术研发和商业贸易之间的关系有独特的认识，在他看来，现代社会的趋势是"商业技术化，技术商业化"。因此，在中科宇图内部，有一条不成文的规定：做市场销售的管理层，必须懂技术；做研究的人员，也必须懂商业，甚至要参与商业。这样一来，公司的市场人员能够从技术的角度商业化，技术人才则不只会做研发，还能够具备市场思维，知道什么样的产品才能更适合市场。为了实现商业技术化，技术商业化，中科宇图内部坚持轮岗制度，技术人才和销售人才能够相互了解，更好地进行衔接。

姚新本人，也是技术研发和营销管理全面发展，他先后主持参与了"973计划""863计划""国家科技支撑计划""国家火炬计划"等国家重大课题及项目；荣获中国工程院光华工程科技奖、国家科学技术进步奖、环保部科学技术奖等众多荣誉。此外，研发出身的他还成功考取工商管理博士，并获得教授级高工的职称。

令我们惊奇的是，姚新的创业团队中居然有被网友们称为"中科院扫地僧"的李小文院士。当我们谈到2014年6月华为借李小文院士做广告炒作的事情，问姚新："作为李小文唯一担任过董事长的公司，中科宇图为什么不打出李院士名头借机营销？"他连连摆手："李院士是一个很低调的人，不愿意被拿来炒作，这也是中科宇图的风格，不过分宣传。"他还再三叮嘱，斯人已逝，不做宣传。

说起李小文院士对自己和公司的影响，姚新激情迸发，心怀感恩，他着重强调李小文在创业初期提出的发展口号——"集天下科技，创宇图未来"。这样的宏图也注定中科宇图从一开始就要面对国际竞争。凭借3S领域的领先地位，中科宇图早已迈开国际化步伐，姚新在访谈中正忙着安排两天后前往欧洲，到瑞典、德国、法国等洽谈合作的事宜。

姚新是个崇尚实干的理想主义者，这是在中科院耳濡目染的情怀，并逐渐成为中科宇图企业文化中最浓郁的印迹。他正在为年底挂牌新三板而努力，但这并非终点，"先上新三板，时机合适再转到创业板或者中小板，甚至主板"。

尽管已经无限接近于上市，姚新对于资本市场却有着冷静清晰的认识，他说："我始终认为，不要一味地为上市而上市，企业发展到一定程度，确实具备上市条件，才能够上市。所以我告诫员工，不急于上市。有很多企业急于上市，结果把企业给搞垮了。"在姚新的稳健带领下，中科宇图一直着力于打造核心竞争力，掌握核心技术，增强盈利能力，远远超过了新三板的上市要求。

凭借在遥感技术方面的技术优势和庞大的地理信息大数据，中科宇图的业务已经从最初的行业地图扩展到智慧环保、智慧地图、智慧水利、环境治理和公众服务五大产业群。通过新三板等资本平台融资，姚新将在技术、产品、服务方面做更大投入，实现从产品型企业向服务型企业转型，将每个产业群都做到行业绝对领先地位。这种霸气外露的自信源于将近15年的坚持和积累，他崇敬《亮剑》主人公李云龙——"要有亮剑精神，敢于亮剑"。

全球化是姚新如今最感兴趣的话题，也是中科宇图的时代机遇与挑战所在。这既是姚新志存高远的商业雄心驱使，也是知识分子心系天下的情结所致，说起这些年的付出和坚守，他动情地说："我经常跟员工讲，在中科宇图工作从事的是一份非常神圣的事业。致力环保，改善水和空气，我们不仅造福自己，还造福我们的后代，甚至造福全人类。"

这正是姚新的创业初心，当年取名"宇图天下"应有另一层含意——以地图技术造福天下。

锤子科技：罗永浩的"彪悍"创业史

导语：从做手机开始，罗永浩变得商业化，脾气也小了不少。"每隔一段时期，就会有改变行业格局的公司出现……抓住机遇吧，年轻人，不要错过之后，才后悔。"这是他创业之后常挂在嘴边的一句话。

不过，他仍一直在宣扬他的理想主义和人文情怀，也试图通过做手机来证明自己是工匠精神的践行者。教育家苏霍姆林斯基说："一个好女人，是男人的一座伟大学校。"而从罗永浩的经历中，我们看到：一个好男人，是另一个男人事业成功的好伙伴。一路走来，老罗的背后经历了三个最重要的男人。

2015年，罗永浩已经是一个耳熟能详的名字。虽然他并没有像卖苹果的乔布斯那样人尽皆知，但大凡对互联网和手机有一定兴趣的人，都了解有这样一个传奇人物的存在。若时光回转十几年，当年的罗永浩还只是个普通的年轻人。

2001年入职新东方培训学校之前，罗永浩已经有了差不多十年"江湖"经验。这期间，他先后筛过沙子，摆过旧书摊，代理过批发市场招商，走私过汽车，做过期货，甚至他还通过短期旅游赴韩推销中国的壮阳药……然而，就算是他以历练江湖的心态把社会上大多数职业都干了个遍后，他依然羞愧地发现：每年春节，兄弟姐妹都给父母带去好多礼品，唯独他自己两手空空。

迷茫之余，罗永浩闯荡天津。这一次他的人生出现了转机。在天津，他认识了几个天津外院的学生，他们看到罗永浩出色的语言表达能力，于是建议他去新东方给学生们讲课。对于这一建议，现在最会侃大山的老罗在当时的内心却是忐忑不安：他担心自己学历太低（高二退学），远远达不到成为新东方导师的标准。不过，不甘心的他还是写下了一封长达万言的自荐信。

在那封后来广为流传的自荐信中，这个来自吉林延边的28岁小伙同当时已经创办新东方的俞敏洪有了一段命运的纠葛。

给我个机会去面试或是试讲吧。我会是新东方最好的老师，最差的情况下也会是"之一"。

这是罗永浩的自信。

最终俞敏洪真的不拘一格，复信欢迎罗永浩前来面试。为了能有个好的面试成绩，在那个炎热的夏季，他来到北京开始了疯狂的自修生涯。

一天，罗永浩随手翻出一本书，看到了一句格言：不怕苦，吃苦半辈子；怕吃苦，吃苦一辈子。这对于当时无数次想过放弃的他来说不啻于醍醐灌顶。

这段经历在他后来的演讲中反复提到："我仿佛被雷劈到一样，嚎啕大哭，跪在地上用头撞墙，然后满地打滚，就觉得冥冥中有一种神秘的力量，让一位作家在几十年前特意写一句话给我看。"

当然在许多人看来，这确实有点过度渲染的成分在里面。但罗永浩不满足于就此打住。他说，"那段时期我迷上了励志书籍，利用这所谓的'精神鸦片'给自己加油鼓劲。"5个月后，在看完足足一百多斤励志书籍后，他终于信心十足地去见俞敏洪。

如果说那别具一格的万言自荐书只是让俞敏洪发现了有这样一个"彪悍青年"的存在，那么一而再，再而三地给予罗永浩试讲机会则成就了一段商业界流传的佳话。第三次试讲，罗永浩高分通过，将近而立之年的他终于迎来了命运的转机、人生的春天。

然而，自称"理想主义者"的罗永浩与俞敏洪只维持了5年的"蜜月期"就离开了新东方。在后来的采访中，罗永浩也毫无掩饰地说出了他们的分道扬镳的原因：

"你如果是一个商人，纯粹是为了钱，大大方方赚钱当然没有什么不好，但总是披着理想主义的外衣，把自己塑造得很高尚很纯洁就太虚伪了，我很讨厌虚伪。很遗憾，后来我发现俞敏洪是我这辈子见过的最没有原则的人之一。"

与俞敏洪"分手"，离开新东方后，罗永浩先后开办牛博网、创办老罗英语培训学校。之后他又以"我的奋斗"为题，开展了大规模的全国高校巡回演讲，并出版励志自传《我的奋斗》，俨然已成为一个演讲家、企业家和作家。

2011年，刚成立不久的陌陌科技董事长办公室里，有三个人正在进行一次密谈。其中的两人是陌陌CEO唐岩和罗永浩。至于另外一个人，他是著名天使投资人、紫辉投资的CEO郑刚，后来因"自拍帝"的名头为公众所知。

在郑刚眼里，与罗永浩的初见却并没有那种一见钟情的味道，没能立马擦出火花。他在后来回忆："胖胖的，老是穿同一件衣服，从外型上讲，我是有嘀咕的，他要做极致的事情，但是他的外型怎么那么不极致呀。"

这一整天，罗永浩都在办公室滔滔不绝地畅谈着自己的手机梦。他不遗余力地解释着市面上手机存在的各种不足和缺陷，解释着为什么只有他能改进这些问题而大公司都不做。说白了，老罗的目的就是为了说动郑刚，让对方给自己投资手机项目。也就是从这时起，理想主义的气息似乎离罗永浩渐行渐远。显然，他从第一个男人俞敏洪那里学到了许多，也改变了许多。

关于郑刚，这个年近40的大叔非常爱自拍。自拍之余，他还经常在脖子上挂着酷炫的耳机，一副新新人类的样子，让人很难把他与传统正式的投资公司CEO联系起来。不过，这位"非主流"大叔还是看好老罗，决定投资对方的手机项目。

当时罗永浩做手机的消息传得沸沸扬扬，但许多人并不看好。在竞争激烈的手机行业，一个没有任何基础的外行突然闯进来并号称要做东半球最好的手机，这的确充满争议性。不过，吃了无数闭门羹的罗永浩却很对郑刚的味。看来，罗永浩比较幸运，他等来了郑刚，郑刚称其是"中国的乔布斯"，认为"他吹牛，但他做的事情更牛，做出来的产品更牛"。

"男人钱，女人花"这句话在这里就变成了"郑刚的钱，罗永浩花"。据了解，郑刚在天使A轮给罗永浩投了4000万，B轮又追加投资，累计已经超过了一亿元人民币。从某种角度上来说，老罗虽然貌不惊人，却也倾国倾城，让郑刚为其一掷千金。

在罗永浩的观念里，他希望能获得更多美元基金，最终能在美国上市，成就一家世界级的公司。然而，深谙资本市场之道的郑刚告诉他，美元基金非常现实，它们的VC不可能在小米取得这么大成功后还投资锤子。原先罗永浩不信，后来在美元基金融资中碰壁才不得不接受了这个事实，考虑内地的资本市场。

2015年4月26日，郑刚发出微博："刚叔想再干一个亿给锤子最新的一轮融资，让锤黑们痛哭流涕屁滚尿流的，怎样？"后来据传是郑刚打算说服罗永浩让锤子筹备去新三板上市。也许对于主要市场在国内的锤子而言，选择新三板上市是最佳选择。毕竟，罗永浩现在急需资金保障新手机的研发和顺利生产，也需要更多的钱来开拓其他业务线，寻找下一个盈利增长点。

2015年6月底，互联网圈和手机圈的热门事件莫过于乐视旗下子公司以21.8亿元获得酷派18%股权，并成为其第二大股东。而这一前途未卜的入股以及周鸿祎的"不爽"之外，另一条重磅消息也诞生。这条消息直接引出了罗永浩背后的第三个男人——苏宁云商董事长张近东。

早在此前的3月份就有媒体报道，为了T2的研发和顺利销售，罗永浩曾经找到张近东寻找资金和渠道方面的帮助。而7月2日，来自北京企业信用网查询的信息显示，锤子科技企业法人的股东名单里，苏宁云商集团股份有限公司赫然在列，证实了双方"在一起"的消息。

2015年7月6日，苏宁云商方面公开确认投资锤子手机。与乐视入股酷派不同，苏宁云商此次投资性质属于财务投资，金额保密，锤子仍然独立运营。

罗永浩"傍上"张近东，显然两个人都是各有所图。从罗永浩这边来看，锤子科技看上了苏宁1600家门店和O2O渠道，有助于为其打开渠道通路。而且，对于锤子这类新兴品牌来说，苏宁的品牌背书有利于提升锤子的品牌信誉度。一旦其在新三板顺利上市，融资将会更为顺风顺水。

而张近东也有自己的"小算盘"。苏宁近些年来一直处在阿里、京东等对手的压制下，转型之路举步维艰。此次入股，张近东看中了锤子的长线价值。此前苏宁已通过美图手机、TCL旗下的么么哒手机、PPTV手机外加PPTV电视布局终端硬件产品，此次与锤子合作，无疑是为了在智能手机市场上掌握更多主动权。可见，苏宁投了个锤子，但它不一定要做手机。

"每隔一段时期，就会有改变行业格局的公司出现……抓住机遇吧，年轻人，不要错过之后，才觉得后悔。"这是老罗创业之后常挂在嘴边的一句话。我们不知道锤子能否改变行业格局，但这个中年大叔对机遇的争取和坚持仍然值得为他喝彩。

第十章

名家酷评，新三板的危与机

浅谈新三板企业的品牌力

相信品牌的力量，这是中央电视台（CCTV-1）广告部的王牌主题广告词。这句广告语除了赤裸裸地传达"来我们央视打广告，央视让你的品牌一夜成名"的诱惑以外，还有着深刻的"强化品牌建设，促进转型升级"时代背景。经过央视喋喋不休的传播，相信绝大部分新三板企业主都受到了这句广告语的影响。

然而不得不说的是，虽然"相信品牌的力量"，但大部分新三板企业主的品牌知识还很匮乏，品牌心态（泛指对品牌的理解及建设品牌的源动力）也很不成熟。——由于工作的关系，本人一直和新三板企业打交道比较多，里面既有客户，也有同业，还有朋友经营的企业。像古城香业、沃捷传媒、华图教育、同花顺、百文宝科技、陈九霖先生投资的系列新三板企业，等等。总体上感觉和成熟企业、知名品牌相比，新三板企业的品牌力建设任重道远。

在网络不够发达的年代，广播、电视和报刊这三大传统媒体作为营销的传播渠道几乎占据了垄断地位。然而，传统媒体也有自身缺陷。随着时间的推移，缺点逐渐开始凸显。

受限于技术问题，传统媒体只能单向地向受众发布产品信息，没有受众参与的环节。受众只能被动地接受信息，缺乏对产品公开发表意见和建议的平台，很难与产品厂家进行沟通互动。新飞、六必治等品牌的陨落、衰败，都与传播和营销手段跟不上时代潮流有莫大关联。

新媒体的出现，打破了传统媒体在营销渠道的垄断，颠覆了它的传播方式。新媒体主要指新的技术支撑体系下出现的媒体形态，如数字报刊、数字广播、手机短信、网络（门户网站，企业和个人网站、微博、微信等基于网络的媒体）、桌面视窗、数字电视、数字电影、触摸媒体等。

相对于传统媒体，新媒体在营销过程中体现出来的特性是渔网特性。

1.新媒体提供了人人发声的平台。

大小企业或个人都可参与营销信息发布和传播，费用和条件较低。人人既可以是信息的发布者，同时也是信息的传播者。

2.新媒体营销渠道众多，但没有主流渠道。

渠道多样性决定了企业的营销信息很难通过一种渠道大范围的传播，同样企业产品的真实信息很难再被掩盖，可能通过一些特殊的渠道散发出去。

3.新媒体在营销过程中提供了交互平台

消费者能直接与企业沟通，随时随地发表自己的意见；企业能很快捷的得到消费者反馈。在营销过程中，新媒体的特性像是一张渔网，许许多多的网眼就是各种各样的渠道，没有任何一个单独的渠道能够完全掌控信息的流通扩散了。企业想要发布营销信息，单靠某一个平台显然不够了，因为即便是最大的那个网眼，也不可能扩散出去太多的营销信息之鱼，同样任何人任何企业再也无法把产品的真实信息完全隐藏起来了。

新媒体在传播过程中表现出来的特性，一方面满足了消费者的情感需求和内心需求，另一方面为企业的营销提供了更为广阔的渠道。

在新媒体取代传统媒体、品牌圈言必称互联网思维的新时局下，新三板企业究竟该如何打造自身的品牌力？这是一个值得好好研究的课题。所以才有了"激荡新三板"这档子事。这是我和新唐智库陈润老师一起发起并经营的标签，本义是想成为一个智业品牌，帮助企业解决一些品牌力建设的问题。说干就干，我们迅速推出了一个公众号，开始系统采写新三板企业，并且在网络上传播，人气很快就旺了起来。紧接着，我们收到了很多反馈：有直奔主题的，想要我们帮忙写篇稿子在微信上发发；也有出版社表示想和我们深度合作，推出一系列新三板创业的图书；甚至还有一些咖啡厅、茶馆说要挂"激荡新三板"的牌子，要我们授权合作……

聚焦品牌力建设，我们以50个左右新三板企业为研究样本，得出了几个震撼的观点：

1.大部分新三板企业不重视品牌力，连微信公众号都建设不好。

"干的还是那些事儿，营业额也没有显著增加，咋就身价陡然增长几十亿了呢？"这是某新三板企业老总跟我聊天时满怀疑惑的忐忑。是啊，幸福来得太突然，有点搂不住。从去年下半年起，新三板几乎一夜爆红。先是一部分新三板公司股价大涨，接着是新三板基金供不应求——就在春节过后，多只新三板基金（私募类）开售，当日售罄毫无悬念。一方面是动辄翻倍的股价，做市商热情高涨；另一方面是各类先知先觉投资者的蜂拥而至，新三板的财富效应瞬间带动了人气。

新三板的财富风云使得很多企业主迷失初心，不再在品牌力上下功夫。在这个如火如荼的移动互联网时代，很多新三板企业连微信公众号都没有，真不知道他们是怎么和消费者或者用户沟通的。有些即便是有，也缺少经营，孤零零地放了几条八卦消息，无法立体展示企业形象。

2.他们的互联网营销能力参差不齐，有职业玩家，但更多的是新手。

新三板企业有一些互联网、高科技企业，他们的网络营销力自然是非同凡响，像凯立德等。但更多的是类似于古城香业一样的传统企业，还有一些是做能源、装备之类的B2B企业，比如亚太能源。这些企业的网络营销力就差得太多。像永辉化工这样的企业，虽然其销售模式是B2B的，但是由于涉足儿童玩具、儿童家具漆，所以还是有必要在品牌信息方面做得更透明一些。我一直认为，无论是B2B还是B2C的企业，只要你是一个公众企业，让利益相关方"找到你，能交易"，这是起码的互联网礼仪。

3.他们保留对成熟企业、大品牌的景仰，但总认为自己更牛，不重视挖掘品牌故事。

新三板企业大部分是年轻的企业，有很多企业的掌舵人是80后、90后，但奇怪的是，新三板企业CEO的PR意识却整体偏弱，不愿意挖掘品牌故事，更多人选择埋头苦干。另外，拥有清晰品牌战略的企业也很少。当然，也有像天地壹号苹果醋这样的快消品企业，品牌意识还是比较强的，其微信营销也做得像模像样。

无论如何，企业上市之后就是公众企业，就需要拥有公众形象。希望本文能够唤醒新三板企业品牌建设、CEO的PR意识，并帮助他们提升整合营销的能力。

未来的中国经济，既是主板的，也是创业板的，还是新三板的，但归根结底，终究还是新三板的明天会更好。新三板企业在市场与品牌方面往往没有大的资金投入，4A公司和大的公关公司都不大会搭理他们，小的公司又往往会把他们带到沟里去，所以希望类似"激荡新三板"这样的新媒体交流窗口能给新三板企业带来更多帮助。

（本文作者：品牌战略研究专家、社会化营销专家刘四海）

新三板是投资"蓝海"还是"垃圾场"？

　　最近，经常有读者和投资人咨询"什么是新三板？"，大家普遍对这个市场还不是很了解。即使身边一些专业做投资的朋友，也认为新三板就是"垃圾场"，没有任何投资价值，他们更愿意到A股去投资。

　　毕竟新三板市场真正发展只有一年半的历史，和美国纳斯达克44年的发展历程比起来，我国的资本市场还显得过于稚嫩。但是，新三板的定位和思路是正确的，我们之前在易三板系列研究报告中，提到过国家为什么在大力发展新三板！我国的资本市场仅有A股主板行不行？针对此问题，今天再和大家探讨三个关于新三板的重要话题。

为什么要"新三板"？仅有A股主板行不行？

　　有很多投资者反馈，我们国家有了好几个"板"了，再搞个新三板有意义吗？这是个非常好的问题，不仅投资者、老百姓在问，国家领导人李克强总理也在问。

　　我们看一组国家工商行政管理总局的数据，在总局官网上可以查得到。工商总局在2015年4月份的调查报告中，统计的最新数据是，我国目前实有的市场主体7 204.6万户，其中包括企业1 927.6万户，个体工商户5 139.8万户，还有一部分是农民专业合作社137.3万户。

　　但看一看目前我国A股市场，即沪深两市包括三个板：主板、中小板、创业板，一共加起来多少家企业？2 800家。2 800与1 927万，是一个什么样的数量级比较？简直是九牛一毛！也就是说，国内绝大多数企业都不能通过资本市场融资。

最近这一轮A股的"牛市"，什么股票炒的最火，无外乎"互联网＋""一带一路"，包括和克强总理提到的"全民创业""万众创新"相关的股票。但是，总理讲创新创业，不是让老百姓去股票市场"赌博"，而是踏踏实实地支持实体经济，敢于创新试错。但眼下企业发展最棘手的问题是什么？融资难、融资贵。

解决小微企业"融资难""融资贵"，实践经验表明，仅靠银行贷款是不行的，靠A股沪深两个交易所吗？吴晓波有篇文章讲得很清楚，沪深两个交易所在我国资本市场发展过程中有其历史意义，但是行政化色彩过于浓厚，市场主体也以国企和大民企为主，不利于解决中小微企业进行股权融资。

我们的研究团队发现，本来我国的创业板，应该对标美国的纳斯达克，后来发现行不通，创业板出来之后和主板、中小板没区别。但又要让"市场发挥决定性作用"，怎么办？那就把新三板推到了前面。其实，目前新三板叫"三板"，但是纳斯达克早就不是"三板"了，叫"二板"都有些牵强了，纳斯达克自己就分了好几层。

新三板是"蓝海"还是"垃圾场"？

新三板有没有投资价值，是最近争论最激烈的话题。一派观点认为，新三板是"纳斯达克"，新三板企业是市场化的创新型、创业型、成长型企业，肯定有投资价值！另一派则认为，新三板没有"门槛"，进来的都是些"垃圾"企业。

对于新三板是否具有投资价值，应该从两个角度来看，一个是企业价值，一个是企业价格，即股价。上面的争议并不矛盾，新三板确实从企业实力、知名度来看，比A股市场相去甚远，A股市场的企业都是证监会审批的，都是各行业的龙头，但是大家不禁要问一句：A股企业再好，和咱们投资者有关系吗？A股企业好，散户就能在A股赚到钱吗？所以，投资不能光看企业好坏，还要看另一个因素：股票价格高低。

新三板的企业普遍具有高风险，处于发展早期阶段，但"垃圾场"里也有"金子"，就看你有没有本事把它找出来。从投资的角度看，如果一个企业不是很好，但是其股价很低，也是具有投资价值的。对于投资者来说，最直接的策略是"低买高卖"，企业价值本身需要相对来看。结合企业价值和股票价格的纽带，其实就是所谓的企业估值。

值得强调的是，新三板最大优势是市场化、门槛低，我们提倡给企业"机会均等"，或者叫机会公平，每个企业有选择上板的权力，但是你上板不一定有人给你投资，这也是企业需要考虑的成本。而A股市场，就"剥夺"了中小企业资本市场融资的权力，或者说A股定位就是大企业。所以，为了补充A股市场，新三板有它明确的市场定位。

那么"蓝海""垃圾场"之争，本身就失去意义了。因为对投资者也是一样，投资者有选择投资的权力，没有人逼着你投资哪只股票，投资者要考虑承担相应的风险，才能获得相应收益。所以，我们一直倡导的是"市场化"的方向，具体它是"蓝海"还是"垃圾场"，到底有没有投资价值，这就是投资者个人的不同偏好和见解了，到底投不投，也是投资者个人的自由和权力。

新三板"暴涨暴跌"流动性差，未来趋势怎么走？

最后，说一说当下新三板市场未来走势，这也是投资者比较关注的问题。在过去的几个月，新三板出了很多明星股，比如九鼎、中科招商等。但是股价的"过山车"也让投资者心凉了半截，未来新三板该怎么走，怎么办？

新三板短期内有"泡沫"是很正常的事情，A股有国家政策在引导，还有这么大的"泡沫"，新三板一个市场化的环境，投机盛行不是很正常的吗？但是首先这种投机是市场行为，不是政府干预造成的，否则，它会沦为和创业板一样的结果。

新三板"泡沫"，一个重要的原因是企业估值过高，或者说刚刚开辟的资本市场，券商对未来走势过于乐观了，给企业报价过高，由于二级市场流动性紧张，券商又不得不自己把价格砸回去。

解决办法很简单，新三板暴跌之后，二级市场资金紧张，买方市场将会压低企业估值，机构能够以更低的定增价拿到挂牌公司的股票。三四月份的上涨行情，让一些上板企业冲昏了头脑，以为自己的估值能够超过A股上市公司。但实际上，一方面新三板本身的上市门槛低，科技创新企业比较多，风险比较高；另一方面，投资者还未完全接受新三板，与A股市场还没得比。所以，过高的估值导致的"泡沫"，必然会被挤出。

　　未来新三板向理性方向发展，一个重要的问题，就是企业家要认清自己企业价值，尤其是长期发展的目标和资本品牌定位，以合理的估值进行定向增发。之前过于频繁的定增，短期内，股票价格差的出现会造成先入者"砸盘"，最后损害企业自己的名声。

　　未来更多的优秀的企业，将会对定增的股票设置封闭期，让资本与企业长期发展，坚守"价值投资"，这也是未来新三板发展的一种趋势。

　　　　（本文作者：易三板联合创始人兼副总裁贾红宇　来源：易三板）

新三板市场到底在等待什么

近两个月新三板市场一直处于调整期，部分投资者已按捺不住了，更多的投资者仍处于观望状态。那么，新三板到底在等待着什么呢？啃哥在这里认真与大家啃一啃。

一、市场调整的表现，日成交额大幅下滑

新三板的火，是从2015年3月1日开始的。在3月1日前，新三板日成交额从没有突破过2亿元。3月1日日成交额突然为2.6亿元，紧接着，3月2日成交额3.6亿元，3月4日成交5.5亿元，3月5日成交突破7亿元，3月6日成交突破10亿元，3月9日成交13亿元。之后一路上扬，在4月7日达到了历史性的高点，日成交额52亿元。之后一路下滑，在6月26日日成交额降至8.40亿元。

同时，在6月17日，新三板2015年股票累计交易额超过1 000亿元，而2014年全年的成交额只有130亿元，2013年只有10亿元。我们看到，新三板虽然日成交额在不断下滑，但是成交总量已经达到2014年全年的7.69倍，2013年的100倍。

二、融资额不断攀升，冰火两重天

伴随着日成交额的下滑，却是融资数量和融资金额的不断攀升。根据5月20日新三板副总经理陈永民的讲话"今年有410多次的股权融资，规模是207亿元。按照公司披露出来的，准备融资的，加上已经融资的，应该是有1 200多次。也就是说有近一半的公司已经融资（2 600家挂牌企业），或者准备融资

了"，仅一周时间（5月25日～5月29日），新三板市场就完成41次定增，融资共计8.82亿元。截至6月末累计融资额已达到300亿。

啃哥说，如果按照1200家的数量测算，啃哥估计2015年全年新三板融资规模将近1 000亿。

而2014年全年，新三板挂牌公司共完成股票发行327次，发行股数26.43亿股，发行融资金额129.99亿元。与2015年不可同日而语。

三、新三板市场到底在等待什么

可以看到，新三板的日成交额下滑明显，新三板指数两个月也下滑了近30%。但是与此同时，是新三板市场融资的持续升温，以及挂牌家数的不断激增，截至6月30日挂牌家数已达到2637家（2014年末是1572家，2013年末是356家），排队数也超过800家。

一方面，新三板日成交额只有小小的不到10亿元；另一方面，新三板融资额却屡创新高，从2014年的130亿，到2015年达到目前300亿。甚至巨头企业齐鲁银行也于6月29日日登陆新三板，其资产过千亿，利润超过10亿。它挂牌后首先要做的事情也是融资。

那么，新三板到底在等待着什么呢？啃哥认为，全国中小企业股份转让系统公司（新三板公司）领导的思路很明确，是扫干净屋子再迎装修宾客的思路。宁愿目前日成交额不活跃，也要顶住压力，把屋子打扫干净，把各项基础工作打扎实，打牢靠了，才能让市场放手交易。市场等待着的其实是新三板公司打扫干净屋子，装修好了。具体的事项，啃哥总结为以下四点：

1.严查垫资开户问题

新三板公司于6月初向券商下发了《关于加强投资者适当性管理工作的通知》，明确禁止主办券商的垫资开户行为，要求主办券商做好投资者适当性管理工作，规范履行投资者适当性管理职责，不得为投资者垫资开户，不得默许为外部机构与个人投资者垫资开户提供便利。同时，要求券商在6月30日前完成重点针对垫资开户等违法违规行为的自查报告。

啃哥说，根据新三板2013年2月8日实施的《投资者适当性管理细则》（2013年12月30日修订），明确规定，个人投资新三板开户需要满足"投资者本人名下前一交易日终证券类资产市值500万元人民币以上"。也就是说，很多个人没有500万元就无法开户。但是，所谓上有政策下有对策，市场上立刻出现了为个人开户垫资的机构，给个人提供500万元现金，打到个人卡中过夜，形成痕迹再转走，这个个人就可以开户了。这样的开户费用在1万至2万不等。

此种现象的结果，就是让一些没有500万元金融资产的个人，可以通过此种方式开户。从而拥有了新三板投资资格。更深层次的影响，是违背了新三板公司的投资者适当性要求。从新三板公司的角度，考虑到新三板属于高风险的板块，没有涨跌幅限制，因此只能让有风险承受能力的投资人参与，也就是拥有500万元金融资产的个人。而如果变相绕开，让这些没有真正那么多资金的人参与进来，势必造成新三板未来发展的畸形，有可能重蹈A股的覆辙。因为，只有市场中大部分是机构投资者（不是个人）的时候，整个市场才是理性的，才会避免追涨杀跌，避免听消息投资的A股现象重现。

既然开始严查垫资开户，目前新三板开户数量为12万户，其中个人11万户就成了重点。那么，人心惶惶之际，交易必然不活跃，情有可原。

2.深度讨论分层制度

在近期新三板公司董事长，总经理，副总经理的各种公开场合讲话中，都明确表示会尽快推出新三板分层制度。因为目前新三板，利润过亿的企业与利润为负的企业在一起交易，不便于筛选投资，更不便于监管要求。分层后一方面投资融资在不同的层选择成本更低；另一方面，监管机构也可以对更高层的企业设定更高的披露要求。

新三板公司副总经理隋强6月末接受采访时表态"根据统计数据，从挂牌的企业数量以及特性来分析，新三板已经到了必要的分层管理之时了，分层制度年内定会推出，不必怀疑"。根据新三板监事长邓映翎6月16日的讲话，目前新三板的分层制度，已经提报证监会审批。

越是这样，市场越是不敢动弹。大家凝神屏气，在等待，等待如何分层。当一切都还没有明朗的时候，市场的理性选择是，一动不如一静，默默等待。

3.深度探讨公募基金进入新三板

根据新三板公司领导的多次讲话，都说明他们正在密切讨论如何让公募基金公户产品进入新三板。据小道消息，目前公募基金公户产品进入新三板正在证监会内部征求意见，一旦征求完意见，将会对社会征求意见。

公募基金进入新三板，将是一件影响非常重大的事件。因为目前新三板投资中的机构，大部分还是私募股权投资机构，一支私募基金就是1亿到2亿元，同时购买门槛是100万元起。而新三板公募基金却不是这样，新三板公募基金类似A股的公募基金，普通老百姓可以通过银行购买，并且都是1000元，最多1万元为认购起点，一支基金规模至少20亿元。

公募基金进入新三板，意味着变相降低了投资者门槛，普通老百姓通过购买公募基金的形式可以投资新三板了。这是影响非常巨大的事件。因为这是海量的资金进入。

这一点，是市场达成共识的。新三板公募基金一定会尽快进入新三板。那么，当一切都还没有明朗的时候，市场的理性选择是，一动不如一静，默默等待。

4.新三板现有协议交易制度的微调

还是根据新三板公司领导的多次讲话，新三板目前的协议交易制度本身，存在一定的问题。

协议交易中的定向交易制度，其实很难避免利益输送问题。协议交易的定向交易制度，就是买卖双方约定好双方的交易价格、数量以及成交密码，买卖双方在系统中完成，市场中其他交易对手无法参与进来。因此就出现了一支协议交易的股票，同一个时间点，既有10元成交的情况，也有0.01元成交的情况。而0.01元成交，其实就是定向交易造成的低价。至于为什么要这么低的价格转让，这中间的很多猫腻又岂是几句话可以说得清楚的。因此新三板公司已经深刻认识到了该问题的严峻性，已多次表示近期会进行调整。连最基本的交易制度都还需要调整，当然市场不敢轻举妄动。

当一切都还没有明朗的时候，市场的理性选择是，一动不如一静，默默等待。

四、总结

哨哥认为，正是上述四点原因，都还没有明朗，但很快就要明朗。因此共同造成了目前新三板日成交额的不活跃。

就如同屋子的装修，是欧式风格装修，还是美式风格装修，甚至还是简装呢？因为不同的装修风格需要购买完全不同的装修材料，因为不同的装修风格需要不同的家具预定和摆放。方向明确了，政策清晰了，才是大干快上的时候，而如今，是新三板公司先将毛坯屋子打扫干净，迎来第一批客人，思考设计装修风格和家具的时刻。

当然，这也就解释了为什么虽然日成交额不活跃，但是融资规模不断攀升，挂牌家数暴增，这样的冰火两重天的现象。因为基金和企业已经看明白了，无论是欧式风格，美式风格，还是简装，都会是耳目一新的感觉，都会带来这个屋子的整体升值。所以迫不及待地参与定向增发，或者积极挂牌。

而其实，新三板公司也看到了，但是，却不急躁。一步步来。彻底量好尺寸，做好市场调研，买最好的装修材料，做最适合自己的装修风格，定制世界顶级的家具，来打造这个屋子。所谓慢工出细活，磨刀不误砍柴工，新三板公司要打下最好的基础，做出一个百年老店出来。

因此，当心急想吃热豆腐的新三板参与者，吃着热豆腐，浑身是汗地跑来问啃哥，新三板为什么日成交额总是在10亿元左右徘徊。啃哥就写就了这篇文章，告诉这些心急想吃热豆腐的朋友，"新三板市场到底在等待什么"。

（本文作者：北京新鼎荣辉资本管理有限公司董事长兼总经理啃哥张驰）

新三板股权激励：比A股境界更高

2015年以来，有67家新三板挂牌企业公布了股权激励方案，其实施方式可谓百花齐放，除了通常A股上市公司采用的一些传统方式外，新三板企业还开创了一些创新型的股权激励方式。今天Home君带大家来看看新三板挂牌企业股权激励到底跟A股上市公司有什么不一样，股权激励方式？股权激励目的？监管差异令人兴奋？

从2015年1月1日至2015年8月17日挂牌企业发布的公告，共有67家新三板挂牌企业公布股权激励方案（有些企业实施两种股权激励方案），其中有32家企业为做市转让，35家企业为协议转让。统计这67家公布股权激励的新三板公司，有36家采取限制性股票激励，即采用限制性股票激励的方式是首选模式，其次则是股票期权、定向增发、员工持股计划，而也有不断有新花样出现，股票增值权、虚拟股权、激励基金。

主流的模式：限制性股票、股票期权、定向增发、员工持股

目前，新三板公司实施股权激励的四种主要方式仍旧与A股上市公司类似，即属于"规范类股权激励"。

首先，限制性股票、股票期权是目前新三板企业用得最多的方式。分析这两种方法采用的好处：一方面，股票期权的股权激励方式适合那些初始资本投入较少，资本增值较快，在资本增值过程中人力资本增值效果明显的公司，这无疑非常适合新三板，特别是新三板的高科技行业；另一方面，股票期权或限制性股票等规范股权激励计划可以在股票价格的低点对股价进行锁定，对于成长性较好的新三板挂牌企业，股价的快速上涨可以使激励对象获得更大的收

益；再者，价格经过折扣的限制性股票及无需激励对象即刻出资的股票期权减轻了激励对象现阶段的出资压力。

另外，就定向增发而言，通常有两种实现方式。一是直接向符合条件的员工进行定增，这种情况大多发生在向少数管理层及核心员工进行股权激励时，如7月16日发布股权激励计划的意欧斯；另一种是通过设立有限合伙企业的持股平台完成定增，由于可以随时调整激励对象和股份，且实施的员工范围比较广，这个方式最近被一些挂牌公司使用，如8月12日发布股权激励计划的思普润，设立了"青岛嘉灏管理咨询企业"的有限合伙企业，思普润大股东于振滨为有限合伙企业的普通合伙人，纳入股权激励范围的员工为有限合伙人，公司通过定增向有限合伙企业发行500万股。

员工持股计划今年以来也有近10家新三板公司采用，相较于前面几种方式，员工持股计划最大的特点在于股权激励可以惠及普通员工，同时克服了新三板定向增发在人数上的局限性，且员工持股没有业绩考核制度，计划的推进也更为便利。如年初联讯证券公告了其员工持股计划，其是新三板市场首个公告员工持股计划的挂牌公司，该员工持股计划份额合计不超过8 345.36万份，认购价格仅1元/份，联讯证券在此次员工持股计划中创新较多：

（1）首个员工持股计划对象是全体员工的新三板企业；

（2）利用资管计划的方式绕开了对从业人员持股的限制——股权激励的常规持股方式有员工直接持股和建立持股平台间接持股两种，但《证券法》第43条规定，证券公司从业人员不得直接或以化名、借他人名义持有、买卖股票，因此直接持股方式对证券公司股权激励而言是不可行的，而持股平台又涉及新公司的注册设立，程序相对较复杂，而联讯证券此次股权激励计划委托中信信诚管理，全额认购启航1号资管计划的次级份额，绕开了对从业人员的持股限制，并实现了所持股份的市场化投资运作。

新花样频出：股票增值权、虚拟股权、激励基金、1元股份转让

除了主流的几种股权激励方式外，新三板挂牌企业也玩出了一些新花样。如股票增值权、虚拟股权、激励基金、1元股份转让，这些方式对于盈利能力暂时不强的新三板公司而言，业绩未来增长的空间更大，对于激励对象的激励力度也将更大，当然如有些业界人士称，个别企业采用这些花样的原因在于股东不愿意跟员工分享股权。下面分享几个激励案例：

1.新三板首个虚拟股权激励方案，实则为变相发奖金—— 今年5月6日，精冶源发布了一份虚拟股权激励方案，方案显示，此次激励计划的有效期限为三年（2015—2017），激励对象被授予一定数额的虚拟股份， 无偿享有公司给予一定比例的分红权，被激励对象不需出资而可以享受公司价值的增长，计划有效期满后，公司可根据实际情况决定是否继续授予激励对象该等比例的分红权，分红源于股东对相应股权收益的让渡，实际上这相当于"变相发奖金"；

2.多家新三板公司上演1元定增，参与增发者均为"内部人"—— 今年初以来，差旅天下、安威士、天加新材、百特莱德、宝特龙、立高科技、奥美格、电通微电、中兵环保等多家公司公布的定增价格为1元/股，仔细分析这些 案例可以发现，持股集中是这些公司的一大特点，几乎没有"外部投资者"，增发参与者以公司"内部人"为主，实则即为变相股权激励。

（1）优化股权结构的需要。新三板挂牌企业多为处在成长初期的中小企业，往往存在一股独大的现象，股权结构较为单一。随着企业的发展、壮大，公司的股权结构也需要得到优化和规范。股权的分散程度，未来也可能成为衡量挂牌企业是否适合引入竞价交易的标准之一。

（2）吸引人才、增强行业竞争力的需要。目前挂牌企业80%以上集中在信息技术等高科技领域，行业竞争日趋激烈，人才流动频繁，吸引和激励人才成为高科技企业制胜关键。

（3）提高公司的管理效率的需要。股权激励将公司业绩的增长与个人的收益水平紧密结合，使得拥有公司经营权的公司高管及核心员工通过持有股份增加参与公司管理的主动性、积极性，促进公司管理效率的提升。

不同于规范上市公司股权激励的《上市公司股权激励管理办法》，全国中小企业股份转让系统作为新三板挂牌企业的监管机构，已明确表示原则上不出台专门针对挂牌企业股权激励的相关政策，在支持挂牌企业股权激励市场化运作中，此举大大加强了新三板挂牌企业实施股权激励计划的可操作性及灵活性。

再向大家分享几个令人兴奋的监管红利：

（1）许多挂牌公司在新股发行的过程中除了向老股东进行配售或引入外部投资者外，还会选择向部分公司董事、监事、高级管理人员及核心技术人员进行新股发行。而且由于没有业绩考核的强制要求、操作简单，向公司内部员工定向发行新股已成为目前新三板公司采用频率最高的股权激励方式，同时新三板定向增发的股票无限售要求，即作为增发对象的股东可随时转让增发股份（当然公司董事、监事、高级管理人员所持新增股份仍需根据《公司法》的规定进行限售）。

（2）新三板公司采用期权或限制性股票作为激励工具时，在定人、定量、定时、股份资金来源及业绩考核的设定上将更加灵活，且其中限制性股票的定价也没有最低5折的限制。

（本文作者：Home君　来源：新三板之家）

新三板未来发展八大趋势

当前新三板制度红利未及预期，市场交易低迷，投资人观望，企业迷茫，新三板到底何去何从？新三板TMT分析师独家发布新三板未来发展八大趋势，希望对大家有所启发。

一、困扰新三板的技术层面问题预计将逐步解决

从短期来讲，新三板目前存在流动性等诸多问题众所周知，投资人观望，企业迷茫，新三板到底何去何从？如果站在一个更加长远的角度，最终还是回归到一个最核心"定位"的问题，也即：新三板到底在中国整个资本市场乃至中国整个国家经济中的将会扮演什么角色？定位决定重视程度，定位决定支持力度。

在新三板TMT分析师看来，新三板是承载"中国梦"的一个有机组成部分。如果想真正让老百姓过上好日子，就必须搞好千千万万中小企业。对于未来将聚集一万中国中小企业的资本平台，除非不看好中国未来的国运，否则有什么理由不看好？！

因此从这个角度看，包括投资者门槛的下降、集合竞价的预期、做市牌照的开放、以及公募基金的入场等问题预计会在未来一两年内逐步解决。真正市场化的资本市场建设需要一些耐心。

二、新三板公司发展"两极化"的趋势将会加剧

新三板公司的发展呈现"两极化"的特征目前已经非常明显。究其原因，

其一是其市场化的基因注定可以容纳不同层级的公司，其二是符合新三板规模小、高科技、初创期的公司特征。

"两极化"首先体现在盈利水平上，从2015年的中报来看，在3 342家公布中报的挂牌公司中，有2 655家公司盈利，占比79.44%。其中23家盈利过亿，东海证券以22.85亿元居于榜首，盈利为100万～1 000万元占比57.82%，另外还有65家公司净利在10万以下；其次体现在成长增速上，同样是2015年的中报，增速超过500%的公司和下滑超过100%的公司占比分别高达35.79%和13.29%，其中增速超过1 000%的公司有183家，而去年同期只有32家公司增速达到了1 000%以上，下滑超过500%的公司有106家。

可以看出，新三板公司发展"两极化"的格局非常明显，未来这种分化趋势还会扩大，因此"分层"尽快落地已成必然。

三、新三板将会迎来更多优质的"细分行业小巨人"

目前新三板已经逐渐聚集了数量众多的细分行业龙头公司，有年营收超30亿元的软件信息公司，有年利润超5亿的生物制造公司，有净利一年猛增5倍的文化娱乐公司，他们以其在细分行业所建立的优势，通过新三板的资本平台，已经逐步属于自己的核心商业壁垒。

可以预期的是，随着示范效应的形成，未来新三板将会逐步成为中国细分行业龙头的集聚地。而中概股回流预计将为新三板带来优质公司标的来源。股灾之前，包括奇虎360、陌陌在内的众多中概股纷纷宣布私有化，但如今"回归路上发现大门已关闭"。

中概股回归理论上有三个选择：IPO、借壳登陆A股和挂牌新三板。但如今IPO暂停，重新启动日期依然未明；而借壳依然存在诸多审查方面约束，即使通过也可能是个案；因此，从目前看，只有新三板的大门还在敞开，随着分层等政策的落地，可以预期的是：新三板将会迎来更多优质的"细分行业小巨人"。

四、新三板有望可以诞生"双马"级别的企业家

践行注册制模式，意味新三板这个市场可能只有10%的公司值得投资。而这10%公司中，那些具备核心壁垒的高成长性公司，其市值很可能达到数十乃至数百倍的增长，最高增长幅度的公司肯定高于主板上市公司。

未来新三板"金字塔"尖的公司其市值将会和主板及海外上市公司平起平坐，而伴随而生的，是企业领袖的快速成长。新三板TMT分析师判断：他们的佼佼者有望成为"双马"（马云和马化腾）级别的企业家。

国信证券的互联网行业首席分析师王学恒在论及互联网企业的估值时曾对一个卓越的创始人有过描述。在他看来，创始人是一个公司的灵魂。一是最好经历过失败，没有失败经历的人很能理解逆境的压力；二是有财散人聚的胸怀；三是专注与执着，不要在战略能力不及的地方经常性试图尝试与改变；四是有过曾经成功案例；五是勤奋，这是标配。

五、新三板和主板的"跨板运作"将逐渐成为常态

从过往看，新三板和主板的"互动"案例不断在增多，而未来两个市场之间的"跨板运作"将会逐渐成为常态。这主要体现在四个方面：

第一是互相收购。新三板公司收购主板上市公司，如九鼎收购中江地产；主板上市公司收购新三板公司，案例很多，如东方国信收购新三板企业屹通信息100%股权等。

第二是主板上市公司分拆挂牌新三板。这种已经逐渐成为趋势，"1+N"的资本市场架构或成为标配，案例如华谊兄弟分拆华谊创星已经挂牌新三板，蓝色光标也已公告将分拆两个业务板块冲击新三板。未来新三板公司是否有可能分拆业务在主板IPO，这也不是不可能的。

第三是A股上市公司和PE成立并购基金投资新三板。案例也很多，如冠农股份与上海涌泉亿信共同发起并购基金，已经投资了新三板企业行悦信息等。

第四是"参股+业务合作"。这种深度捆绑的模式我们认为可能会成为主流，对于双方进行产业和业务拓展都非常有利，案例如主板上市公司康得新和

行悦信息的合作模式。

六、"新三板范式"的市场估值体系将会逐步建立

目前新三板的估值体系还比较混乱，尚未形成一个比较一致的意见。究其原因，既有不同层次投资者在投资理念、时间周期、预期回报率之间存在差异的问题，也有缺少历史估值和可比公司，未来成长性难以判断及折现等操作层面的困难。

齐鲁证券新三板首席分析师张帆曾专题论述新三板估值体系的问题，其观点有一定的参考意义。在他看来，新三板公司必须划分具备/不具备其他市场可比公司和具备/不具备规模盈利公司，针对四象限分别讨论其估值策略。TMT公司很多时候既没有可比公司也没有规模盈利，估值的分歧最大，其核心主要是对未来成长性的判断，实际操作时可以使用分阶段绝对估值法，具体考察市场空间、创始团队、项目商业模式与用户需求的匹配、黏性用户数量和货币化潜力。

七、"长期价值投资"理念将会从分歧走向共识

2015年年初的时候市场比较疯狂，不少投资者沿用A股的投资思路，搏短线，搏预期制度红利，只要有点题材的票都会抢。随着预期制度的降温和市场的短期转冷，短期套利者惨遭被套。

回归新三板的设立初衷，它的本质是提供企业融资功能，以便高效地助推有潜力的企业快速成长。挂牌新三板的企业特点是成长潜力大、不确定性高，因此最好的投资方式是偏向于股权类投资，必须引入PE/VC行为和投行行为。合理的投资思路应该是通过精挑细选，选择一批具备持续成长能力的优质公司长期投资，伴随其成长而获得丰厚的投资回报。

从目前看，"价值投资"的理念市场还是有分歧的，但有远见的投资机构都已在用这样的思路加速布局。新三板TMT分析师坚信：适合新三板市场特点的投资理念必将会走向"共识"。

八、TMT将会成为新三板高速增长的最核心领域

根据中信证券研究部的统计，根据2014年新三板所有公司的年报统计，TMT行业收入（整体）、净利润（整体）、收入（做市）和净利润（做市）在新三板所有行业中分别位列第二、第二、第二和第一。TMT板块位居新三板第一梯队圈中板块的前列。

新三板TMT分析师认为TMT行业将会继续在新三板高歌猛进。原因主要有两个，一个是国家层面推动的创业浪潮此起彼伏，而创业的主要领域大部分是和互联网相关；另一个就是新三板的市场化制度。TMT的商业模式导致很多都无法形成规模盈利，这在以前的主板市场都是无法迈过的"槛"。

前面已有论述，新三板企业的特点在于成长潜力大、不确定性高，TMT就是最典型的行业，在目前信息技术革命的全球大背景下，我们有充分的理由相信：TMT将会是整个新三板的最璀璨的明珠。

（本文作者：新三板TMT分析师　来源：微信公众号xsbtmt）

图书在版编目(CIP)数据

激荡新三板:资本风口引爆万众创富大时代/陈润主编.—成都:西南财经大学出版社,2015.12

ISBN 978 - 7 - 5504 - 1338 - 2

Ⅰ.①激…　Ⅱ.①陈…　Ⅲ.①中小企业—企业融资—研究—中国　Ⅳ.①F279.243

中国版本图书馆 CIP 数据核字(2015)第284435号

激荡新三板:资本风口引爆万众创富大时代

JIDANG XINSANBAN:ZIBEN FENGKOU YINBAO WANZHONG CHUANGFU DASHIDAI

陈　润　主编

责任编辑:张明星
助理编辑:杨婧颖
特约编辑:朱　莹
封面设计:李尘工作室
责任印制:封俊川

出版发行	西南财经大学出版社(四川省成都市光华村街55号)
网　　址	http://www.bookcj.com
电子邮件	bookcj@foxmail.com
邮政编码	610074
电　　话	028 - 87353785　87352368
印　　刷	郫县犀浦印刷厂
成品尺寸	165mm×230mm
印　　张	16.5
字　　数	255 千字
版　　次	2016 年 1 月第 1 版
印　　次	2016 年 1 月第 1 次印刷
书　　号	ISBN 978 - 7 - 5504 - 1338 - 2
定　　价	40.00 元